2005建设节约型社会展览会资料汇编

国家发展和改革委员会环资司　主编
全国智能建筑技术情报网
中国建筑设计研究院机电院　参编

中国建筑工业出版社

图书在版编目（CIP）数据

2005建设节约型社会展览会资料汇编／国家发展和改革委员会环资司主编，全国智能建筑技术情报网，中国建筑设计研究院机电院参编，—北京：中国建筑工业出版社，2006

ISBN 7-112-08387-7

Ⅰ.2005…　Ⅱ.①国…②全…③中…　Ⅲ.资源利用－展览会－资料－汇编－中国－2005　Ⅳ.F124.5-28

中国版本图书馆CIP数据核字（2006）第053276号

2005建设节约型社会展览会资料汇编

国家发展和改革委员会环资司　主编

全国智能建筑技术情报网
中国建筑设计研究院机电院　参编

中国建筑工业出版社出版、发行(北京西郊百万庄)

新华书店经销

北京广厦京港图文有限公司制作

北京中科印刷有限公司印刷

*

开本：880×1230毫米　1/32　印张：8¼　字数：230千字

2006年8月第一版　2006年8月第一次印刷

印数：1-1500册　定价：56.00元

ISBN 7-112-08387-7

(15051)

(邮政编码 100037)

本社网址：http://www.cabp.com.cn

网上书店：http://www.china-building.com.cn

为落实科学发展观，加快建设节约型社会，根据国务院的要求，国家发展改革委、中宣部、全国人大环资委、科技部、财政部、国土资源部、建设部、水利部、农业部、国资委、国家环保总局、北京市人民政府、中国科协等13个部门于2005年12月17～26日在北京展览馆联合举办了“2005建设节约型社会展览会”。

各地区、有关部门对这次展览会高度重视，动用各方面力量为展览会提供了图片、实物、模型、多媒体、电动图表及最新数据和资料。本书即是将在“2005建设节约型社会展览会”上综合馆和地方馆展示的资源节约综合利用资料进行收集、汇总、分类、编辑整理而成。全书共分4章，第一章为综述，介绍了我国落实加快建设节约型社会的总体概括，第二章介绍了各省、自治区、直辖市和新疆生产建设兵团在建设节约型社会实践中采取的措施及发展目标，第三章介绍了计划单列市在资源节约综合利用方面的有关情况，第四章介绍了中央企业馆展示的重点项目。本书内容全面，数据翔实权威，系统性强，有较好的参考价值。

本书可供从事决策管理、政策研究及技术推广领域的人员使用，也可供对资源节约综合利用感兴趣的人员学习参考。

责任编辑：刘　江　范业庶
责任设计：董建平
责任校对：张景秋　王雪竹

2005建设节约型社会展览会资料汇编

编委会

前　　言

党中央、国务院高度重视建设节约型社会。2004年12月，胡锦涛总书记在中央经济工作会议上强调指出：要坚持开发与节约并举，把节约放在首位，大力发展循环经济，逐步构建节约型的产业结构和消费结构，走出一条具有中国特色的节约型发展道路。2005年6月，温家宝总理主持召开国务院第96次常务会议，专题研究并审议通过了关于做好建设节约型社会近期重点工作和加快发展循环经济的若干意见两个文件，对建设节约型社会的各项工作做出了安排和部署。2005年10月，党的十六届五中全会通过的《中共中央关于制定国民经济和社会发展第十一个五年规划的建议》，将加快建设资源节约型、环境友好型社会作为“十一五”经济社会发展的一项重大战略任务。

为落实科学发展观，加快建设节约型社会，根据国务院的要求，国家发展改革委、中宣部、全国人大环资委、科技部、财政部、国土资源部、建设部、水利部、农业部、国资委、环保总局、北京市人民政府、中国科协等13个部门于2005年12月17～26日在北京展览馆联合举办了“2005建设节约型社会展览会”。展览会重点展示了各地区、有关部门和企业贯彻落实党中央、国务院关于建设节约型社会战略决策采取的重大措施；宣传了加快建设节约型社会的重大意义，树立资源忧患意识，增强紧迫感和责任感；推广了资源节约的先进技术和典型经验；普及了资源节约知识，倡导节约文化和节约风尚，努力营造建设节约型社会的良好氛围。各省、自治区、直辖市、计划单列市及新疆生产建设兵团和19家中央管理企业组团参加了展览。

各地区、有关部门对这次展览会给予了高度重视，动用各方面力量为展览会提供了图片、实物、模型、多媒体、电动图表及最新数据和资料。根据展览会后一些群众来电、来信的反映，国家发展改革委采取多种手段，扩大展览的宣传，如将展览会综合馆的部分重点内容上网进行展示，编辑大型宣传画册等，同时组织巡展。展会期间发布的宣传资料导向性明确、涉及范围广、数据可靠，具有较高的参考价值。为此我们搜集了“2005 建设节约型社会展览会”上综合馆及各省、自治区、直辖市、计划单列市和新疆生产建设兵团展区的资源节约综合利用资料及中央企业馆展示的重点项目资料，并经过汇总分类、编辑整理成《2005 建设节约型社会展览会资料汇编》。

本书介绍了我国落实科学发展观、加快建设节约型社会的总体概况以及各地区采取的措施，内容全面，系统性强，有较好的参考价值。在本书的编辑过程中得到了北京海捷电器设备有限公司、珠海南方华力通特种变压器有限公司、北京自由科技有限责任公司等的支持，在此表示感谢。因时间较紧篇幅所限，内容难免有疏漏和不妥之处，敬请广大读者指正。

《2005 建设节约型社会展览会资料汇编》编委会

2006 年 7 月 27 日

胡锦涛在参观建设节约型社会展览会时强调

贯彻落实科学发展观 加快建设节约型社会

吴邦国温家宝贾庆林曾庆红黄菊吴官正李长春一同参观

新华网北京12月21日电　中共中央总书记、国家主席、中央军委主席胡锦涛，21日晚来到北京展览馆，参观正在这里举办的建设节约型社会展览会。胡锦涛强调，节约资源是我国的一项基本国策。节约土地、能源、淡水、矿产资源，对实现经济社会可持续发展具有重大意义。我们要从贯彻落实科学发展观的高度，充分认识节约能源资源的极端重要性和紧迫性，加快推进建设节约型社会的各项工作。

中共中央政治局常委、全国人大常委会委员长吴邦国，中共中央政治局常委、国务院总理温家宝，中共中央政治局常委、全国政协主席贾庆林，中共中央政治局常委、国家副主席曾庆红，中共中央政治局常委、国务院副总理黄菊，中共中央政治局常委、中央纪委书记吴官正，中共中央政治局常委李长春等也于21日晚分别参观了展览会。

19时30分许，胡锦涛来到展厅，仔细观看一幅幅图片、一个个模型、一件件实物，认真听取工作人员的介绍。在节水滴灌沙盘前，在清洁电动车实物前，在中央液态冷热源环境系统模型前，在废旧轮胎回收处理与综合运用展板前，在可再生能源示范基地示意图前，胡锦涛都仔细察看，并详细了解有关情况，对各地区各部门建设节约型社会取得的成果表示肯定。

胡锦涛在参观时说，建设节约型社会，当前要注重抓好以下几项工作。一是要加强组织领导，明确节约能源资源的目标要求，实行严格的责任制。二是要加快调整结构，运用高新技术和先进适用技术改造传统产业，淘汰高耗能、重污染的落后工艺、技术和设备。

三是要发挥科学技术作用，集中力量研究开发提高能源资源利用效率的关键技术和共性技术，支持重点行业加快节能、节水、资源综合利用的技术改造。四是要完善体制机制，进一步制定和实施有利于节约能源资源的价格、财税、投资政策，推动节约能源资源工作。五是要健全法律法规，强化监督管理。胡锦涛强调，建设节约型社会是全社会的共同责任，要加强宣传教育，增强人民群众特别是广大青少年的资源意识和节约意识，努力营造建设节约型社会的良好氛围，使节约成为全体人民的自觉行动。

吴邦国兴致勃勃地观看了高压蒸汽洗车演示、用沙子制成的透水砖、北方农村能源生态模式展示、煤矿瓦斯治理与综合利用模型等，不时询问有关情况。吴邦国说，要按照科学发展观的要求，加快结构调整步伐，大力推进以节能降耗为核心的新一轮企业技术改造，下决心淘汰落后生产能力，推广和发展循环经济，鼓励循环生产，促进循环利用，倡导循环消费。同时要着力提高自主创新能力，为开展节能降耗、转变经济增长方式提供技术支撑。

温家宝先后来到北京、上海、山东、江苏、辽宁等展区参观，详细了解节能、节水、节材、节地、资源综合利用和发展循环经济等方面的新技术、新成果。温家宝说，要从全局和战略的高度，充分认识建设节约型社会的极端重要性和紧迫性，以对国家和人民高度负责、对子孙后代高度负责的精神，把加快建设节约型社会的工作摆在突出的重要位置。要加快经济结构的战略性调整，大力转变经济增长方式，着力提高资源利用效率，降低物质消耗，建设节约型农业、节约型工业、节约型社会，实现可持续发展。

在深圳、厦门、宁波、大连等展区，贾庆林仔细了解海水淡化等技术的有关情况，并在小学生自制的节约卡上写下“节约从娃娃抓起”。贾庆林说，要按照减量化、再利用、资源化的原则，大力发展循环经济，切实提高能源资源利用效率。要动员社会各界都来节约能源资源，形成建设节约型社会的强大合力。沿海城市经济较为发达，在发展中要充分考虑资源和环境的承受力，切实加大资源节约和环境保护力度，努力在建设节约型社会中走在前列。

曾庆红仔细观看了湖南汨罗再生资源工业园沙盘、天津由碱渣山改建的休闲公园模型等，听取了四川农村发展沼气的情况介绍。曾庆红说，要进一步健全促进能源资源有效利用的法律法规，大力推进以节能降耗为主要目标的技术改造，为建设节约型社会提供有力保证。要在全社会大力营造建设节约型社会的良好氛围，树立节约意识、建设节约文化、倡导节约文明。每一个公民、每一个家庭、每一个部门，都要从自身做起，从现在做起，从点滴做起，形成节约光荣、浪费可耻的社会风尚，以实际行动为建设节约型社会作贡献。

黄菊详细了解了现代化油气集输站、宝钢公司水处理技术、伊敏煤电一体化等项目的有关情况。黄菊说，加快建设资源节约型、环境友好型社会，是党中央、国务院作出的重大战略部署，是贯彻落实科学发展观的重要举措。节约资源，功在当代，利在千秋。要坚持开发节约并重、节约优先，以节能、节水、节材、节地、资源综合利用和发展循环经济为重点，依靠体制改革和技术创新，全面推进能源资源节约，加强生态保护和环境治理。

吴官正在一个个新型节能降耗项目前停留，同工作人员亲切交谈，并不时询问节能技术、循环经济技术发展的新趋势。吴官正说，推进能源资源节约，是缓解能源资源供求矛盾的重大举措，也是从源头上减少污染、改善生态环境的重要途径。要着力构建节约型的生产方式和消费方式，在全社会形成节约能源资源、保护生态环境的良好风尚。

在青海柴达木循环经济试验区、新疆达坂城风力发电场等模型和电磁悬浮高速电动机等新产品实物前，李长春饶有兴致地仔细观看。李长春说，要加大宣传节约资源的基本国策的力度，深入宣传节约能源资源的极端重要性，推广普及发展循环经济的先进技术和成功经验，营造建设节约型社会的良好氛围，增强人民群众特别是青少年的节约意识，使节约能源资源成为全社会的自觉行动。

王兆国、回良玉、刘淇、刘云山、周永康、贺国强、郭伯雄、曹刚川、曾培炎、王刚、徐才厚、何勇、华建敏、陈至立等也参观了展览会。

本次展览会由国家发展和改革委员会等13个部门联合举办。展览会展厅分为综合馆、地方馆、中央企业馆、科普馆4个部分，共58个展区。

（摘自:新华网）

目　录

第一章　综　　述

一、树立资源忧患意识

党的十六届五中全会通过的《中共中央关于制定国民经济和社会发展第十一个五年规划的建议》提出：要把节约资源作为基本国策。这是党中央从我国的基本国情出发，立足当前，着眼长远，全面落实科学发展观，加快推进经济增长方式转变，实现全面建设小康社会目标和实现可持续发展作出的重大战略决策。

1.基本国情

● 我国人口数为129988万人，为世界人口总数的20%；
● 我国人均淡水资源量为2200立方米，仅为世界人均水平的四分之一；
● 我国人均耕地面积为1.41亩，不足世界人均水平的40%；
● 我国人均煤炭探明可采储量为88吨，为世界人均水平的62%；
● 我国人均石油探明可采储量为1.8吨，仅为世界人均水平的7%；
● 我国人均森林占有面积1.9亩，仅为世界人均占有量的五分之一；
● 我国天然草原每年减少65～70万公顷，全国90%的天然草原在退化；
● 全国荒漠化土地为263.62万平方公里，沙化土地为173.97万平方公里；
● 我国水土流失面积达356万平方公里。

2.资源利用效率低

改革开放以来，特别是中央提出加快两个根本性转变以来，我国推进经济增长方式转变取得了积极进展。但总体上看，粗放型的经济增长方式尚未根本转变，经济增长在很大程度上仍然是依靠资源的高投入来实现的，资源消耗高，利用率低。生产、建设、流通、消费各领域浪费资源的现象相当严重。

● 我国消耗每吨能源实现的GDP为世界平均水平的30%。

● 我国电力、钢铁、有色、石化、建材、化工、轻工、纺织等8个行业主要产品单位能耗平均比国际先进水平高40%。

● 我国单位建筑面积采暖能耗相当于气候相近发达国家的2～3倍。

● 按单位产品能耗和终端用能设备能耗与国际先进水平比较，目前我国的节能潜力约为3亿吨标准煤。

● 我国煤炭资源回采率为35%，小煤矿仅为10%～15%，而国外先进水平为60%左右。

● 我国农业灌溉用水利用系数仅为世界先进水平的1/2，相当多的地方仍然是大水漫灌。

● 我国既有建筑中95%以上是高耗能建筑。

● 我国城市供水管网跑冒滴漏损失率高达20%以上。

● 一些地方大量乱占滥用耕地；森林过度采伐。

● 我国有80多个城市限制低油耗、小排量车行驶和运营。

● 长流水、长明灯。

● 大量使用一次性消费品。

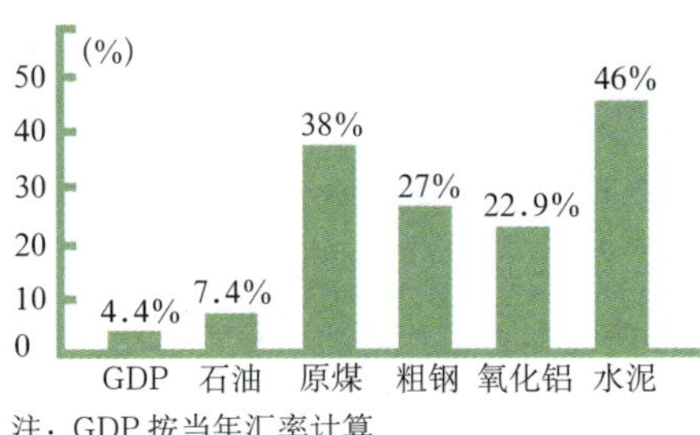

注：GDP按当年汇率计算

图1.1-1　2004年我国GDP和重要资源消耗占世界的比重

2004年主要产品单位能耗国际比较

表1.1-1

不同产品能耗	国际差距(%)
火电供电煤耗	20.5
吨钢可比能耗	15.1
水泥综合能耗	23.6
乙烯综合能耗	59.6
大型合成氨综合能耗	19.6

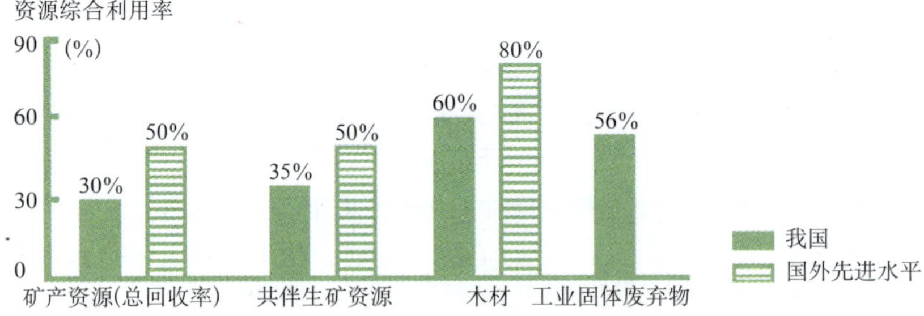

图1.1-2　2004年资源综合利用率国际比较

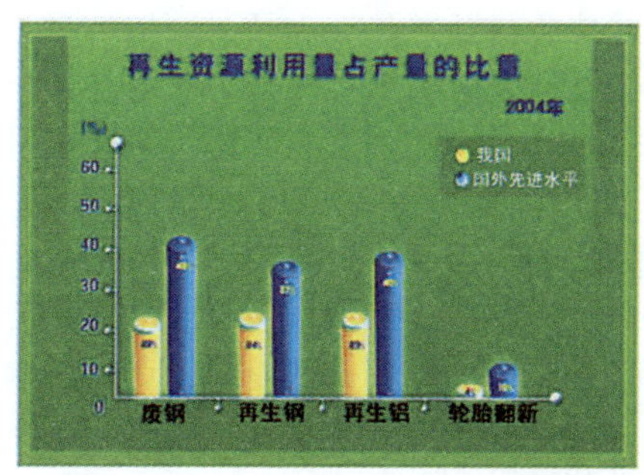

图 1.1−3　2004 年再生资源利用量占产量的比重国际比较

3.资源环境约束突出

我国土地、淡水、能源、矿产资源和环境状况对经济发展已构成严重制约。近几年，由于经济快速增长，煤电油运和重要资源供应全面紧张，价格大幅度上涨，一些重要资源对外依存度大幅度上升。环境污染严重，生态系统功能退化，给经济社会发展和人民群众健康带来严重危害。

全国 660 多个城市中，有 400 多个城市供水不足，正常年份全国缺水量近400亿立方米。2004年夏季全国有三分之二的省（自治区、直辖市）出现不同程度的缺电甚至拉闸限电现象。1996～2004 年的 8 年间，我国减少耕地 1 亿多亩，后备资源严重不足。我国 45 种重要战略性矿产资源中，有 9 种严重短缺，10 种短缺。矿产资源对外依存度不断上升。

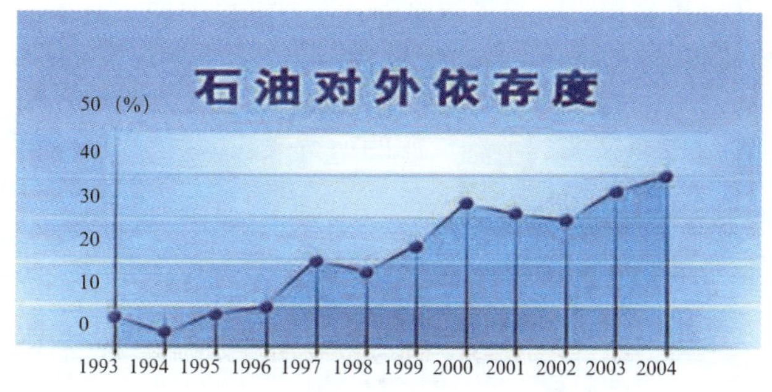

图 1.1−4　我国石油对外依存度图

- 我国主要污染物排放总量大大超过环境容量。
- 我国有3亿农村人口喝不上安全的饮用水。
- 我国有1/5城市人口居住在空气污染严重的环境中。
- 我国酸雨面积已占国土面积的1/3。
- 我国生态恶化的趋势尚未根本扭转。
- 水污染形势严峻。
- 固体废物污染严重。
- 农村面源污染日益突出。
- 生态环境恶化。
- 大气环境不容乐观。
- 城市生活垃圾无害化处理率低。

传统的高投入、高消耗、高排放、低效率的粗放型增长方式已经走到了尽头。必须加快转变经济增长方式，否则资源难以为继，环境难以承受，新型工业化难以实现。

加快建设节约型社会，是贯彻落实科学发展观的必然要求，是实现全面建设小康社会目标的重要保障，事关现代化建设事业，事关人民群众根本利益，事关中华民族生存和长远发展。必须从战略和全局的高度，充分认识加快建设节约型社会的极端重要性和紧迫性，增强忧患意识和危机意识，增强历史责任感和使命感。

二、建设节约型社会

党的十六届五中全会通过的《中共中央关于制定国民经济和社会发展第十一个五年规划的建议》提出，要坚持开发节约并重、节约优先，按照减量化、再利用、资源化的原则，大力推进节能、节水、节地、节材，加强资源综合利用，完善再生资源回收利用体系，全面推行清洁生产，形成低投入、低消耗、低排放和高效率的节约型增长方式。强化节约意识，形成健康文明、节约资源的消费模式。

1.我国资源节约进展情况

改革开放以来，在党中央关于"资源开发与节约并重，把节约放在首位"的方针指引下，在各地区和有关部门的大力推动下，通过结构调整、技术进步、加强管理、深化改革，我国资源利用效率有所提高，取得明显的经济和社会效益。

(1) 资源利用效率有所提高

2004年我国每万元GDP能耗比1990年下降45%，年均节能率为4.2%。2004年我国每万元GDP水耗比1990年下降72%，年均节水率为8.7%。主要产品单位能耗均有不同程度下降，与国际先进水平差距明显缩小。

1991～2004年的14年间，累计节约和少用能源约7亿吨标准煤，相当于减少二氧化硫排放1050万吨，减少二氧化碳（碳计）排放4.4亿吨。1991～2004年的14年间，累计节约和代用木材2.57亿立方米，相当于同期商品木材产量的1/3左右。

单位产品能耗与国际先进水平差距明显缩小　　表1.2–1

	单位	1990年	2004年	2004年比1990年下降比(%)	与国际先进水平差距缩小(百分点)
火电供电煤耗	克／千瓦时	427	376	11.9	8.1
钢可比能耗	千克标准煤／吨	997	702	29.6	43.4
水泥综合能耗	千克标准煤／吨	201	157	21.9	40.4
乙烯综合能耗	千克标准煤／吨	1580	1004	36.5	24.8
合成氨综合能耗(大中型)	千克标准煤／吨	1343	1184	11.8	14.7

(2) 结构调整和技术进步取得较大进展

加大了运用高新技术和先进适用技术改造传统产业的步伐，淘汰了一批消耗高、污染重的落后工艺、技术和设备。通过引进、消化吸收和再创新，开发了一批拥有自主知识产权和具有重大带动作用的资源节约工艺、技术和设备。组织实施了资源节约重大技术示范和推广。

2004年钢铁行业连铸比达到97.3%，其中薄板坯连铸连轧占28%，能耗仅为常规板带钢工艺流程的74%。鞍钢薄板坯连铸连轧技术开发带动了我国连铸连轧技术与世界同步发展，形成了自主知识产权体系，申请国家专利45项。

2004年我国30万千瓦以上火电机组占6000千瓦及以上火电机组总装机容量的42%。上海石洞口二电厂60万千瓦超临界机组，供电煤耗为307克／千瓦时，创国内同类型燃煤电站供电煤耗新纪录。

2004年我国新型干法水泥产量占水泥总产量的33%。安徽海螺集团拥有4条日产1万吨新型干法水泥生产线，能耗设计指标居世界领先水平。

2004年，我国160千安以上大型预焙槽电解铝产能占电解铝总产能的80%以上。电解铝预焙槽比自焙槽节电10%～15%。

高炉煤气干法除尘与湿法除尘相比，吨铁耗新水由500千克降低到2千克，节地50%，节约投资30%。山东莱芜钢铁集团有限公司开发的高炉煤气全干法净化工艺技术适用于大中型高炉改造，并拥有自主知识产权。

膜下滴灌技术与大水漫灌相比可节水30%～50%，增产40%左右。由新疆天业集团开发的滴灌带设备拥有自主知识产权，技术达到国际先进水平。新疆生产建设兵团利用大田膜下滴灌节水技术在沙漠中成功种植棉花，已推广750万亩。

我国自主设计、加工制造的日产3000吨低温多效海水淡化装置在青岛黄岛电厂正式运行产水14个月。该技术达到国际先进水平，投资仅为国外同类装置的50%。

北京市高碑店污水处理厂日产再生水能力47万立方米，年替代优质水源约1.5亿立方米，主要用于热电厂冷却用水、园林绿化、河道景观、道路冲刷降尘、洗车、冲厕等。

汽化小油枪和等离子点火及稳燃技术是我国拥有自主知识产权的先进节代油技术：汽化小油枪点火及稳燃在大唐集团淮南田家庵电厂300兆瓦机组上试用成功，可节油90%；等离子无油点火及稳燃已经和正在改造的粉煤电站锅炉近200台。

中铝公司中州分公司自主开发的选矿拜耳法氧化铝新技术，使铝硅比只有5.6的贫矿经选矿后成为铝硅比为11.4的富矿，每年可利用低品位矿石200多万吨。

陕西鼓风机（集团）有限公司自主设计制造的能量回收透平发电装置，实现了300～2500立方米高炉炉顶煤气压差发电设备（TRT）国产化。目前已设计制造100余台套，年可发电56亿千瓦时。

安徽淮南矿业集团从2002年开始大规模地开展矿井瓦斯抽放和利用。目前，瓦斯气用户近3万户；建设10座总装机容量2.2万千瓦的矿井瓦斯热电厂，其中5座已投入运行；实施了煤改气工程，其中6台4吨／小时矿井瓦斯锅炉已投运。

黑龙江双鸭山东方墙材工业有限公司在引进国外先进技术与装备的基础上，消化吸收再创新，自主开发了国际领先的全煤矸石和大掺量利用粉煤灰等工业废渣生产新型墙体材料技术和装备，实现了“制砖不用土，烧砖不用煤”。

重庆同兴垃圾焚烧发电厂是引进世界一流垃圾焚烧发电技术，投资、建设、运营的我国第一座BOT大型垃圾焚烧发电厂（炉排炉），日处理生活垃圾能力为1200吨(2 × 600)，因其关键设备完全实现国产化，总投资降低了一半。

经过近十年的科技攻关，一汽、东风、潍柴、玉柴、上柴等成功开发出具有自主知识产权的多个系列电控喷射单一燃料和柴油双燃料CNG/LPG大型发动机及整车产品。到2004年底，19个城市发展燃气汽车21.5万辆，建成加气站712座。

由中科院和江苏无锡锅炉厂研制的480吨/小时超高压再热循环流化床锅炉，具有自主知识产权，已在华电乌达热电公司投入商业运营。这是我国投入运行单台容量最大的循环流化床锅炉，具有高效、脱硫、燃烧劣质燃料、负荷调节方便等优点。

浙江横店得邦电子有限公司研制的高效电子节能灯为中国节能认证产品，通过美国"能源之星"认证，获爱迪生节能奖，享受美国能源部政府补贴。

我国自主开发的陶瓷金属卤化物灯，光效比石英金属卤化物灯提高15%~20%，显色指数和色稳定性好、寿命长，性能达到和接近国外同类产品先进水平。

湖南远大空调有限公司在成功开发直燃空调的基础上，研制开发了发电尾气空调和双效太阳能空调。这三种空调均为非电空调，在夏季用电高峰时，具有削减峰荷的作用，采用溴化锂吸收式制冷，不用氟利昂。

金风科技股份有限公司成功研制了2台具有自主知识产权的750千瓦风力发电机组，2003年4月投入运行，目前订单已超过200台。2005年又成功研制了1台具有自主知识产权的1.2兆瓦风力发电机组。

我国自主创新的全玻璃真空管太阳能热水器技术居世界领先水平，年产量超过1500万平方米，占全球市场的50%以上，形成了较完整的产业体系，并出口亚洲、欧洲和非洲几十个国家。全国光伏发电总容量约为6.5万千瓦，不仅解决了偏远地区农牧民和通信、导航等特殊领域用电，而且开始建设屋顶并网光伏发电示范项目。

郑州垃圾焚烧发电厂3×350吨/日循环流化床垃圾焚烧炉，具有自主知识产权，设备国产化率达100%，年处理垃圾30万吨，年发电量达2.5亿千瓦时。

上海科技馆空调设备系统采用先进的冰蓄冷技术，夜间利用低谷电制冰蓄冷，白天用电高峰时溶冰与冷冻机组共同供冷，起到移峰填谷，拉平、调节电负荷的作用。与常规制冷系统相比，减少冷冻机组装机容量约1/3。

2005年4月，我国首座超低能耗楼在清华大学落成，建筑物电耗仅为北京市同类建筑的30%，集中了近百项国内外最先进的建筑节能技术与产品。2005年10月29日，上海生态建筑示范楼通过验收，包括一幢节能75%的办公楼、一幢“零能耗”独立住宅、一幢超低能耗公寓，整体水平达到国际先进水平。

2005年，我国首台国产化35万千瓦级燃气——蒸汽联合循环发电机组在江苏省张家港市正式投入商业化运行，发电效率可达50%以上。

火电厂采用先进的直接空冷发电机组，比常规水冷发电节水三分之二以上。山西大同二电厂60万千瓦空冷机组，引进德国直接空冷技术。空冷岛由外方设计并供货，主机系统由国内设计制造。

近三年，国家安排国债资金30多亿元，支持以一池三改为主体的农村沼气建设。2004年底，全国户用沼气池已达1500多万个，建成大中型沼气工程2200处，沼气利用量达70亿立方米。

淘汰了一批落后工艺、技术和设备：

● 钢铁行业全部淘汰平炉和化铁炼钢。

● 电解铝行业基本淘汰落后的自焙槽工艺。

● 水泥行业淘汰落后立窑能力1亿吨。

● 煤炭行业关闭各类非法和不符合安全环保要求的小煤矿5.5万余处。

● 焦化行业淘汰落后土焦生产能力4000多万吨，关停小机焦能力1000万吨。

(3) 资源节约管理得到加强

● 颁布了《节约能源法》、《可再生能源法》、《清洁生产促进法》以及节电、建筑节能等配套法规。

● 颁布了《强制性产品能效标准》、《行业节能设计规范》、《建筑节能设计标准》、《取水定额标准等》。

● 发布了《节能中长期专项规划》、《海水利用专项规划》等，正在编制节水、资源综合利用等专项规划。

● 建立一系列资源节约管理制度。

● 制定了鼓励开展资源综合利用和再生资源回收利用的税收优惠政策。

● 深化资源性产品价格市场化改革，出台了水价、差别电价、煤电价格联动等价格改革政策。

● 借鉴国际经验，探索实施了电力需求侧管理、合同能源管理、节能自愿协议等推进资源节约的新机制。

● 组织实施了绿色照明工程、节水型社会试点和创建节水型城市活动。

◆ 节能监察

上海、甘肃、云南等省市根据据地方性法规，建立了节能监察中心，依法开展节能执法监察。浙江、天津等省市财政给予专项资金，政府委托省级节能监测中心对企业进行节能监测。

◆ 资源节约宣传

有关部门每年组织开展全国节能宣传周、全国城市节水宣传周以及世界水日、土地日、环境日等宣传活动。从2004年开始组织资源节约行活动。

◆ 乙醇汽油推广

目前，在辽宁、吉林、黑龙江、河南、安徽五省以及河北、江苏、山东、湖北四省部分城市封闭运行，累计推广燃料乙醇100万吨，在石油替代、环境保护方面发挥了重要作用。近两年还在原料多样化方面进行了积极探索。

◆ 政府节能采购

财政部、国家发展改革委发布了政府采购节能清单，公布了空调机、冰箱、荧光灯、电视机、计算机、打印机、便器、水龙头等8类、95家企业生产的2000余种型号的产品。

◆ 需求侧管理

2004、2005年夏季用电高峰期间，电网公司通过对20万用户实施需求侧管理，削减高峰负荷累加均超过2000万千瓦；国网公司日最大转移负荷达1311万千瓦，约70%的电力供应缺口得到转移，避免了大量被动的硬性拉闸限电。

◆ 能源效率标识

2005年3月1日我国正式实施强制性能源效率标识制度，首批产品是家用电冰箱和房间空调器。目前，达到能效1级标准的电冰箱和空调器比例分别为37%和3%，比实施前高16和2个百分点，能效水平平均提高4%～5%。

◆ 节能节水产品认证

我国实施节能节水产品认证制度以来，已对40类节能产品和12类节水产品进行了认证。目前已有394家企业的2839个型号的节能产品、46家企业的502个型号的节水产品通过认证。

◆ 合同能源管理

合同能源管理是指专业节能服务公司（EMCo）为用户提供项目设计、融资、施工、运行和管理等一条龙服务，以节能效益分享的方式回收投资和合理利润。自1997年在北京、辽宁和山东三家节能公司开展示范以来，目前全国已有60家EMCo，累计实施500多个项目，投资近14亿元，形成节能能力175万吨标准煤。

◆ 绿色照明工程

1996~2004年，中国绿色照明工程通过宣传培训、制定标准、开展认证、监督检查、大宗采购、需求侧管理和质量承诺活动，累计实现节电450亿千瓦时，相当于900万千瓦的装机规模，削减大量电网峰荷。

◆ 节水型社会建设

2000年以来，水利部在张掖、绵阳、大连市开展节水型社会建设试点的基础上，先后确立国家和省级试点106个，涌现了张掖、宁蒙等一批水权交易典型，为全面推进节水型社会建设打下坚实基础。“十五”期间，中央安排120多亿元，地方安排80亿元左右农业节水灌溉资金，节水灌溉面积达7420万亩，节水150亿立方米。

◆ 创建节水型城市

1996年以来，建设部、国家发改委（国家经贸委、国家计委）在全国范围内开展了节水型城市创建工作。目前已有18个城市被授予“全国节水型城市”称号。节水型城市创建活动带动了全国城市节水工作，2004年全国城市工业用水重复利用率达到80.3%，节水39.3亿立方米，再生水利用量约16.7亿立方米。

2.建设节约型社会存在的主要问题

节约优先的方针尚未真正落实。重开发、轻节约，重速度、轻效益，片面追求一时的高速度，盲目投资、低水平重复建设。

结构矛盾突出。低能耗的第三产业发展滞后，第二产业中高耗能工业比重大；能源消费结构中优质能源比重低；企业规模小，产业集中度低。

我国服务业占GDP比重与不同收入国家比较 单位(%)　　表1.2-2

中国	40.7(2004 年)
高收入国家	70.7(2001 年)
中高收入国家	59.8(2002 年)
中等收入国家	57.0(2002 年)
中低收入国家	55.5(2001 年)
低收入国家	45.7(2001 年)

资料来源：世界银行(Word Development Indcator) 2004

法律法规不完善。资源节约和综合利用方面某些领域无法可依，相关标准制定滞后，监督能力弱，有法不依、执法不严。

体制机制不健全。许多资源性产品的价格不能反映资源稀缺程度、供求关系以及资源环境成本；缺乏有利促进资源节约的财税政策；政府职能转变和现代企业制度建设不到位。

技术装备落后。高耗能行业落后生产能力仍占很大比重。主要耗能设备效率较世界先进水平仍有很大差距。缺乏资源高效利用和循环利用的共性和关键技术，企业自主创新能力不强，先进技术产业化水平低，技术推广不够。

主要耗能设备效率低。与国外先进水平的差距：工业锅炉平均运行效率低15～20个百分点；中小电动机、风机、水泵系统运行效率低20个百分点；机动车燃油经济性水平低10%～25%；载货汽车百吨公里油耗高1倍以上；内河运输船舶油耗高10%～20%。落后生产能力比重：钢铁行业300立方米以下高炉能力约1亿吨，占总能力的36%；化工行业隔膜法烧碱生产能力占总能力的67%；水泥行业立窑等落后产能仍占总产能的70%；电力行业0.6万～5万千瓦火电机组4666万千瓦，占火电机组的14%。

管理水平低。缺乏严格的管理制度、有效的激励和约束机制，企业信息化管理水平低。

全民节约意识不强。缺乏强烈的资源忧患意识和节约意识，消费方式不合理，资源节约还没有成为全民的自觉行为。

3.建设节约型社会的指导思想、目标、重点和措施

(1) 指导思想

以邓小平理论和“三个代表”重要思想为指导，认真贯彻党的十六大和十六届三中、四中、五中全会精神，树立和落实以人为本、全面协调可持续的科学发展观，坚持资源开发与节约并重，把节约放在首位的方针，紧紧围绕实现经济增长方式的根本性转变，以提高资源利用效率为核心，以节能、节水、节材、节地、资源综合利用和发展循环经济为重点，加快结构调整，推进技术进步，加强法制建设，完善政策措施，强化节约意识，尽快建立健全促进节约型社会建设的体制和机制，逐步形成节约型的增长方式和消费模式，以资源的高效利用和循环利用，促进经济社会可持续发展。

(2) 主要目标

“十一五”时期，基本建立起比较完善的促进节约型社会建设的法律法规体系、政策支持体系、技术创新体系和有效的激励约束机制，资源利用效率大幅度提高，重点行业单位产品能耗、水耗、物耗大幅度降

低，形成大批节约型的企业，全社会的资源忧患意识和节约意识显著增强，建设节约型社会迈出坚实步伐。

- 2010年每万元GDP能耗比2005下降20%左右。
- 2010年每万元工业增加值取水量比2005年下降35%。
- 2010年矿产资源总回收率和共伴生矿产资源综合利用率分别提高到40%。
- 2010年全国城镇新建建筑实现节能50%，其中直辖市率先达到节能65%。
- 2010年木材综合利用率提高到65%。
- 2010年主要再生资源回收利用量提高65%以上。
- 可再生能源发展目标

可再生能源发展目标 表1.2-3

	单位	2004年	2010年	2020年
可再生能源利用量	亿吨标准煤	1.4	2.7	5.4
水力发电	亿千瓦	1	1.8	3
风力发电	万千瓦	76	500	3000
生物质发电	万千瓦	200	550	3000
太阳能热光伏发电	万千瓦	6.5	40	200
太阳能热水器集热面积	万平方米	6500	15000	30000
替代化石能源	万吨标准煤	845	2000	4000
沼气利用量	亿立方米	70	140	240

注：以正式发布的为准。

- 节水和水资源替代目标

节水和水资源替代目标 表1.2-4

	单位	2004年	2010年	2020年
万元GDP用水量	立方米	444	296	180
万元工业增加值取水量	立方米	209	120	70
农业灌溉水有效利用系数		0.44	0.5	0.55
再生水利用量	亿立方米	16.7	35	40
海水淡化产量	亿立方米	0.15	3.6	10.8
海水直接利用量	亿立方米	350	550	1000

注：以正式发布的为准。

(3) 重点

(A)节能

- 建筑节能
- 工业节能
- 交通运输节能
- 商业和民用节能
- 开发利用可再生能源
- 政府机构节能
- 实施十大重点节能工程

根据《节能中长期专项规划》的要求，“十一五”期间国家组织实施十大重点节能工程，可实现节能2.4亿吨标准煤。

①低效燃煤锅炉（窑炉）改造工程：采用循环流化床、粉煤燃烧等先进技术改造或替代现有中小燃煤锅炉（窑炉），形成年节煤能力3500万吨。

②区域热电联产工程：建设大型高效环保热电联产机组，采用热电煤气三联供，分布式热电联产和热电冷多联产，将分散式供热小锅炉改造为集中供热，年节能3500万吨标准煤。

③余热余压利用工程：在钢铁（焦化）、有色、石油石化、建材等行业开展余热余压利用，形成年节能能力700万吨标准煤。

④石油节约和替代工程：在电力、石油石化、钢铁、建材、化工和交通运输等行业实施各种节油措施，发展煤炭液化、醇类燃料等石油替代产品，节约和替代石油3800万吨。

⑤电机系统节能工程：在煤炭、电力、钢铁、有色、石化等行业实施电动机拖动风机、水泵系统优化改造，形成年节电能力200亿千瓦时。

⑥能量系统优化工程：在钢铁、石化、化工等行业实施系统能量优化，使企业综合能耗降低10%～15%。

⑦建筑节能工程：新建住宅建筑和公共建筑严格执行节能50%的标准，推动既有建筑物节能改造，推广应用新型墙体材料和节能产品，节能1亿吨标准煤。

⑧绿色照明工程：在公用设施、宾馆、商厦、写字楼及居民住宅中推广高效节电照明系统等，节电290亿千瓦时。

⑨政府机构节能工程：实施政府建筑物节能改造，节能产品政府采购以及加强管理等措施，使中央国家机关单位建筑面积能耗和人均能耗降低10%。

⑩节能检测和技术服务体系建设工程：更新检测设备，加强人员培

训，推行合同能源管理等市场化服务新机制等。

(B)节水

- 农业节水灌溉
- 再生水利用
- 海水利用
- 节水器具推广
- 高耗水行业节水技术改造

(C)节材

- 推广散装水泥
- 提高金属材料利用率
- 抑制过度包装
- 木材节约和代用
- 建筑工程节材

(D)节地

- 农村土地整理
- 开发区土地集约利用
- 限制毁田烧砖
- 城市节约和集约用地

(E)资源综合利用

- 垃圾资源化
- 农业废物综合利用
- 共伴生矿和固体废物综合利用
- 再制造
- 再生资源回收利用

(4) 措施

(A)着力构建节约型的增长方式

需求结构：由主要依靠投资和出口拉动增长向消费和投资、内需和外需共同拉动转变。

产业结构：由主要依靠工业带动经济增长向工业、服务业和农业共同带动经济增长转变。

要素投入：由主要依靠物质要素投入增长向主要依靠技术进步增长转变。

资源利用方式：由“资源—产品—废物”线性经济模式向“资源—产品—废物—再生资源”循环经济模式转变。

(B)着力构建节约型的消费模式

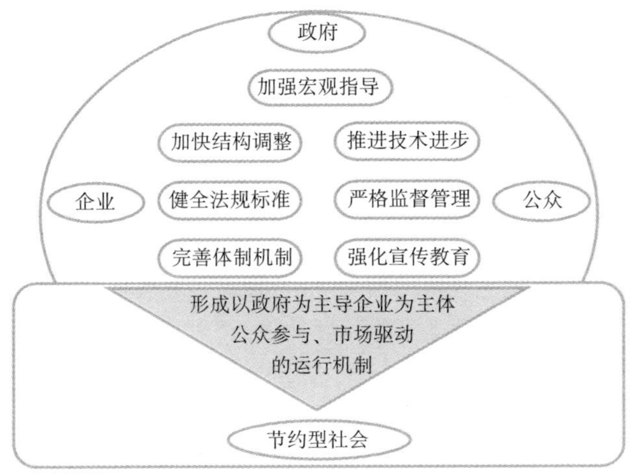

图 1.2-1 建设节约型社会措施体系

在全社会形成健康文明、节约资源的消费理念。

用节约资源的消费理念引导消费方式的变革,逐步形成与国情相适应的节约型消费模式。

(5) 节能国际经验

(A)依法节能

日本:《能源利用合理化法》

美国:《能源政策和节约法》

法国:《空气和能源合理利用法》

英国:《家庭节能法》

(B)能效标准标识

美国:实施强制性能效标准和标识制度;实施自愿性节能认证(能源之星)制度,规定政府必须采购“能源之星”认证产品。

欧盟:制定分级能效标准,实施强制性能效标识制度。

日本:实施“领先产品”能效基准制度,通过标识明确年度目标。

(C)财政预算

日本经济产业省资源能源厅:2001 年年度财政预算约 10 亿美元,其中节能和新能源占 40%。

法国环境与能源控制署:2000 年用于节能和可再生能源预算经费为 12 亿法郎。

英国政府:2001 年用于节能项目投入 4.35 亿英镑。

节能基金

美国：23个州设有节能公益基金，2003年达9亿美元。

英国：设立碳基金和节能基金，碳基金主要用于工业和交通节能，节能基金主要用于建筑节能。

(D)财政补贴

美国联邦政府：2002年向450万户低收入家庭发放17亿美元补贴，用于节能投资和支付能源费用。美国40个州级政府2001年提供1.33亿美元对购买“能源之星”认证产品的用户给予现金补贴。如加利福尼亚州，每台节能电冰箱补贴75～125美元、空调器补贴50美元、洗衣机补贴75美元，每只紧凑型荧光灯补贴3.5～5.5美元。鼓励推广乙醇汽油，对每吨燃料乙醇补贴1400～1500美元。

(E)财税政策

日本：对使用列入目录的185种节能设备实行特别折旧和税收减免优惠，减免的税收约占设备购置成本的7%。

美国：对新建建筑和各种节能设备根据能效指标不同，减能源税额度10%～20%。

法国：对工业节能项目投资的第一年实施加速折旧，并减征商业税；对投资节能的公司在节能设备使用和租赁中的盈利免税。

英国：政府与企业签订节能目标和二氧化碳减排目标，凡完成目标的企业可减免20%能源税。

(F)贷款优惠

日本：对中小企业节能优惠贷款的对象设备有91种，贷款限额2.7亿日元，享受一级特别利率，还贷期15年。

法国：建立节能贷款担保基金，在国家为贷款金额的40%提供担保的基础上，再给贷款金额的30%担保。

(G)宣传教育

日本：政府建立节能日（每月的第一天）、节能月（每年2月）。

法国：建立100个信息宣传点，通过电视公益广告、发放宣传资料、设立公用咨询电话等形式进行节能宣传，每年预算约9000万法郎。

泰国：电力局为实施空调器和电冰箱能效标识，每年投入宣传费用800万美元。

三、发展循环经济

党的十六届五中全会通过的《中共中央关于制定国民经济和社会发展第十一个五年规划的建议》提出：发展循环经济，是建设资源节约型、环境友好型社会和实现可持续发展的重要途径。

1.循环经济的内涵

循环经济是以减量化、再利用、资源化为原则，以提高资源利用效率为核心，以资源节约、资源综合利用、清洁生产为重点，通过结构调整、技术进步、加强管理等措施，减少资源消耗，降低废物排放，提高资源生产率，促进资源利用由“资源—产品—废物”线性模式向“资源—产品—废物—再生资源”循环模式转变，以尽可能少的资源消耗和环境成本，实现经济社会可持续发展，使社会经济系统与自然生态系统相和谐。循环经济是以低投入、低消耗、低排放、高效率为基本特征，符合可持续发展理念的经济增长模式。

(1) 新理念、新模式

- 促进资源永续利用
- 源头预防环境污染
- 提高企业经济效益
- 实现经济持续发展

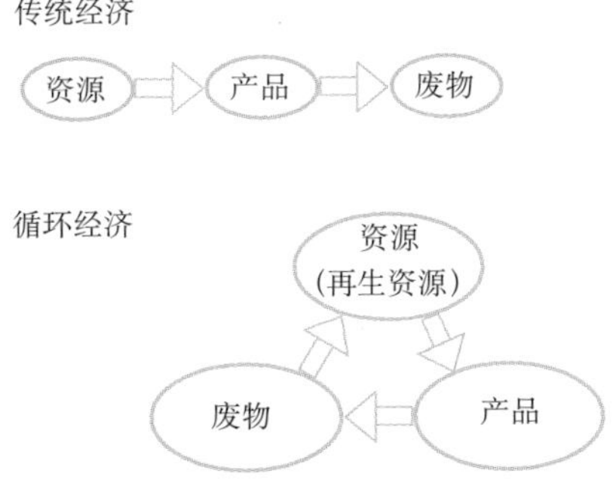

图1.3-1 传统经济与循环经济模式物质流程比较图

- 步入生态良性循环

(2) 循环经济的基本要求

宏观层面：要求将循环经济的发展理念贯穿于产业发展、城乡建设、区域开发、老工业基地改造和各类开发区建设以及资源开采、资源消耗、废物产生、社会消费的各环节，建立和完善全社会的资源循环利用体系。

微观层面：要求企业节约降耗，减少资源消耗；对生产过程中产生

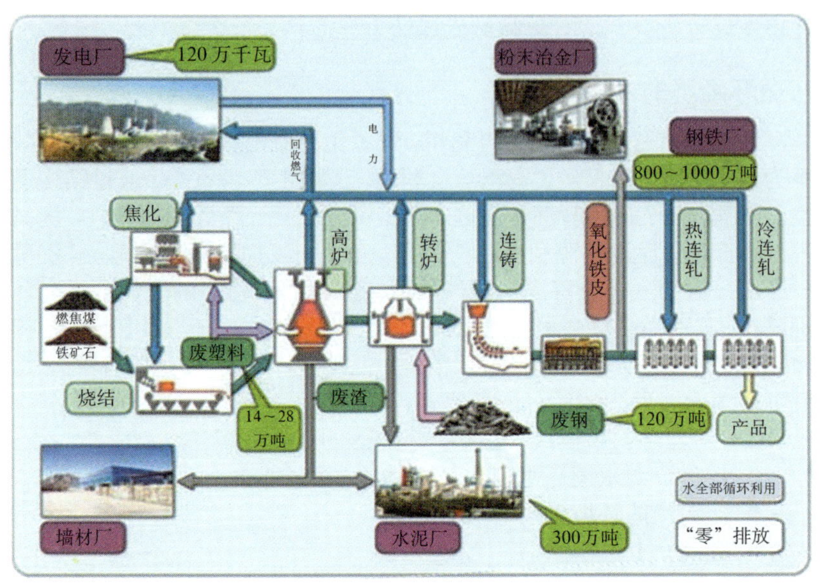

图1.3-2 以钢铁厂为核心的相关产业资源循环利用链

的废物进行综合利用，对生产和消费过程中产生的废旧物资回收利用，减少废物最终处置量；根据资源条件和产业布局，合理延长产业链，促进产业间的共生组合。

2.循环经济实践

循环经济作为一种新的发展理念和发展模式，虽然在我国推行时间不长，但从总体上看，循环经济发展的有关工作已有一定基础。多年来，在国家发改委、国家环保总局等有关部门和地方政府的积极推动和支持下，各地已在企业、产业园区和城市各个层面上开展了一系列循环经济实践，尤其是一大批资源节约综合利用的先进企业率先探索循环经济发展模式，积累了有益的经验。

山东济南钢铁（集团）公司以结构调整为主线，以节约降耗为突破口，通过不断的技术创新，管理创新，探索资源高效利用的新途径。建成了国内第一套拥有自主知识产权的干法熄焦装置、燃用低热值混合煤气的燃气—蒸汽联合循环发电机组。2004年与1995年相比，钢产量增长了3倍，但吨钢综合能耗下降42%，累计节能1300多万吨标准煤，创效益90多亿元；吨钢耗新水由21.4立方米下降到4.9立方米，下降77%。

通过发展循环经济，走出一条新型工业化道路。

山西安泰集团通过构建焦化、钢铁、电力、建材产业间循环经济链，推进产业间“物料平衡”。实现了高炉、转炉、焦炉等工业废气和水渣、焦石、焦油渣等工业固体废弃物全部资源化利用，废水实现零排放。2004年比2000年工业增加值增长了3倍，能源消耗量仅增长1.2倍，产值能耗下降27%。

广西贵糖（集团）股份有限公司通过技术创新，探索发展循环经济的有效模式，建成了两条循环经济产业链，形成了一个比较完整的工业生态系统。2004年实现综合利用产值5.4亿元，占总产值的66%。

上海化学工业区是以石油化工、精细化工产品为主的现代化产业基地。按照发展循环经济的要求，根据化工产品链的特点，将上游企业的产品和“废料”作为下游企业的原料或能源；按照化工生产上、中、下游产品链关系，把相关企业有机地联结起来，形成了石油化工和天然气化工循环经济产业链，为推进化工产业与资源、环境的协调发展提供了崭新的发展模式。

乌兰水泥集团将熟料生产过程中产生的热量用于发电，发电后的余热为集宁区集中供热450万平方米，发电排出大量粉煤灰，作为水泥生产的原料，城市排出的生活污水经过处理后变成中水供电厂发电用。利用风积沙作原料生产水泥，恢复大量的耕地。形成上游产品的废物为下游产品的原料。

北京市大兴区留民营村年消纳畜禽养殖粪便3000多吨，产沼气30多万立方米，供240户村民、公用食堂和餐馆作燃料，少量用于供暖。沼渣水用于农田、菜园、果园、苗圃和鱼塘；沼渣直接发酵后制有机肥，实现了高效、低耗、生态保护和可持续发展。目前，正在规划实施沼气利用三期工程。

上海新格金属有限公司是目前国内最大的再生铝生产企业，年再生铝生产能力30万吨。以废杂铝为基本原料，生产汽车用铸造铝合金锭。整条生产线具备完善的环保处理设施，对熔炼过程中产生的余热循环利用，废水净化处理，产生的废渣用于生产建材，充分利用了资源，减少了对环境的污染。

深圳报业集团发行公司利用常年为客户订报、送报的优势，开展回收旧报再利用活动，日均回收旧报30余吨，最高回收近百吨。在年末报纸征订期间，还开展“旧报换新报、利己又环保”活动，以旧报折价换订来年新报。一方面给客户订报带来了较大的实惠，另一方面保证了旧报完好无损地回收。发行公司开展回收旧报业务，实现了公司、客户和社会三方的利益共享。

3.发展循环经济的目标、重点和措施

(1) 主要目标

到2010年建立比较完善的发展循环经济的法律法规体系、政策支持体系、技术创新体系和激励约束机制。

建设一批符合循环经济发展要求的典型企业、产业园区和资源节约型、环境友好型城市。

(2) 具体指标

2010年我国消耗每吨能源、铁矿石、有色金属、非金属矿等15种重要资源产出的GDP比2003年提高25%左右。

2010年每万元GDP能耗比2005年下降20%左右；每万元工业增加值取水量比2005年下降35%。

2010年矿产资源总回收率和共伴生矿资源综合利用率分别提高5个百分点；工业固体废物综合利用率提高到60%以上。

2010年主要再生资源回收利用量提高65%以上；再生铜、铝、铅占产量的比重分别达到35%、25%、30%。

2010年工业固体废物堆存和处置量控制在4.5亿吨左右；城市生活垃圾增长率控制在5%左右。

(3) 发展重点

大力推进节约降耗，提高资源利用效率，减少资源消耗。

加强资源综合利用，促进废物再利用和资源化。

全面推行清洁生产，从源头减少或避免废物的产生和排放。

(4) 国家循环经济试点

经国务院同意，国家发展改革委、国家环保总局、科技部、财政部、商务部、国家统计局六部委联合下发了《关于组织开展循环经济试点（第一批）工作的通知》，正式启动国家循环经济试点工作。

(A)试点工作范围：

重点行业：钢铁、有色、煤炭、电力、化工、建材、轻工等行业。

重点领域：再生资源回收利用体系建设、废旧金属再生利用、废旧家电回收利用、再制造等领域。

产业园区：国家或省级开发区、重化工业集中区、农业示范区。

省　　市：资源型城市、资源匮乏型城市。

(B)试点示范工程：

- 建成济钢、铜陵有色、亚泰水泥等一批循环经济示范企业。

- 建成河北曹妃甸等若干循环经济产业示范区。
- 建成湖南汨罗、广东清远等再生资源回收集散市场和加工基地。
- 建成30万吨以上再生铜、再生铝、再生铅企业若干家。
- 建成浙江省、青岛市、广东贵屿镇等若干废旧家电回收利用示范基地。
- 建成若干汽车发动机、变速箱、电机和轮胎翻新等再制造示范企业。

(C)试点工作的主要任务：

通过试点，探索发展循环经济的有效模式，在重点行业树立一批循环经济的典型企业；在重点领域完善再生资源回收利用体系；提出按循环经济理念规划、建设、改造产业园区和城市发展的思路，形成若干循环经济产业示范园区和典型城市。

(5) 措 施

转变发展观念，加强规划指导，推进结构调整，加快技术创新，健全法规标准，完善政策机制，强化宣传教育。

发展循环经济有利于形成节约资源、保护环境的生产方式和消费模式，有利于提高经济增长的质量和效益，有利于建设资源节约型、环境友好型社会，有利于促进人与自然和谐，充分体现了以人为本，全面协调可持续的科学发展观的本质要求，是实现全面建设小康社会宏伟目标的必然选择。

(6) 国际经验

(A)依法促进

德国：《物质循环和废物管理法》。

日本：《促进循环型社会建设基本法》、《再生资源利用促进法》。

美国：《固体垃圾处理法案》。

(B)政策制度

激励政策：美国设立总统绿色化学挑战奖，鼓励化学工艺创新；日本设立资源回收奖，鼓励回收有用资源；一些国家通过政府采购促进再生产品使用。

税收政策：北欧国家普遍征收化石能源税、生态税；美国一些州政府征收原生材料税，鼓励资源再生利用；部分国家征收垃圾填埋税。

收费政策：多数发达国家收取废弃物处理费，用于资源化补偿；日本对冰箱等4种家用电器和汽车等征收回收处理费；美国和部分欧洲国家实行垃圾收费制度；韩国实施废弃物预付金制度。

生产者责任延伸制度：日本、韩国、欧洲等推行生产者责任延伸制度。

(C)科技支撑

发达国家：通过开发和使用需较少材料的新技术和再制造技术，降低原材料消耗；通过重新设计工艺流程，尽可能不产生或少产生废物；通过重新设计产品，以易于再循环利用；开发可再生能源和秸秆等生物发电技术。

(D)公众参与

美国：公民广泛参与每年 10 月 15 日的“回收利用日”活动。

日本：市民积极参加垃圾分类收集活动。

加拿大：在学校开展垃圾减量化教育。

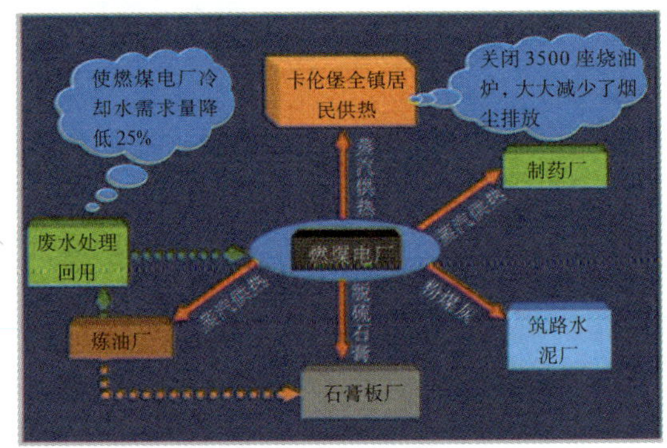

图 1.3–3　卡伦堡生态工业模式图

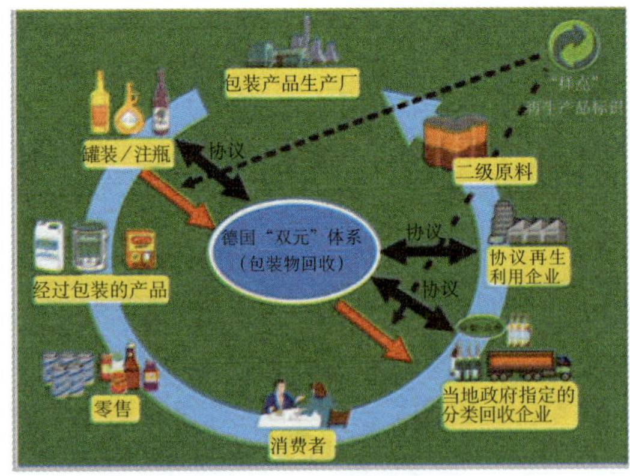

图 1.3–4　德国包装物回收体系图

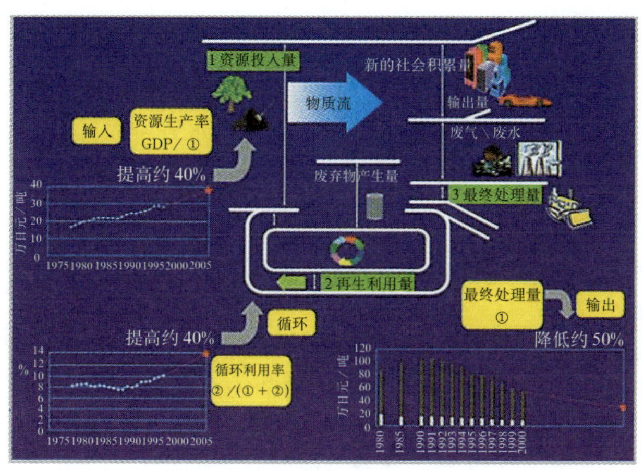

图1.3-5　日本循环型社会建设计划目标图

四、全民节约　共同行动

《国务院关于做好建设节约型社会近期重点工作的通知》(国发[2005] 21号)提出：建设节约型社会涉及各行各业和千家万户，需要动员全社会的力量积极参与。要围绕“大力发展循环经济，加快建设节约型社会”这一主题，继续开展“资源节约型”活动。要组织新闻媒体采访，集中宣传节约资源的先进典型，揭露和曝光浪费资源、严重污染环境的行为和现象，努力营造建设节约型社会的良好氛围。

为提高全民节约意识，大张旗鼓、深入持久地开展资源节约活动，国家发展改革委、中央文明办、中央电视台共同组织“全民节约　共同行动”大型主题宣传活动，掀起资源节约宣传的高潮，得到社会各界的热烈响应和积极参与。

1.企业在行动

在2005年8月14日“全民节约、共同行动”大型主题宣传活动启动仪式上，17家大型国有高耗能企业现场签署“中央企业节约资源承诺书”。

2005年7月，中国饭店协会向全国饭店业印发了《饭店业节能81条》，系统提出了饭店业节能指南，以推动饭店行业节能工作的深入开展。

云南昆明钢铁集团有限公司启动了高炉煤气回收工程，熊熊燃烧了30年的高炉“火把”终于在2005年8月14日熄灭，每天节省20多万元。

2.百姓在行动

上海3000市民参加“百万家庭节约活动”。节约用水，从我做起。

百姓积极参与每年一度的全国节能和节水宣传周活动。

3.党政机关在行动

国家发展改革委、中宣部联合印发了《2005年资源节约系列宣传方案的通知》；中宣部向各主要媒体下发了《关于建设节约型社会宣传报道方案》。

国管局、中直管理局发出《关于切实加强当前中央和国家机关资源节约工作的通知》，召开中央国家机关节约能源资源经验交流会。

党政机关各部门分别召开机关动员大会，制定管理办法，进行设备节能检测，实施节能改造，开展节能检查，创建节约型机关。

全国总工会动员各级工会开展“我为节约做贡献”活动；共青团中央实施“青年文明号节约示范活动”。

北京市政府与54家政府机构签订节能责任书，并选定10家政府机构开展节能诊断和改造。

2005年国家发展改革委办公楼配电室安装了16台节电器，节电率达10%以上。

北京市海淀区政府办公楼采用冷热源系统，满足冬季供暖、夏季制冷、日常提供生活热水的需要。系统供暖节能60%以上。

4.学校在行动

学生参加中国绿色照明活动。

5.公众人物在行动

杨利伟参加“全民节约　共同行动”活动。

影视明星在2005年8月14日“全民节约　共同行动”特别节目中的画面。

6.媒体在行动

2005年8月14日，中央电视台对“全民节约　共同行动”大型主题宣传活动进行了三个多小时的现场直播，并主办了晚间特别节目；从2005年6月30日起，在经济频道各主要栏目，推出系列主题报道和节约型社会系列公益广告，以鲜活多样的电视化手段营造有声有色的宣传效果。

中央电视台联合央视国际、新华网、人民网、新浪网、搜狐网、网易网、腾讯网、和讯网、雅虎网、中新网等十大网站和30多家报纸，推出“公民节约行为准则”征集和电子签名活动，该活动得到广大网友和读者的热烈支持和积极参与。

中央电视台经济频道各大栏目联手出击，营造建设节约型社会的良好氛围。

7.社会反响强烈

“全民节约　共同行动”大型主题宣传活动开展以来，得到社会各界的积极响应。2005 年 8 月 14 日中央电视台电视直播节目，收看人数达 1300 多万人；《公民节约行为公约》网上电子签名人数达 30 万人；在互动活动中，绝大部分网民、观众都给予积极评价；社会各界主动为建设节约型社会建言献策。

《公民节约行为公约》

培养节约好风尚　人人行动是保障
夏季空调 26 度　节电效果很显著
灯泡换成节能灯　用电能省近八成
随手关灯勿忘记　小处节电有效益
少乘电梯爬楼梯　既省电力又健体
家用电器仔细挑　节电省钱都重要
家电不用要断电　省电一成看得见
多乘公交和地铁　既省能源又便捷
购车要买小排量　节油实惠还时尚
注意关好水龙头　宝贵淡水不滴漏
洗菜洗脸多用盆　一水多用是窍门
纸张应该两面用　物尽其用见行动
物品少用一次性　节省资源利环境
就餐剩余应打包　珍惜粮食显实效
垃圾分类不乱扔　便于利用好再生
过度包装要反对　绿色消费益社会
勤俭节约记心头　行为公约共遵守

《公民节约行为公约》由国家发展改革委、中央文明办、中央电视台于 2005 年 7 月 21 日在十大网站征集公众意见，并于 8 月 14 日启动了《公民节约行为公约》的电子签名仪式，目前已有 30 万人签名，应一些网友和观众的要求，经修改和筛选后，于 2005 年 12 月 16 日公布。

第二章　各省、自治区、直辖市和新疆生产建设兵团概况

一、北京市

1.概况

北京是中华人民共和国的首都，是全国的政治中心、文化中心，是我国与世界各国进行高层次政治、经济、科技、文化交往和交流的中心。位于华北平原西北边缘，东南距渤海约150千米。全市土地面积16410平方公里，其中山区面积10072平方公里，占总面积的61.4%；平原面积6338平方公里，占总面积的38.6%；城区面积87.1平方公里。全市总人口为1492.7万。

2.资源利用状况

长期以来北京市委、市政府十分重视资源节约工作，取得了显著成效。1991～2004年期间，北京市GDP年平均增速11%；能源消费年平均增速4.7%；能源消费弹性系统为0.4，即以较低的能源消费增长

支持了国民经济持续高速增长。

(1) 建筑节能

北京市从20世纪90年代初由政府部门强制推行了建筑节能，到2004年底，全市节能住宅已经超过了现有居住建筑总量的一半，节能建筑的普及率在国内领先。从2004年10月1日起，北京市开始实施节能65%的居住建筑节能设计地方标准，新建住宅的建筑节能达到国内领先水平。

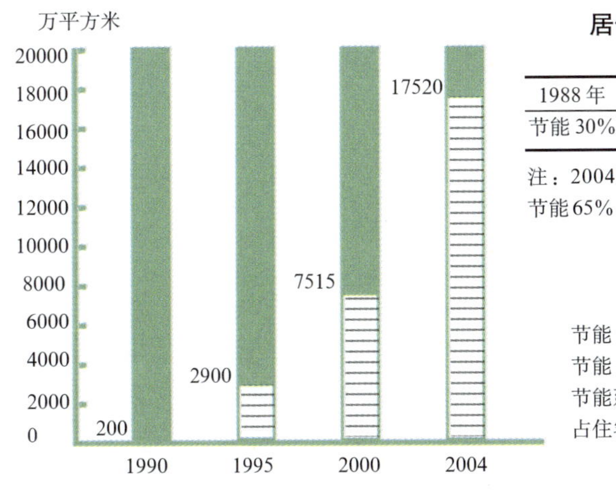

居住建筑三步节能

表2.1-1

1988年	1998年	2004年
节能30%	节能50%	节能65%

注：2004年北京市在全国率先发布节能65%《居住建筑节能设计标准》

节能30%建筑8500万平方米
节能50%建筑11020万平方米
节能建筑占建筑总量36.3%
占住宅总量的65.1%

图2.1-1　1990～2004年建成的节能住宅总量分布

2004年54家政府机构能耗调查表　　　　表2.1-2

序号	单位能耗	政府机构(2004年)	城市居民(2003年)	对比（倍）
1	人均能耗（公斤标准煤／年）	1782	342.55	5.2
2	人均用电（千瓦时／年）	3391.0	504.75	6.7
3	单位面积能耗（公斤标准煤／平方米）	42.33	16.35	2.6
4	单位面积用电（千瓦时／平方米）	80.5	24.09	3.3

(2) 可再生能源利用

太阳能利用：北京地区具有丰富的太阳能资源，在全国太阳能资源区域划分中属于二类地区，年日照时数达到2600～3000小时，年累计太阳辐照量达到5600～6000兆焦／平方米。

污水处理：北京市现有8座污水处理厂，日处理能力188万立方米，污水处理率58%。2008年前共建成14座污水处理厂，日处理能力将达到268万立方米，城市污水处理率将达到90%。

3. 措施

(1) 法规、政策、规划

《北京市实施〈中华人民共和国节约能源法〉办法》

《北京市节约用水办法》

《北京市加快发展循环经济建设节约型城市规划纲要及2005年行动计划》

《北京市实施〈中华人民共和国水法〉办法》

《北京市实施〈中华人民共和国土地管理办法〉办法》

《北京市资源综合利用企业（项目）评审办法》

(2) 即将出台的文件

《北京市"十一五"循环经济发展规划》

《北京市"十一五"能源发展及节能规划》

《北京市节能监察办法》

《北京市建设项目合理用能评价管理办法》

(3) 四项保障措施

完善法律法规，健全标准体系；强化监督管理，规范市场秩序；加强政策引导，促进科技发展；营造良好环境，加强协同合作。

4. 发展目标及展望

(1)"十一五"时期主要目标

地区生产总值年均增长9%；实现人均地区生产总值比2000年翻一番；全市万元地区生产总值能耗比"十五"期末降低20%；全市万元地区生产总值水耗比"十五"期末降低20%；可再生能源达到能源消费总量的4%。

(2) 2010年发展目标：节约型城市建设位居国内前列

到2010年，北京节约型城市建设取得显著成效，达到国内领先水平；产业生态化水平显著提升，资源利用率大幅提高，环境负面影响明显减弱；关键领域的循环再生利用技术取得重大突破；初步建立起发展循环经济的机制和框架，经济增长方式有较大转变，社会可持续发展能力有较大提升。

(3) 2020年发展远景：基本形成循环经济发展模式

到2020年，循环经济发展取得显著成效，资源投入产生率、废物循环利用率接近发达国家水平，基本形成循环经济的发展模式，初步建成资源节约型、环境友好型城市。

(4) 重点开展六大节能工程

政府机构节能工程；交通运输节能工程；建筑节能工程；绿色照明工程；工业节能工程；可再生能源利用工程。

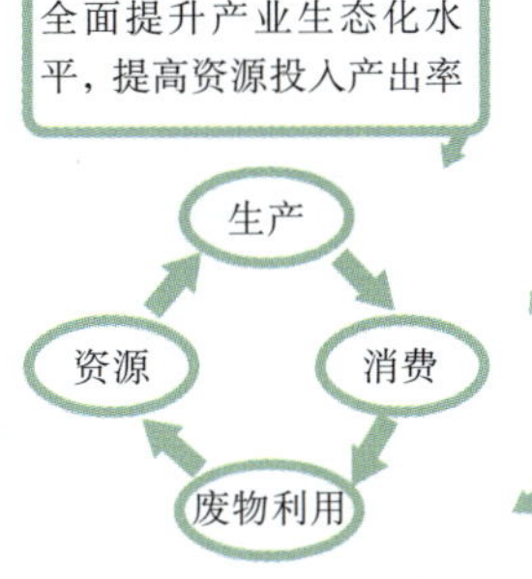

图 2.1–2　六项主要任务

2010 年节水目标　　　　表 2.1–3

万元产值取水量	33 立方米	节水龙头普及率	100%
城市污水集中处理率	95%	节水便器普及率	100%
再生水回用量	6 亿立方米 / 年	节水淋浴器普及率	100%
工业用水重复利用率	96%		

2010 年垃圾资源化利用目标　　　　表 2.1–4

措施	成效		实现
在北京东西南北建设 4 个国际先进水平的生活垃圾综合处理中心。中心内包括生活垃圾焚烧厂、综合处理厂、餐厨垃圾处理厂及处理后残渣填埋场	生活垃圾资源化率	30%	
	废塑料回收率	60%	
	二次电池回收率	30%	
	废纸回收率	80% ➡	生产再生纸 40 万吨 / 年
	废旧家电回收率	80% ➡	拆解处理 300 万台 / 年
	废旧轮胎回收率	70% ➡	资源化利用 300 万条 / 年

5.重点项目

(1) 生态透水砖。用97%沙漠中风积沙粘合压制而成，透水性好，雨水可全部渗透到土壤中而不流失，强度高，抗冻融性好，可作为道路用砖。不消耗矿土资源，不需要烧结。已在中南海和奥运工地中使用。该成果具有自主知识产权，国内处于领先水平。

(2) 中央液态冷热源系统。以浅层地能作为建筑供暖（冷）的替代能源，实现供暖、制冷和生活热水三联供，并可做到零排放，使能源的一次性使用率大大提高。拥有自主知识产权，获得国际发明专利，已在十几个省市推广。

二、天津市

1.概况

天津是中央直辖市，环渤海地区经济中心，中国北方最大的沿海开放城市。地处华北平原东北部，东临渤海，北依燕山，西靠首都北京。全市土地面积1.19万平方公里，其中耕地面积48.56万公顷，占全市土地面积的40.7%。至2003年底，全市常住人口为1011.3万。

2.资源利用状况

天津是一个资源和市场两头在外的加工型城市，资源制约严重。全市人均水资源占有量仅为160立方米，约为全国的1/15；人均耕地0.65亩；人均森林占有面积仅为0.27亩。多年来，天津坚持资源开发与节约并举，把节约放在首位，相继制定了《天津21世纪议程》、《节能、节水和资源综合利用三年规划》等政策法规，依靠科技进步，注重节水、节能、节地、节材和环境保护，在破解资源约束瓶颈中，提前实现了“三五八十”四大奋斗目标，全市经济持续、快速、协调发展，社会事业全面进步，城市面貌不断变化，人民生活水平显著提高。2004年全市实现生产总值2932亿元，人均生产总值突破3万元。建设节约型社会取得初步成果，万元GDP能耗1.35吨标准煤，工业万元产值能耗0.41吨标准煤，工业万元产值取新水7.3立方米，工业用水重复利用率86%，工业固体废物综合利用率96%，保持了全国先进水平。2004年滨海新区生产总值1250亿元，占全市生产总值的42.6%。

2005年初，天津市被建设部、国家发改委命名为“节水型城市”，同时又被水利部列为“南水北调中东线受水区节水型社会建设试点”。目前，计划用水考核率达到95%，工业用水重复利用率提高到85%，农业节水灌溉面积达290万亩，年节水能力达7亿立方米，节水器具普及率提高到55%。万元GDP能耗从1994年的3.11吨标准煤下降到2004年的1.35吨标准煤，年均节能率8%。同期全市GDP总量翻两番，能源消耗仅翻一番，经济增长所需能源的70%以上依靠节约实现。工业万元产值能耗由1990年的1.89吨标准煤下降到2004年的0.41吨标准煤。2004年工业系统年节电21.9亿千瓦时。

2004年天津资源综合利用企业254家，实现产值65亿元，利润4.5亿元。年综合利用工业固体废弃物618.54万吨，综合利用率96%。实现钢渣、粉煤灰、食品发酵废液全部综合利用。

全市工业总产值连续11年高速增长，用水量得到有效控制。

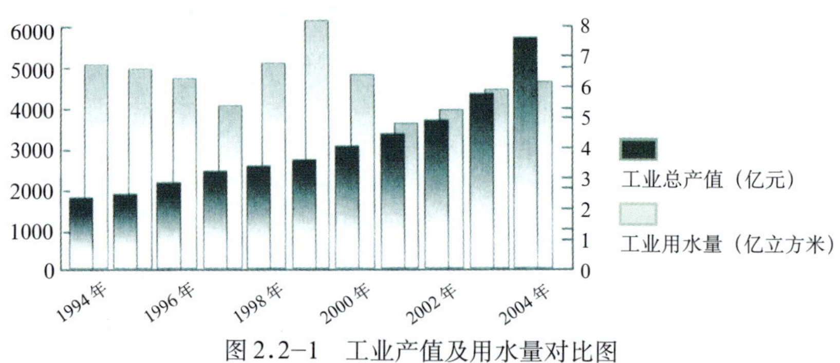

图2.2-1　工业产值及用水量对比图

3.措施

通过推广防渗、喷灌、滴灌等节水灌溉技术，全市节水灌溉面积达到290万亩，占有效灌溉面积的54%。比土渠灌溉年节水7亿多立方米，年增加农业生产能力折合粮食13.8万吨，直接增加经济效益2.77亿元。

通过建设引滦输水暗渠、改造供水网管、控制特殊行业用水、推广节水器具和提高水价等措施，实现了节约用水。城市供水由1999年的每日220万立方米下降至目前的每日160万立方米。

加强各行业用水管理。洗浴业采用节水型器具，用水量下降了30%以上；实行再生水洗车；规定纯净水制造业尾水必须回收利用；下调游泳场馆计划用水指标40%；园林绿化采用节水灌溉方式；建筑施工用水指标由每平方米建筑面积0.8立方米下调为0.5立方米。“节水器具进万家”活动成效显著。新建居民生活小区全部使用节水器具，推广各类节水器具、设备约30万套，4年累计节约用水约1600万立方米。

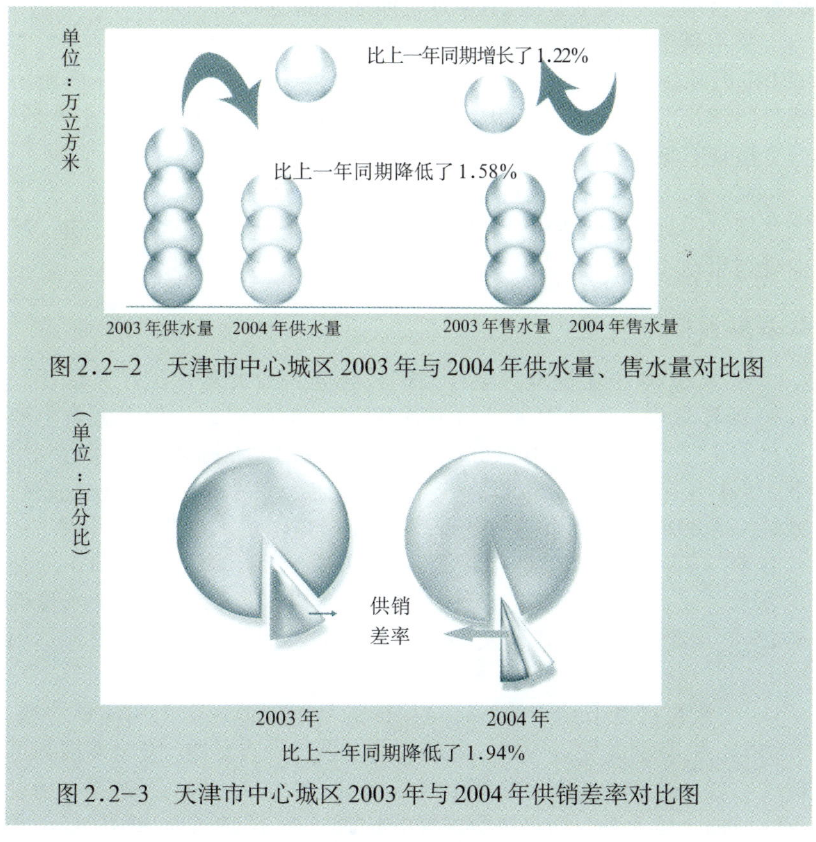

图2.2-2 天津市中心城区2003年与2004年供水量、售水量对比图

图2.2-3 天津市中心城区2003年与2004年供销差率对比图

城市污水资源化，再生水利用产业化

2004年污水总处理能力达到157.3万吨/日，城市污水处理率75%，年再生水回用量6000万吨。建设广域性和区域性相结合的再生水供水管网系统，铺设再生水回用干管87.4公里。

扩大海水直接利用规模，发展海水淡化产业。

集中了全国一流的海水淡化、综合利用科研机构和技术成果，取得了一系列技术突破，年直接利用海水量约17亿立方米，替代淡水4000多万立方米。天津市将依托先进技术发展海水淡化产业，加快大港10万吨及其他海水淡化工程建设，到2010年形成日产50万吨规模，成为我国重要的海水淡化基地。

农村人均能源消耗标准煤量2吨，节煤处于全国领先水平。通过省柴节煤炉改造，推广太阳能热水器，各类沼气池和大型沼气工程建设等措施，目前已形成年节约21.4万吨标准煤的能力。

采用新型墙体材料占墙体材料总量的65%。2001～2004年节约能源149万吨标准煤，利用工业废渣4987吨。天津是全国第二个实施第三阶段建筑节能的城市，1991～2004年共建成节能住宅5149万平方米，占全市现有城镇住宅面积的36.4%。

对全市143个开发区进行清理整顿，撤销各类开发区100个，开发区总规划占地面积从850.71平方公里压缩核减至363.93平方公里，减少规划用地486.78平方公里。

4.发展目标及展望

天津2010年建设节约型社会的目标是：万元地区生产总值能耗1.06吨标准煤；工业万元产值能耗0.34吨标准煤；工业万元产值取新水7.3立方米；工业用水重复利用率93%；工业固体废物综合利用率97%；使节约型社会工作有一个大的进展。节水型社会建设规划目标是：到2010年，城市污水处理率达到95%以上，再生水利用量8亿立方米／年；海水直接利用量30亿立方米／年，海水淡化量1.7亿立方米／年；工业用水重复利用率提高到90%；万元产值耗水量降至15立方米；节水器具普及率达到80%；农村饮水管网入户率达到100%。

“要认真贯彻节约资源，环境保护的基本国策，努力构建集约型、节约型、生态型的发展模式，实现节约发展、清洁发展、安全发展和可持续发展，以最小的资源和环境成本取得最大的经济社会效益”。建设节约型社会是天津今后可持续发展的长期任务，已纳入天津国民经济和社会发展“十一五”规划。党的十六届五中全会把滨海新区纳入国家发展战略，为新区发展带来了难得的机遇，到2010年天津滨海新区将建设成为现代制造和研发转化基地，我国北方国际航运中心和国际物流中心，成为宜居的生态城区。

5.重点项目

(1) 创建节水型城市。强化全社会的节水意识，大力推广使用节水新技术及普及节水型设备，实行有利于节水的阶梯水价，严格控制企事业单位用水。1999～2004年，全市生产总值增长了51%，而同期用水量比原来下降了27%。2004年，工业用水重复利用率达86%；农业节水灌溉面积达290万亩；节水器具普及率达到55%；主要节水指标在全国处于领先水平。

(2) 建设滨海新区。滨海新区充分利用沿海临港和荒地优势，积极推行清洁生产，大力发展循环经济。搬掉沉积80多年的碱渣山，建成了紫云公园，对污染企业进行搬迁改造，生态环境不断改善。初步建成了开发区生态工业园区和大港化工生态工业区。

三、河北省

1.概况

河北省因位于黄河下游以北而得名。东部濒临渤海，东南部和南部与山东、河南接壤，西部隔太行山与山西省为邻，西北部、北部和东北部同内蒙古自治区、辽宁省相接。全省总面积18.77万平方公里，占全国土地总面积的1.96%，居第14位。总人口6699万，省会石家庄。

2.资源利用状况

风能资源丰富，可用于发电的资源总量超过2000万千瓦。近几年来，按照胡锦涛总书记视察张家口时作出的“要加快对风力资源的开发利用”指示精神，河北省以“两地一线”（即张家口、承德坝上地区，沧州、唐山、秦皇岛沿海一线）为重点的风电建设工程全面提速。

总装机容量100万千瓦的张家口风电项目一期工程（3.45万千瓦）已经并网发电，沧州黄骅和承德坝上两个百万千瓦级风电项目正在规划和建设中。到2010年，河北省风电装机容量将达到300万千瓦。现有建筑6.8亿平方米，节能建筑仅占5.7%。到2020年，城镇建筑总面积将达到10.6亿平方米，如果新建建筑全部达到节能65%的标准，并对现有建筑进行节能改造，每年可节约1862万吨标准煤。2000～2004年，万元生产总值取水量下降39.1%，累计节水95亿立方米；钢铁行业吨钢综合能耗下降22%，累计节能673万吨标准煤。建材行业利用煤矸石、粉煤灰等工业废渣近2800万吨，生产新型墙体材料650亿块标准砖，占墙材总量的比例达到37%以上，节约土地10.7万亩，节约能源403万吨标准煤。1999年以来，全省实施土地开发整理项目1614个，开发整理和复垦土地94.5万亩，新增耕地近69万亩，全省基本农田保护面积一直保持在8851万亩，连续4年实现了耕地总量动态平衡，为经济社会的可持续发展提供了有力保障。

河北省是钢铁大省。"十五"以来，通过抓品种、抓质量、抓整合，推行"三定一改"(定能耗限额、用水定额、污染物排放指标，开展综合节能节水和废弃物综合利用改造)和"三节一利用"（节能、节水、节材、综合利用），吨钢综合能耗和吨钢耗新水持续下降，钢渣、高炉煤气等废弃物回收利用率明显提高，钢铁工业正在走向"绿色产业"。

经过多年的发展，沼气建设已由单一的沼气技术发展到多种农业技术打捆使用，并广泛应用于生产、生活和生态领域。截至目前，全省沼气用户已达150万户，年产沼气7.5亿立方米，替代常规能源53.6万吨标准煤，受益人口600多万，年人均增收节支2000元以上，年增收节支30亿元。每年农作物秸秆产生量在3720万吨左右，其中还田、做饲料和气化等综合利用2230万吨，但仍有40%左右的秸秆被抛弃或焚烧，不仅浪费了大量生物质能，也造成了严重的空气污染。为此谋划建设的晋州秸秆热电厂（国家示范项目），装机容量2.4万千瓦，每年可消耗秸秆20多万吨，与同等规模的火电厂相比，年可节约标准煤6万吨，带动当地农民增收近1000万元，产生的灰渣直接返田利用。每年城市生活用水量约6.4亿立方米，节水型器具普及率为30%左右。若在全省城市全面推行节水型器具，可节水1/3，年节水总量达2.13亿立方米，同时也为节水型产品提供了广阔的市场空间。

目前，发电装机容量为2073万千瓦，年消耗原煤5482万吨，耗水4.4亿立方米。"十五"以来，通过强化节能管理和技术改造，发电煤耗和水耗明显下降，灰渣利用率显著提高。现有中小锅炉11000多台，平均运行效

"九五"以来发展节水灌溉及旱作农业成果统计

表2.3–1

建设节水灌溉示范区	130个
发展节水灌溉面积	3525万亩
发展旱作农业综合配套技术	11506万亩次
累计增产粮食	608923万公斤
累计增产棉花	29382万公斤
累计增产油料	79742万公斤

率65%左右，年消耗标准煤4000余万吨。如果采用先进的节能技术与设备，提高效率5个百分点，每年可节约286万吨标准煤；全省现有电动机、风机、水泵总容量350万千瓦以上，用电量占全省工业总用电量的1/3，达240亿千瓦时。如果采用高效电机、调速节电等措施，提高运行效率10个百分点，每年可节电32亿千瓦时。曹妃甸循环经济示范区已列入国家第一批循环经济试点园区。首钢涉钢系统搬迁实施方案和曹妃甸矿石专用码头、迁曹铁路等重大项目先后获得国家批复、核准和开工建设，水、电、路、讯等基础设施建设基本完成，曹妃甸总体开发建设进入实质性阶段。

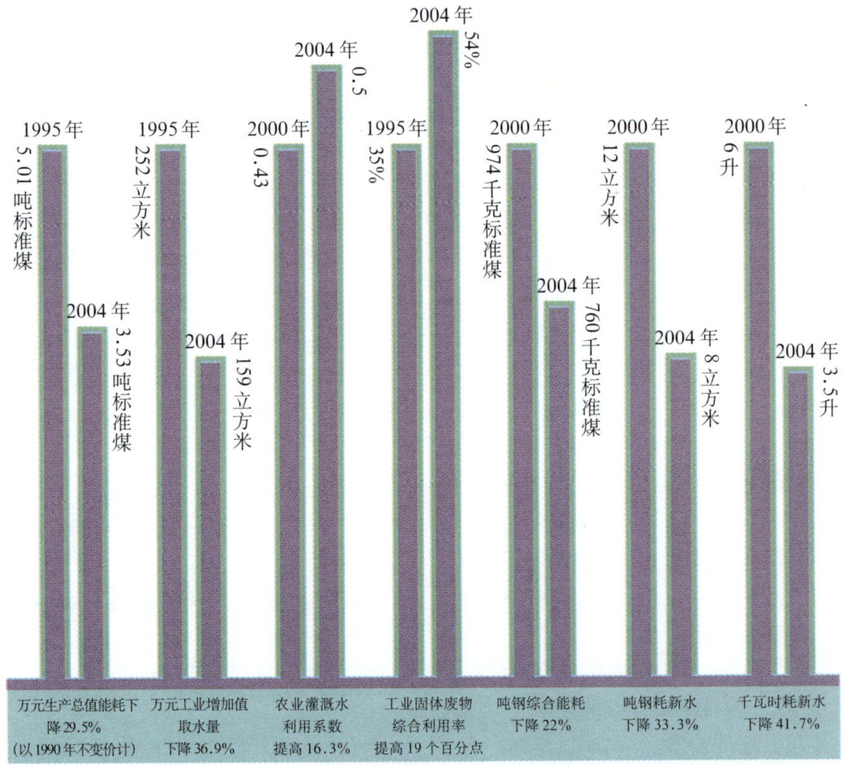

图2.3-1　河北省节约成果柱型图

万元生产总值综合能耗由1995年的5.01吨标准煤降到2004年的3.53吨标准煤（以1990年不变价计算），下降了29.5%，累计节约6300万吨标准煤。

万元工业增加值取水量由1995年的252立方米降到2004年的159立方米，下降了36.9%；工业用水重复利用率由1995年的50%提高到2004年的74.5%，提高了14.5个百分点，累计节水16亿立方米。

2004年，全省土地利用率为78.7%，高于全国平均水平4.36个百分点。

3.措施

认真贯彻科学发展观，深入实施四大主题战略和“一线两厢”区域发展战略，突出结构调整主线，强化重大项目建设和县域经济发展两大支撑，积极壮大主导产业，构建节约型产业体系。

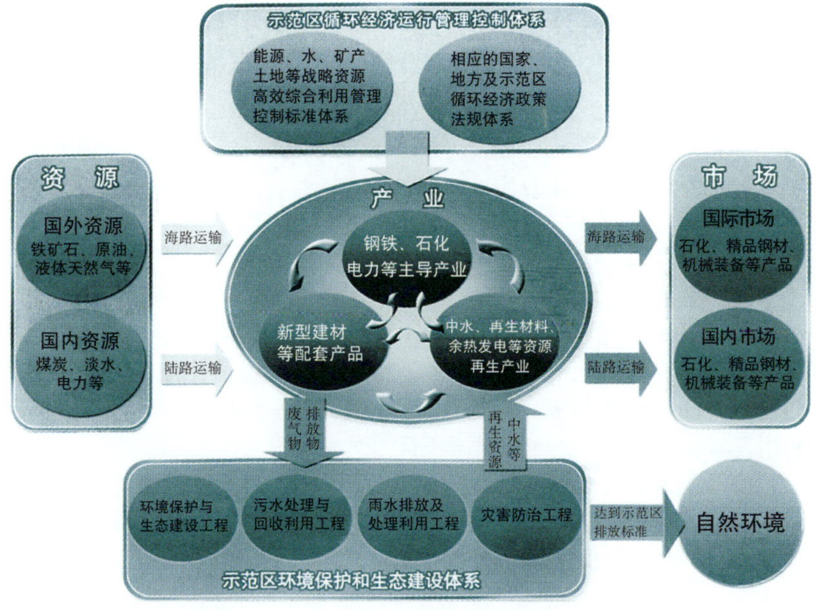

图2.3-2　曹妃甸示范区循环经济体系图

4.发展目标及展望

发展循环经济总体目标：到2010年，全省基本建成5个资源节约型城市、15个符合循环经济发展模式的工(农)业园区和150家循环型企业，初步建立较完善的资源循环利用机制。到规划期末(2030年)，曹妃甸示范区建设起结构布局合理的循环型产业体系，建设成以钢铁、石化、电力和装备制造等为特色的循环经济示范产业群，形成完整的废旧物资和废弃物回收利用系统，实现土地、水、能源等战略资源的高效利用和循环利用，各项资源环境指标达到国家循环经济示范区标准。

“十一五”期间，将重点抓好“四个一批”工程，即新建一批空气冷却机组、一批海水冷却机组、一批中水回用机组、一批矿井疏干水机组。项目建成后，年可节约、替代新水9500多万立方米，节约标准煤70多万吨。将投资31亿元，重点实施“328”海水淡化工程，即抓好沧州、唐山、秦皇岛三个城市试点，推动海水淡化在电力、化工两个行业的应用，组织八大海水淡化示范项目。项目建成后，日产海水淡化水40万立方米，可有效缓解沿海地区淡水资源短缺状况。

“十一五”建设节约型社会主要目标：万元生产总值综合能耗下降到1.70吨标准煤（以2000年不变价计算），比2005年降低20%；工业固体废弃物综合利用率提高到60%以上。万元工业增加值取水量下降到115立方米，比2005年降低23%；工业用水重复利用率达到了7.5%，比2005年提高2.5个百分点。全省基本农田保护率达到85.83%，比2005年提高10个百分点；通过开发、整理、复垦补充新土地130万亩；生态退耕还林面积531万亩。

5.重点项目

(1) 曹妃甸循环经济。曹妃甸是我国第一个按照循环经济理念开发和建设的最大的循环经济示范区。曹妃甸循环经济示范区将形成以钢铁、石化、装备制造和海水淡化等为特色的循环经济产业链，建设完整的废弃物回收利用体系，实现能源、土地、水等资源的高效利用和综合利用。

(2) 节能建筑材料。秦皇岛耀华玻璃厂生产的低辐射镀膜玻璃和自洁净玻璃是我国建筑领域首选的节能产品，比同厚度普通玻璃节能38%。清华大学超低能耗示范楼全部采用该产品。

四、山西省

1.概况

山西省地处华北西部的黄土高原东翼。东西宽约290公里，南北长约550公里，全省总面积15.6万平方公里，约占全国总面积的1.6%。境界轮廓略呈东北斜向西南的平行四边形。东有巍巍太行山作天然屏障，与河北省为邻；西、南以涛涛黄河为堑，与陕西省、河南省相望；北跨绵绵内长城，与内蒙古毗连。总人口3300万，省会太原市。

2.资源利用状况

山西省人均占有水量为全国平均水平的20%，为当今全球平均水平的4%。同时，山西用水浪费现象较为严重。全省农业灌渠总长近12万公里，地面灌溉水利用系数只有四成左右，低于全国平均水平20%。全省万元产值工业耗水量92.3立方米，是全国的1.6倍。节水成为山西实现可持续发展的一个关键课题。

煤炭的综合利用

煤矸石：2004年产生量3330.71万吨，占全省工业固体废物产生量的33%，综合利用量813.25万吨，利用率24.4%，已形成煤矸石综合利用电厂装机容量83.5万千瓦、年产38亿块砖的生产能力；粉煤灰：2004年产生量1791.83万吨，占全省工业固体废物产生量的17.6%，综合利用量925.20万吨，利用率51.6%，占全省综合利用总量的20.6%；冶炼废渣：全省冶炼废渣产生量1127.67万吨，占全省工业固体废物产生总量的11%。综合利用量869.31万吨，综合利用率77.1%，占全省各种工业固体废物综合利用量的19%。焦炉煤气：全省焦化业煤气利用率77%，其中50%左右为炼焦自用，11.5%供城市民用和工业锅炉，9.7%供钢铁、镁、铝等冶金使用，6%用于发电及供热，0.5%作为化工原料，约23%燃烧排空。与2000年相比，煤气利用率提高了15%；煤层气：山西煤层气储量大约占全国的1/8～1/5左右。近年来，山西省矿井煤层气利用已形成一定规模，阳泉市利用矿井煤层气解决了城市燃气，晋城市用煤层气提供工业用气和生活用气，并在全国率先用作汽车燃料。

煤矿开采方式的落后，导致资源的惊人浪费。用传统采煤方法，绝大多数的小煤矿煤炭回采率仅为15%左右。山西省每年中小煤矿产量约2亿吨，但动用矿产资源近20亿吨。而采用新型设备和采煤技术，则可以使煤炭的回采率提高2倍之多。

节水概况

农业年节水2.4亿立方米，工业年均节水2.6亿立方米，全省年节水量达5亿多立方米。

3.措施

三荆沟煤矿采用轻型综采放顶煤技术后，煤炭回采率由20%提高到75%，年产能力增加到40万吨，使资源和效益达到了和谐统一。已经关闭、淘汰落后小煤矿6000多座，煤炭资源平均回收率由五年前的不到20%提高到了2004年的45%。太钢采用反渗漏装置处理污水，大同探索市场化、产业化对中水回用进行改革试点，清徐大力推广节水灌溉……各种节水措施成为山西节约型社会建设一道道亮丽的风景。

4.重点项目

(1) 焦煤集团循环经济。集团发展以“煤—电—材”、“煤—焦—化”两条产业链为标志的循环经济，实现了从“原煤生产—洗选精煤—洗煤副产品用来发电—发电后的废弃物粉煤灰用来生产建筑材料”和“原煤生产—焦炭生产—化工产品生产”的产业循环式组合。

(2) 太钢节水措施。先后投资1.46亿元建成的污水处理一期、二期和三期工程，日处理能力达到14万吨／天。截至2005年3月，三个废水处理系统共处理回收污水7.95亿吨，吨钢耗新水由1999年的23吨降为目前的7.3吨，年节水1400万吨。

五、内蒙古自治区

1.概况

内蒙古自治区位于中华人民共和国的北部边疆，由东北向西南斜伸，呈狭长形。西东相隔2400多公里；南北直线距离1700公里；全区总面积118.3万平方公里，占全国土地面积的12.3%，居全国第3位。东、南、西依次与黑龙江、吉林、辽宁、河北、山西、陕西、宁夏和甘肃8省区毗邻，跨越三北（东北、华北、西北），靠近京津；北部同蒙古国和俄罗斯联邦接壤，国境线长4221公里。到1996年末，全区共有人口2306.55万人，自治区首府为呼和浩特市。

2.资源利用状况

内蒙古风能资源十分丰富，全区可开发利用的风能储量为1.01亿千瓦，占全国的40%，居全国首位。并且具有风能丰富区和较丰富区面积大，分布范围广，风能品位稳定度较高、连续性好等优点。

2004年，万元GDP能耗为2.42吨标准煤，比2000年降低14%，工业固体废弃物综合利用率达到31.5%，利用的废物扩展到14个种类，所生产的产品品种和档次明显提高。内蒙古乌兰水泥集团、蒙西高新技术工业园区、包头钢铁集团公司、包头(铝业)生态工业园区已被列入国家循环经济试点单位。

蒙西高新技术工业园区坐落于鄂尔多斯市西部边缘鄂托克旗蒙西镇。2004年实现工业总产值13.8亿元，同比增长95%；实现收入为13.52亿元，同比增长70.44%；实现工业增加值6.5亿元，同比增长132%；实现利税4亿元，同比增长175%。截至2005年9月份，实现工业总产值13.18亿元，同比增长39%；实现工业增加值8.0亿元，同比增长64%；实现入库税金1.48亿元，同比增长54%；实现利润1.6亿元，同比增长37%。预计年底，实现地区生产总值25亿元，同比增长50%；实现工业增加值9.1亿元，同比增长40%；实现入库税金1.8亿元，同比增长50%。

乌斯太经济技术开发区地处阿拉善东端，成立于1997年8月。2004年，实现地区生产总值85976万元，完成工业总产值157918万元，完成工业增加值75801万元，财政收入完成7053万元，固定资产投资额完成120000万元，截至2005年9月末，实现地区生产总值104275万元，较同期增长78%；工业总产值达138725万元，较同期增长63%；财政收入10643万元，较同期增长108%；全社会固定资产投资达129263万元，较同期增长210%。

3.发展目标及展望

“十一五”时期，内蒙古建设节约型社会的主要目标是：在优化结构、提高效益和降低消耗的基础上，人均生产总值年均增长13%以上；万元GDP能耗比2005年下降25%；万元GDP取水量比2005年下降25%；工业用水重复利用率比2005年提高15个百分点；工业固体废弃物综合利用率比2005年提高18个百分点，形成一批自主创新能力和核心竞争能力较强的优势企业。要以建设节约型社会的方针，指导全区工业化进程。加强宏观指导和规划，强化节约意识，强化监督管理，制止一切浪费资源的行为，正确处理好经济发展与资源节约和环境保护的关系。一个大资源、大发展、大节约、大利用、大生态、大和谐的内蒙古将展现在世人面前。

4.重点项目

(1) 乌兰水泥集团。将水泥生产、发电、集中供热、废水处理、吃沙还田、老工业区改造集于一体，进行高效节能、环保绿色、生态型的水泥生产，形成煤、电、热、水泥、粉煤灰、污水、垃圾处理环环相扣的循环经济。

(2) 大力发展风力发电。内蒙古全区可开发利用的风能储量为1.01亿千瓦，占全国40%，居首位。目前拥有辉腾锡勒风电厂等五个风电厂，共装机189台，总容量13万千瓦，年发电量可达2.48亿千瓦时。

六、辽宁省

1.概况

辽宁省位于中国东北地区的南部，是中国东北经济区和环渤海经济区的重要结合部。东西端直线距离最宽约550公里，南北端直线距离约550公里。辽宁省陆地面积14.59万平方公里，占中国陆地面积1.5%。海域面积 15.02万平方公里。东北与吉林省接壤，西北与内蒙古自治区为邻，西南与河北省毗连，以鸭绿江为界河，与朝鲜民主主义人民共和国隔江相望，南濒浩瀚的渤海和黄海。根据2004年人口抽样调查推算，2004年末全省总人口4217万，省会沈阳市。

2.资源利用状况

“十五”期间，辽宁节能工作取得了显著成果，在农村节能、工业节能、建筑节能等方面都取得巨大成绩。万元国内生产总值能耗由2001年的2.11吨标准煤下降到2005年的1.85吨标准煤，平均每年下降4%，累计年全社会节约能源折合2200万吨标准煤。20年间，全省以能源消耗翻一番，保证了国内生产总值翻四番。

辽宁省是一个水资源短缺的省份，人均水资源占全国平均水平的三分之一。全省每年缺水量52亿立方米，其中沿海城市缺水38亿立方米。近几年全省节水工作取得了积极的进展，每年全省节水5亿立方米，“十五”期间可节约水资源24亿立方米，全省正向全面建设节水型社会迈进。

(1) 农村用水

全省农村用水占全省用水总量的70%以上，其中农田灌溉用水量82亿立方米，占总用水量的62.9%，农村节水具有巨大潜力。大力推行农村节水是广大农村进行经济社会建设的需要，是全面建设小康社会的基础。2000～2004年，共完成投资18亿元，新增节水灌溉工程面积192.63万亩，使全省节水灌溉工程面积达631.96万亩占有效灌溉面积的30.8%。

(2) 工业节水

辽宁是一个重化工业结构为主的老工业基地，近几年来，冶金、电力、石化、煤炭、建材等行业狠抓节水降耗，加大节水投入，推行节水技术，全省规模以上工业用水重复利用率已达到70%，2004年全省工业用水总量19.88亿吨，占总用水量15.3%，2004年工业节水2.5亿吨，“十五”期间全省工业节水总量可达14亿吨。截止2004年底，全省规模以上企业工业用水重复利用率达到了70%，重复利用量达65.8亿立方米；城市计划用水率达92%；全省城市年均节约用水量达2.5亿立方米左右，其各项经济技术指标均为全国先进水平。2002年大连市被评为国家节水型城市；2003年营口市被评为省级节水型城市。

(3) 农业节能

农村能源是农业和农村经济可持续发展的重要基础，到2004年末，全省共推广“北方农村能源生态模式(四位一体)”33.7万户、“高效预制组装架空炕连灶(吊炕)”304.3万铺、被动式太阳房346.5万平方米。通过农村能源生态建设，全省年向市场提供优质反季果、菜5.1亿公斤，出栏猪337万头，产沼气1.0亿立方米，提供优质沼肥539.2万立方米，增加农民纯收入16.9亿元，节约能源247.8万吨标准煤，相当于72.3万公顷薪炭林一年的产柴量。

(4) 海水利用

2004年，全省海水利用量为43亿立方米，其中海水直接利用35亿立方米。海水化学资源综合利用8亿立方米，对沿海地区的贡献率达到32.6%，海水利用实现产值13亿元。海水直接利用主要是电力、石化行业。全省发电海水直流冷却年利用海水25亿立方米。目前，全省建成运行的海水淡化工程2处，日海水淡化量近万吨。辽宁正业集团正在葫芦岛地区筹建全国最大的日处理5万吨的海水淡化工程。

(5) 建筑节能

全省新型墙体材料持续快速发展，占墙材总量比例首次突破6成。2004年新型墙体材料产量87.36亿块，占墙材总量比例63%。应用新型墙体材料建筑和节能建筑持续增长，占城镇住宅竣工面积比例均突破80%。2004年全省应用新型墙体材料建筑竣工面积2130.6万平方米，占城镇住宅当年竣工面积比例85%。节土节能利废和环保效果显著，为发展循环经济做出重要贡献。2004年，全省生产新型墙体材料节约土地14415亩（按挖土2米深计），节约能源84万吨标准煤。

沈阳市累计建成节能建筑2619万平方米，其中节能住宅2509万平方米，节能公共建筑110万平方米，共有2584万平方米的节能建筑节能率达到50%，占节能建筑总竣工量的98.66%。

(6) 资源综合利用

风力发电在全国占有较重要位置，目前装机能力为全国第一，建有营口仙人岛、大连横岗、丹东海洋红、阜新彰武、沈阳法库等九处风力发电场。总装机容量为12.7万千瓦。利用煤矸石发电，不仅有效治理了“三废”污染，还节约了资源，增加了资源供给，一举多得。辽宁省已有煤矸石发电能力10万千瓦，正在建设的煤矸石发电能力54万千瓦，有些地区不仅吃掉了当年新产生的煤矸石，还正逐步消灭历史堆积的煤矸石。

资源综合利用作为一项全球性的朝阳产业，正逐步成为我国国民经济新的增长点。辽宁省资源综合利用主要包括矿产资源开采、共伴生资源综合开发利用、固体废物、废水(液)、废气综合利用、再生资源回收利用、综合利用发电、农林水产资源综合利用等八大类。近几年全省资源综合利用工作增长速度较快，2004年资源综合利用产值达到40亿元。

(7) 清洁生产

近几年共投入30多亿元用于清洁生产建设，成立了省清洁中心，10个清洁生产监控机构。已有600家重点污染企业开展了清洁生产审核，实施方案2万个，每年新增经济效益20亿元，节水1.67亿吨，节电1.85亿千瓦小时，减排二氧化硫、烟粉尘污染物18万多吨。在冶金、电力、煤炭和选矿等行业创建了50多家废水“零排放”企业，这些行业的重点企业基本开始由末端治理向污染预防和生产全过程控制转变。

3.措施

充分利用大型灌区续建配套节水改造项目、农业综合开发项目、节水增效示范项目、世界银行贷款项目等资金，大力开展节水灌溉工程建设。

通过大力推广节水型器具，严格执行超计划用水加价收费，实行污水、中水、海水等非传统水的利用等多项工作使全省城市节约用水工作得到了长足的发展。

4.重点项目

(1) 北方农村能源生态模式。包括“四位一体”、高效预制组装架空炕连灶、太阳能采暖房、太阳能热水器、生物质气化站、大中型沼气、风力发电、太阳灶八种形式。年向市场提供优质反季果、菜5.1亿公斤，出栏猪337万头，产沼气1.0亿立方米，提供优质沼肥539.2万立方米，增加农民纯收入16.9亿元，节约能源247万吨标准煤。

(2) 秸秆气化发电。将植物杆叶谷壳木屑等转化为可燃气体驱动燃气发电设备发电，实现生物质气化—气体净化—燃气发电。该技术每千瓦投资4000元，1.2～1.8公斤秸秆或谷壳可发一度电，适用于农村小城镇建设。

七、吉林省

1.概况

吉林省位于中华人民共和国东北地区的中部，全境东西最长约750公里，南北最宽约600公里，总面积18.7 4万平方公里，约占全国总面积的2%，居全国第14位。处于日本、俄罗斯、朝鲜、韩国、蒙古与中国东北部组成的东北亚的腹心地带，东部与俄罗斯接壤，东南部以图们江、鸭绿江为界，与朝鲜民主主义人民共和国相望，边境线总长1438.7公里。其中中俄边境线232.7公里，中朝边境线1206公里。南连辽宁省，西接内蒙古自治区，北邻黑龙江省。东部珲春市处于东北亚地理位置的几何中心。长春市位于东北亚十字交通线的交汇点上。吉林省少数民族人口为245.34万人，占全省总人口的9.15%，省会长春市。

2.资源利用状况

节能

在国务院发出了建设节约型社会的号召后，吉林省企业节能活动上了一个新台阶、工业企业万元产值能耗由2001年的1.68吨标准煤下降到2004年的1.26吨标准煤。特别是在推广新型墙体材料、节电产品研制等方面开展的较为深入。

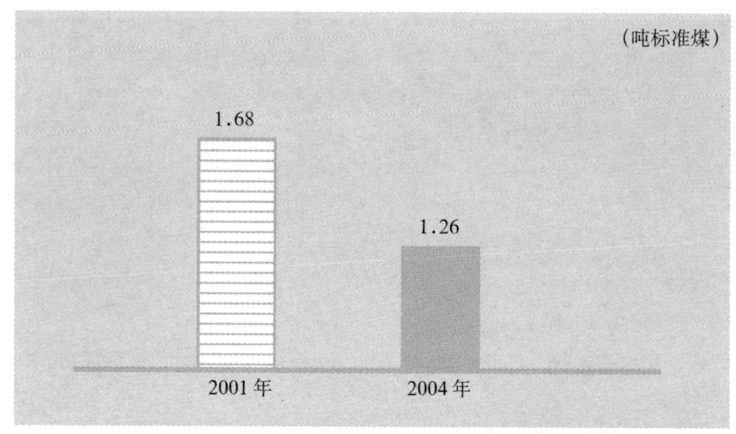

图2.7-1　吉林省工业企业万元产值能耗图示

节水

农业一直是吉林省的用水大户，每年农业用水量约占全省总用水量的78%。近年来，针对农业用水效率不高、节水潜力巨大的实际情况，吉林省通过采取对大、中型灌区进行配套改造、大力推广应用喷灌、滴灌农业节水技术、调整农作物种植结构等措施，使农业节水取得了可喜的成果，实现了保证农业稳产增产、农业用水总量基本不变的阶段性目标。

近几年，吉林省工业快速发展。2003年规模以上工业企业实现增加值比1997年增加了近一倍，但全省工业用水量为16.7亿立方米，基本保持了1997年的水平，这不能不说是个突破。中水回用，污水治理，实现资源化，已成为大部分企业的目标。一汽集团的万吨水项目、长春客车厂中水回用项目和吉化污水处理厂对滤体脱水装置的改造，使中水回用率大幅增加。据统计，目前全省工业用水重复利用率达到了69%，比全国的平均水平高出19个百分点，节水型工业正在成为吉林省企业新的发展模式，给吉林经济、社会的可持续发展拓展了空间。

3.措施

对大、中型灌区进行配套改造，大力推广应用喷灌、滴灌农业节水技术，调整农作物种植结构；中水回用，污水治理。

4.重点项目

(1) 玉米深加工综合利用。吉林省形成了大成、黄龙、燃料乙醇、吉安生化等一大批玉米研发和精深加工的龙头企业,已建立了玉米深加工的树形产品结构框架。对玉米(包括秸秆和玉米芯)已“吃干榨净”,实现了玉米资源的综合利用。

(2) 综合治理利用碱地资源。从2001年开始,围绕保育生态环境、发展生态经济、倡导生态文明三方面开展了生态省建设活动。通过大力发展生态环保型效益经济,综合治理利用碱地资源。

八、黑龙江省

1.概况

黑龙江省地处我国最东北部。北部、东部以黑龙江、乌苏里江为界，与俄罗斯相望；西部与内蒙古自治区毗邻；南部与吉林省接壤。面积为46万多平方公里，耕地面积960.1万公顷。至2001年底，全省总人口3811万，省会哈尔滨市。

2.资源利用状况

“十五”以来，黑龙江省围绕全面建设小康社会这个中心，努力转变经济增长方式，提高经济运行质量，在资源节约和综合利用、保护和治理生态环境、实施可持续发展战略等方面成效显著，并在产业综合开发、技术人才支撑、体制和机制创新等方面奠定了一定的基础。

一是能源结构趋于优化，能源消耗明显降低。

“十五”期间，积极开发利用风能、水能、生物质能等可再生能源，富地营子水电、木兰和穆棱等风电项目建成投入运行。与1995年相比，2004年清洁能源装机容量由18.6万千瓦上升到84万千瓦，占全省装机总容量的比例由2.4%上到7%。与2000年相比，2004年万元生产总值综合能耗由1.74吨标煤下降到1.59吨标准煤，降幅达到8.6%；万元工业增加值电耗由2387千瓦时下降到2125千瓦时，降幅达到11%。

二是水资源利用效率明显提高，综合节水成效显著。

2000年与2004年相比，全省万元GDP取水量由837立方米减少到523立方米，减少幅度达到37.5%；万元工业增加值用水量由566立方米减少到220立方米；节水灌溉面积由1666万亩扩大到1972万亩，农田灌溉水利用系数由0.43提高到0.45，农业灌溉用水量占全社会总用水量的份额正在逐年下降。

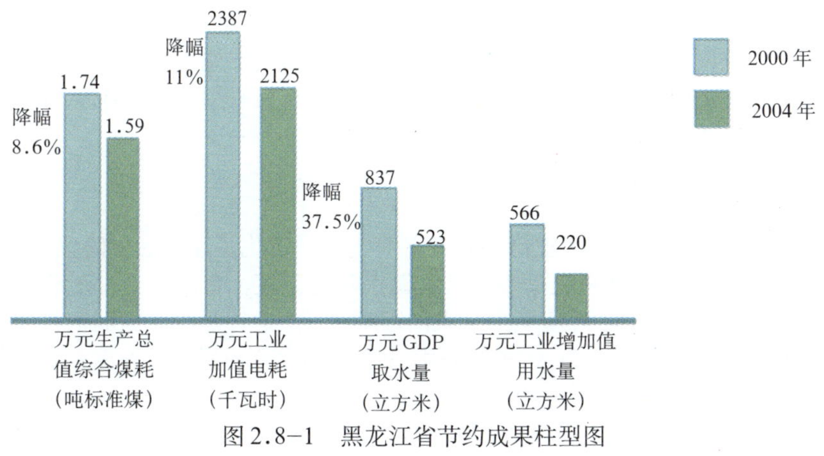

图2.8-1　黑龙江省节约成果柱型图

三是存量盘活、增量扩大，土地资源开发利用步入节约集约轨道。

2000年以来，连续五年实现了耕地总量占补平衡有余，新增耕地储量5.2万公顷，基本农田保护率始终保持在86.5%以上；治理大庆及周边地区“三化”草原200万亩，煤矿塌陷区7187亩，增加了可利用土地面积；利用哈大齐重度盐碱地开发建设哈大齐工业走廊，拓展了400多平方公里的用地空间，减轻了占用耕地的压力；通过旧城改造和农村居民点用地整理，盘活城市和村镇存量建设用地1万多公顷，收购储备闲置、低效土地2045公顷，优化了用地结构。

四是资源综合利用取得积极进展，循环经济已成为指导经济社会发展的重要原则。

与2000年相比，2004年煤炭和有色金属平均回采率分别提高10个百分点和5.8个百分点；建设了一批以煤矸石和粉煤灰为主要原料的新型建材和其他非煤产业，年消化煤矸石和粉煤灰达到600万吨和400万吨；哈尔滨市建立了固体废物综合利用处置中心及废油回收平台。

五是生态农业获得较快发展，自然环境得到较大改善。

积极推广秸秆等生物质能源利用，减少农药、化肥、地膜用量，防止土壤污染，加快建立绿色食品和有机食品生产基地，重点发展适应国内外市场需求的绿色名特优农产品，促进农业增效和农民增收。大力发展特色优势产业，严格控制高能耗、高污染项目的建设，依法淘汰浪费资源、污染环境的落后工艺、技术和设备，加快建设先进制造业基地。

3.措施

积极推进建筑节能标准的实施，通过推广新型建材和新技术、新工艺，加快既有建筑节能改造步伐；节水灌溉；通过旧城改造和农村居民点用地整理，盘活城市和村镇存量建设用地；积极采用矿产资源综合利用技术；积极推广秸秆等生物质能源利用。

4.发展目标及展望

未来15年，黑龙江省仍将处在工业化和城镇化快速发展的阶段，国民经济的快速发展将进一步增大资源消耗的强度，将面临人口不断增加、资源约束突出、环境压力加大的严峻挑战。全省坚定自觉地把科学发展观贯穿经济社会发展的全过程，为加快建设节约型社会做出应有的贡献！

5.重点项目

(1) 资源高效利用装备。哈尔滨电站设备集团代表了我国电站设备制造的最高水平，生产了60万千瓦直接空冷汽轮机、百万千瓦级超超临界机组锅炉和30万千瓦循环流化床锅炉等设备，大大降低了发电机组的耗水量、耗煤量，提高了对低热值燃料的利用。

(2) 利用煤矸石生产新型墙体材料装备。双鸭山东方墙材公司自主开发了国际领先的全煤矸石和大掺量利用粉煤灰等工业废渣生产墙体材料的技术装备。该技术装备已推广到全国26个省市的200多个生产企业，年利用煤矸石、粉煤灰1400多万吨，节约土地8050亩。

九、上海市

1.概况

上海市地处太平洋西岸，亚洲大陆东沿，长江三角洲前缘，东濒东海，南临杭州湾，西接江苏、浙江两省，北界长江入海口，长江与东海在此连接。2004年末，上海全市面积6340.5平方公里，占全国总面积的0.06%，南北长约120公里，东西宽约100公里。其中区域面积5299.29平方公里，县域面积1041.21平方公里。至2004年末，全市户籍人口1352.39万，常住人口达到1742万人。

2.资源利用状况

上海市针对水质型缺水的特点，开展节水宣传，依靠科技进步，推广节水器具，强化节水管理，近十年万元生产总值用水量由430立方米降到150立方米。2003年被评为全国首批“节水型城市”。

到2004年底，开发区数量比清理前减少55%，规划用地面积减少37.9%。预计到2005年底，建成节能住宅面积近3000万平方米。

1990～2004年上海共使用散装水泥8295万吨，减少水泥损失500万吨，节约包装纸近50万吨。过去14年，累计利用粉煤灰5255万吨，近8年综合利用率已连续保持在100%。每年综合利用生活垃圾100万吨。预计2005年全市商品有机肥推广面积达到60万亩。

全市工业区每平方公里工业产值　表2.9-1

2003年	2004年	2005年（预计）
37亿元	45亿元	47亿元

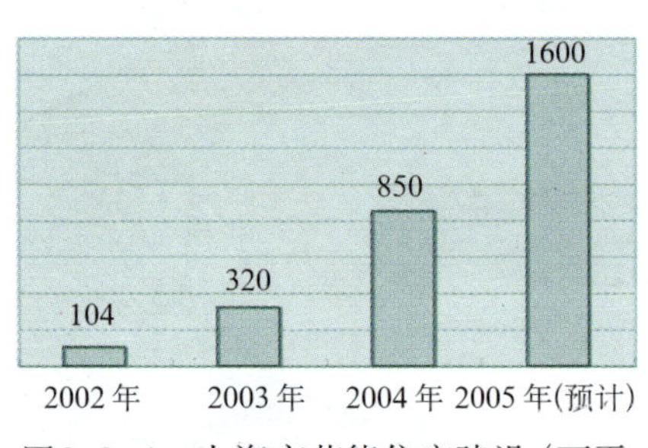

图2.9-1　上海市节能住宅建设（万平方米）

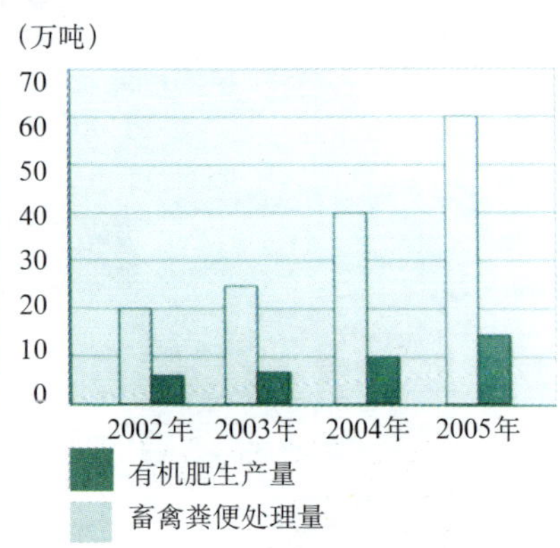

图2.9-2　上海市农业废弃物综合利用

经济连续十三年保持两位数增长
万元生产总值综合能耗持续下降

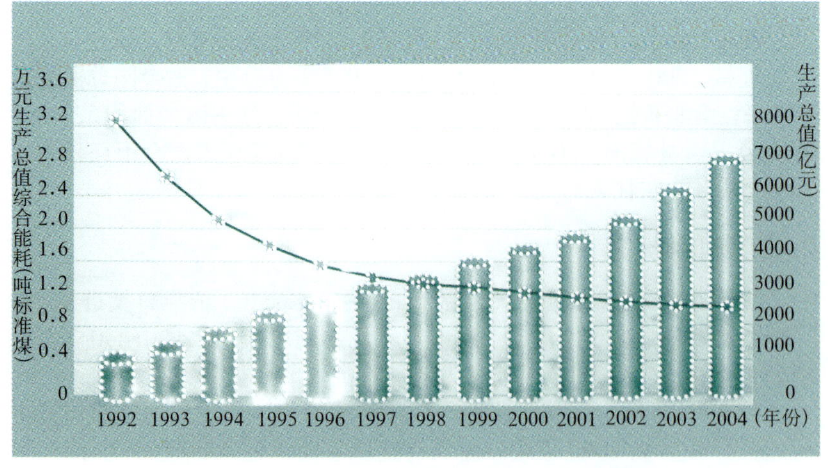

图2.9-3　上海市经济增长与能耗下降对比图

3.措施

(1) 节能

制订《分布式供能系统工程技术规程》和鼓励政策，大力支持在医院、工厂等场所建设分布式供能系统，提高能源利用效率，缓解电力供应压力；制定公共建筑节能设计标准、颁布实施《上海市建筑节能管理办法》，积极推广绿色照明和智能可控照明，开展路灯与景观灯光联运过点，推进工业节能；制订实施《上海市产业能效指南》，开展合同能源管理，开发节能产品，发展低能耗、高附加值、低排放的产业；制订实施《上海市开发利用太阳能行动计划》，利用秸秆、畜禽粪便、生活垃圾等生产沼气，并建设沼气发电工程，大力推进太阳能、风能、生物质能等可再生能源开发利用。

(2) 节地

着力推进人口向城镇集中、产业向园区集中、农业向规模经营集中，不断提高土地节约和集约利用水平，制定《上海市实施〈中华人民共和国土地管理法〉办法》、《上海市土地使用权出让招标拍卖试行办法》、《上海市土地储备办法》等一系列法规政策，规范土地市场，严格土地管理。出台《上海市建设项目审批中加强用地规模控制管理试行办法》等指导性文件和配套政策，建立各部门协同配合、齐抓共管的推进机制。对工业用地项目进行联合会审，有效提高土地利用效率；编制《上海市空间概念规划》，积极推进地下空间合理开发利用。

(3) 节水

开展节水宣传；加强节水管理；建立健全法规规章，加强依法行政；调控用水价格；推广使用节水型卫生器具；以高耗水行业为重点大力推广先进节水工艺和设备；积极开发节水新技术、新工艺、新设备；培育抗旱农作物，推广节水灌溉技术，开展雨水收集利用。

(4) 资源综合利用

推广粉煤灰综合利用；采用生化处理、焚烧发电等多种形式推进生活垃圾资源化；加大政策支持力度，提高禽畜粪便综合利用率；

(5) 材料节约

政府引导，社会参与，有效减少生产、流通、消费过程中材料消耗。

4.发展目标及展望

到2007年，将发展10万平方米与建筑一体化的太阳能热水系统，建设2～3个兆瓦级光伏发电示范工程，光伏电池组件生产能力达到

150～200兆瓦。奉贤、崇明、南汇等风电场，到2010年风电装机将超过30万千瓦。

5.重点项目

(1) 新能源汽车。上海同济大学、上汽集团公司等二十多家单位联合研制燃料电池汽车“春晖三号”四轮驱动微型车，用两三分钟加入氢气后，能连续行驶120公里，时速可达80公里／小时。北京奥运会和上海世博会将分别采用100辆和1000辆。

(2) 国家循环经济试点园区——上海化学工业区。实施产品项目、公用辅助、物流运输、环境保护、管理服务五个“一体化”发展模式，使上一环节的产品、副产品和废弃物成为下一环节的原料；上一环节的废气成为下一环节的热源，从而提高了资源和能源的利用效率。

十、江苏省

1.概况

江苏省位于我国大陆东部沿海中心，海岸线954公里，长江横穿东西425公里，京杭大运河纵贯南北718公里。地居长江、淮河下游，东濒黄海，西连安徽，北接山东，南与浙江和上海毗邻。全省面积10.26万平方公里，占全国土地总面积的1.06%。全省耕地面积7353万亩，占全国的3.97%，人均占有耕地0.99亩。以2000年11月1日零时为标准，全省总人口7438万人，居全国第5位，省会南京市。

2.资源利用状况

7400万勤劳和智慧的江苏儿女在全国1%的土地上，创造了全国10%以上的GDP，书写了一篇篇恢弘壮丽的华章。作为制造业大省，江苏的经济社会发展和人口、资源环境矛盾十分突出，在科学发展观的指导下，大江南北到处涌动着建设节约型社会的热潮，通过大力实施可持续发展战略，积极推进经济增长方式转变，提高资源利用效率，坚持走新型工业化道路，江苏万元GDP能耗低于全国平均水平20多个百分点，资源综合利用率高出全国平均水平30多个百分点，江苏的土地节约集约利用、清洁生产和新型墙体材料运用等指标名列前茅，国家环保模范城市和全国生态示范区数量居全国第一，江苏还是全国较早发展循环经济的省份之一。如今，江苏人民认真贯彻党的十六届五中全会精神，抢抓新世纪头20年的重要战略机遇期，加快富民强省、实现“两个率先”的步伐，坚持富民优先、科教优先、环保优先、节约优先，走可持续发展之路，造福子孙后代，一个生产发展、生活富裕、生态良好的和谐新江苏正从蓝图走向现实。

3.措施

(1) 建设资源节约型社会

坚持开源与节流并重，节约优先的原则，以节地、节能、节水、节材为重点制定差别化政策，大力推进全社会资源节约，提高资源利用效率，构建节约型社会。

节约用地：实行最严格的耕地保护制度，全面落实保护耕地的各项措施，推进土地集约利用，实行行业用地定额标准和投资强度控制标准，坚持企业向园区集中、人口向城镇集中、居住向社区集中，提高土地利用效率。控制城市无序扩张，建设紧凑型城市。加强土地后背资源开发，推进煤炭塌陷地治理。

节约能源：限制高能耗产业发展，强制淘汰耗能高的技术、工业和设备，做好重点耗能行业和年能耗5000吨标准煤炭以上企业的节能降耗工作；切实贯彻能源效率标准，对家电产品和照明产品实施强制性能效标识管理。鼓励推广高效节能产品；积极推进建筑节能，建设和推广节能建筑和太阳能建筑；鼓励使用节能型交通工具；在工业园区推广热电联产和预热利用；鼓励使用太阳能产品。

节约用水：实施农业节水灌溉，推广使用工程灌溉技术、喷灌、滴灌等设备，使灌溉利用系数达到国内先进水平；提高工业用水重复利用率，推广住宅用水中水回用，推进尾水资源化利用，限制高耗水产业发展，做好高耗水企业节水技术改造；推广节水设备和器具使用；实施一批节水型农业、节水型工业示范工程。

资源综合利用：以粉煤灰、煤矸石、尾矿和冶金、化工废渣及有机废水综合利用为重点，推进工业废弃物综合利用。积极开展废钢铁、废有色金属、包装废弃物、电子废弃物等废旧物资的回收循环利用，加快发展废物回收利用产业。推进城市生活垃圾资源化、减量化和无害化处理。逐步落实废旧家电生产者延伸责任制度。推广秸秆综合利用技术，建设一批秸秆综合利用示范点。鼓励禽畜粪便的综合利用的农膜回收利用，推广节肥、节药技术，降低化肥、农药施用量。

(2) 发展循环经济

以新型工业化为向导，重点从企业、园区、社会三个层次，大力推行“减量化、再利用、资源化”循环发展模式，建立政府大力推进、市场有效驱动、公众自觉参与的循环经济发展机制。

推进企业循环小循环：依法加大企业清洁生产实施力度，支持企业通过生态设计、研发、加快产品的绿色升级换代，实现产品生命周期全过程的资源利用和生态影响最小化，加快形成“低消耗、低排放、高效率”的生产模式，对纳入强制清洁生产审核的企业加强管理，积极引导企业开展ISO4000环境管理体系，环境标志产品和其他绿色认证，增强产品的环境竞争力。

推进产业园区中循环：以企业之间、产业之间的循环链建设为主要突进，引导不同产业通过产业链的延伸和耦合，实现资源在不同企业之间和不同产业之间的充分利用，建立起二次资源的再利用和再循环为重要组成部分的循环经济机制，加快产业园区的生态化转向，积极推进零排放工业示范区建设。

推进社会大循环：按照建设生态社区和生态城镇的要求，规划建设节能型城镇、减少资源消耗。推行绿色生产、绿色消费，建立起全社会共同参与的循环经济社会体制，加大环境综合治理力度，积极创建国家环保模范城市和全国生态示范区。培育再生资源回收产业，建立社会化的废物回收系统。

制定并完善政策制度：综合运用财税、投资、信贷、价格等政策手段，调节和影响企业、居民和政府等主体的行为，建立自觉节约资源和保护环境的机制。在立法方面明确企业的生产、包装、回收的义务和责任，在投资引导方面，对符合循环经济要求、促进循环经济发展的项目给予扶持。在能源资源消耗环节，制定并完善阶梯式水价、峰谷电价和丰枯电价等。在资源综合利用和再生资源回收利用方面，推进各种废旧资源回收和循环利用。建立再生资源回收、加工、利用体系。在社会消费环节，鼓励使用绿色产品、能效标识产品、节能节水认证产品和环境标志产品等。

4.发展目标及展望

江苏省建设节约型社会主要目标　　　　表2.10-1

序 号	指　　标	指标值	
		2010 年	2020 年
1	年人均 GDP(元／人)	28000	64000
2	城镇居民人均可支配收入(元／人)	19300	30000
3	农民人均纯收入(元／人)	8000	12000
4	单位 GDP 能耗(吨标准煤／万元)	1.18	0.96
5	单位 GDP 水耗(立方米／万元)	250	180
6	单位 GDP 的 COD 排放强度(公斤／万元)	6.8	3.23
7	单位 GDP 的 $S0_2$ 排放强度(公斤／万元)	4.85	2.43
8	高新技术产业增加值占工业 GDP 比率(%)	30	40
9	工业固体废物综合利用率(%)	92	94
10	工业用水重复利用率(%)	70	75
11	化学氮肥施用量(折纯)(千克／公顷)	346.9	308.4
12	农药使用量(折纯)(千克／公顷)	2.2	2
13	可降解农膜比重(%)	40	50
14	畜禽粪便综合利用率(%)	90	95
15	秸秆综合利用率(%)	90	95
16	城市垃圾分类收集率(%)	92	≥95
17	城镇人均建设用地(平方米)	≤110	
18	新建村庄居民人均建设用地(平方米)	≤150	
19	苏南开发区土地投入(万元／亩)	≥250	
	苏中开发区土地投入(万元／亩)	≥160	
	苏北开发区土地投入(万元／亩)	≥120	

5.重点项目

(1) 苏州高新技术开发区。苏州高新技术开发区大力发展循环经济，提升区域环境管理质量，努力实现从“科技型园区”向“生态型园区”转型，企业推行清洁生产，废物趋于零排放，实施的“绿色高新区”活动取得了明显成效。

(2) 提高土地集约利用水平。江苏在全省广泛推行“工业向园区集中、人口向城镇集中、住宅向社区集中”的举措，大大提高了土地集约利用水平，为经济社会发展腾出了空间。

十一、浙江省

1.概况

浙江省位于我国东南沿海，地处长江三角洲南翼，东临东海，南邻福建，西接安徽、江西，北连上海、江苏。东西和南北的直线距离均为450公里左右，陆域面积10.18万平方公里，为全国的1.06%，是中国面积最小的省份之一，海岸线总长6633公里。2005年底全省常住人口为4898万，省会杭州市。

2.资源利用状况

在全省各级各部门的共同努力下，浙江省发展循环经济建设节约型社会工作取得了良好的开端：一是生态省建设初见成效。浙江省于2003年获得全国生态省建设试点称号，目前，全省已有22个县(市)获得了国家级生态示范区的验收命名，至2004年底全省建设投入运行的污水处理厂48座，垃圾处置设施77座，城乡人均绿地面积8.4平方米。二是清洁生产和绿色消费较快推进。积极贯彻《清洁生产促进法》，目前全省已累计完成印染、电镀、医药、化工等重点污染行业清洁生产企业试点近300家，命名省级绿色企业近200家，建成省级以上绿色社区18个、绿色学校333家、绿色医院21家、绿色饭店131家。三是资源利用和节约成效明显。2004年全省万元GDP综合能耗为0.82吨标准煤，比全国的1.58吨标准煤低48.1%；全省万元GDP水耗为185吨，比全国的399吨低53.6%；通过土地整理和围垦拓荒，全省新增耕地37.2万亩，连续9年实现耕地占补平衡；全省新型墙体应用比例达92.6%，全省散装水泥使用率为60%，连续多年居全国首位；2004年全省资源综合利用生产企业324家，年利用废弃物资源3100万吨，废弃物资回收企业2339家，回收总量1800万吨，位居全国前茅。四是生态农业模式良性发展。实施“千村示范、万村整治”，“万里清水河道建设工程”和“千万亩十亿方节水工程”，农村水环境质量和村庄面貌得到改善；积极推广规模化畜禽养殖和“猪—沼—作物”等生态环保型农业生产模式，促进了农业生产的良性发展。

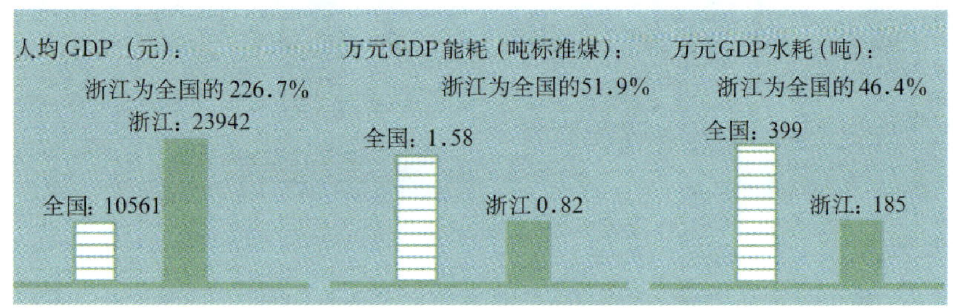

图2.11-1 浙江省主要经济和资源利用指标图示（2004年）

3.措施

发展循环经济、建设节约型社会是党中央、国务院作出的一项重大战略决策，已写进党的十六届四中全会决议和《中共中央关于制定国民经济和社会发展第十一个五年规划的建议》。浙江省委省政府对这项工作高度重视，采取了一系列积极有效的措施。一是召开全省循环经济工作会议；二是建立“浙江省发展循环经济建设节约型社会工作领导小组”组织机构；三是制定出台《浙江省循环经济发展纲要》(浙政发[2005]39号)和《浙江省人民政府贯彻国务院关干建设节约型社会重点工作的实施意见》(浙政发[2005]40号）等政策规划；四是制定《浙江省发展循环经济“991行动计划”工作方案》等落实操作办法；五是全面展开宣传发动。

4.发展目标及展望

发展循环经济建设节约型社会是一项系统工程和长期任务。目前，浙江省正同全国一样正在制定“十一五”规划，描绘浙江发展蓝图。根据省委十一届九次会议通过的《中共浙江省委关于制定浙江省国民经济和社会发展第十一个五年规划的建议》，确定了力争到2010年全省基本实现全面小康的目标，全省生产总值年均增长9%左右，到2010年达到2万亿元，人均生产总值接近5000美元。同时，提出了“发展循环经济，建设资源节约型和环境友好型社会”的工作任务，即遵循科学发展观的要求，深入实施浙江省“八八战略”，按照“政府带动、示范引路、强化投入、创新推进、联动发展”的工作方针，大力推进节能节水节材节地和资源综合利用，在全社会逐步形成节约资源的生产方式和健康文明的消费方式，全面提高经济社会的可持续发展能力。资源环境方面的主要指标是：全省万元GDP综合能耗由2005年预计(下同)的0.81吨标准煤下降到2010年(下同)的0.7吨标准煤，下降15%左右；万元GDP水耗由178吨下降到120吨，下降30%左右。

5.重点项目

(1) 废旧金属和轮胎综合利用。浙江绿环橡胶粉体工程有限公司运用自主知识产权研制成功了常温条件下利用废旧轮胎生产精细胶粉技术，并建成国内最大的常温法精细胶粉处理设备生产基地及万吨级精细胶粉加工示范生产线，可生产预制型橡胶跑道、橡塑瓦片等新型环保制品。台州齐合天地金属有限公司利用废旧电机、五金等经过拆解、加工分离成有色金属、黑色金属、塑料、贵金属等四大类产品，年拆解废旧电机25万吨，生产再生铜3.5万吨、再生铝2.1万吨等。

(2) 渗透法海水处理技术。与目前常用的膜法海水处理技术相比，海水淡化成本大幅降低，在沿海城市、海岛等淡水资源紧张地区，具有广阔的推广和使用前景。该项技术属自主知识产权，处于国内领先水平，并已实现产业化。

十二、安徽省

1.概况

安徽省位于华东腹地，是我国东部襟江近海的内陆省份，跨长江、淮河中下游，东连江苏、浙江，西接湖北、河南，南邻江西，北靠山东。全省东西宽约450公里，南北长约570公里，总面积13.96万平方公里，约占全国总面积的1.45%，居华东第3位，全国第22位。2004年末，全省户籍人口为6461万人，居全国第8位，省会合肥市。

2.资源利用状况

生态良好，人与自然和谐相处，森林覆盖率30.3%，比全国高10.7个百分点，是国家批准的中西部地区第一个生态建设试点省；资源丰富，科教发达，基础设施日臻完备，是全国重要的农产品、能源、原材料和加工制造业基地。经济繁荣，充满活力，生产总值位居全国中上游。铜陵市、铜陵有色集团、淮南矿业集团是国务院批准的全国首批循环经济试点。合肥市是全国节水型城市。“十五”时期生产总值年均增长10%，比全国平均水平高1.2个百分点，单位生产总值能耗下降12%。

安徽省是首批在全省范围内推广使用车用乙醇汽油的省份。自去年12月1日正式启动，到今年4月1日已经实现全面推广使用车用乙醇汽油目标，做到了全省17个市一步到位。截至10月31日，全省日均销售量已超过3000吨，市场占有率超过95%，累计销售车用乙醇汽油61.6万吨。国家有关部门充分肯定了安徽省取得的成绩，认为安徽省推广工作时间最短，效率最高，成效最好，运行最稳。

3.措施

安徽全面贯彻落实科学发展观，大力发展循环经济，积极建设节约型社会。制定了《安徽省节约能源条例》、《安徽省人民政府关于加快发展循环经济的若干意见》、《安徽省建设节约型社会近期重点工作实施方案》。

4.发展目标及展望

预期“十一五”时期生产总值年均增长10%以上，到2010年超过1万亿元，单位生产总值能耗比“十五”末降低20%左右。

5.重点项目

(1) 芜湖奇瑞节能汽车。奇瑞汽车有限公司研究开发出低排放、低油耗、价格适中的混合动力轿车，计划于2006年推出节油7%～10%的混合动力轿车，2007年推出节油32%的混合动力轿车，2010年前推出百公里油耗3升的节能环保汽车。

(2) 淮南矿业集团瓦斯利用工程。淮南矿业集团作为国家唯一瓦斯治理工程研究中心，大力开展瓦斯利用，“变害为宝”，既解决了安全问题，减少了污染，又节约了资源能源。2005年元月已完成一期工程，燃气用户3万户，瓦斯发电2.5万千瓦。

十三、福建省

1.概况

福建省地处祖国东南部、东海之滨，东隔台湾海峡，与台湾省相望，东北与浙江省毗邻，西北横贯武夷山脉与江西省交界，西南与广东省相连。陆地面积12.14万平方公里，海域面积13.63万平方公里。全省海岸线总长6128公里。2004年年末全省常住人口为3511万，省会福州市。

2.资源利用状况

福建省森林覆盖率全国第一，是我国南方最大林区，木材生产量居全国第二。每年有约300万林业剩余物和次小薪材用于生产纤维板、刨花板、细木工板及造纸原料，实现木材资源的阶段利用，每年可加工人造板约230万立方米，活性炭5万多吨。全省木竹资源利用率达98%以上，相当于每年减少砍伐6.2万公顷森林。一条“森林资源——木材加工——剩余物综合利用——再造林”的林业循环利用链已形成。

利用工业固体废弃物水平和规模不断提高，已有粉煤灰、煤矸石、炉渣及各种尾矿渣等30多种工业固体废渣得到回收利用，大量废渣被广泛用于生产新型建筑材料。2004年，新型建材替代传统建筑墙体材料30亿块标砖以上，工业固体废弃物综合利用率达66.40%。全省万元GDP综合能耗0.748吨标准煤，达全国领先水平。

“十五”期间福建省在开展节能、节水、资源综合利用、清洁生产等方面做了大量工作。2004年全省万元GDP综合能耗位0.748吨标准煤，达全国领先水平。工业“三废”综合利用率不断提高，2004年全省工业固体废弃物综合利用率达66.40%。涌现出一批资源综合利用和循环利用的典型示范企业。

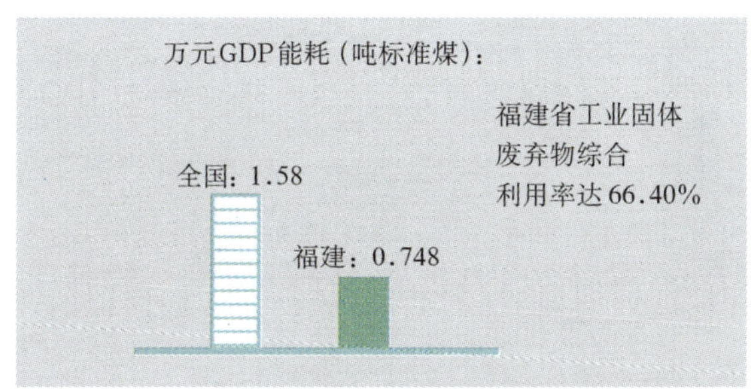

图2.13-1　福建省主要资源利用指标图示（2004年）

3.措施

加大产业结构调整，不断提高能源利用效率，开展多项节能技术改造。

4.发展目标及展望

未来五年，福建将围绕建设对外开放、协调发展、全面繁荣的海峡两岸经济区的战略构想，遵循“减量化、再利用、资源化”的三原则，以资源的高效和循环利用为核心，高举可持续发展的旗帜，积极投入发展循环经济、建设节约型社会的热潮中，为建设繁荣富强的海峡西岸经济区，构建福建和谐社会贡献力量。

5.重点项目

(1) 利用废动植物油生产生物柴油技术。自主开发的“DYD”催化剂，使95%以上动植物油经一步反应转化为生物柴油，经检测，达到0号柴油标准，填补国内空白，达国际先进水平，并在国内率先实现工业化生产。该项目解决了工业植物油和城市地沟油的治理，对开发石油替代品具有重大意义。

(2) 木材综合利用。林业剩余物和次小薪材用于生产纤维板、刨花板、细木工板及造纸原料，实现木材资源的综合利用，年可加工人造板约230万立方米、活性炭5万多吨。全省木材资源综合利用率达98%以上，相当于年减少砍伐6.2万公顷森林。

十四、江西省

1.概况

江西省地处中国东南偏中部长江中下游南岸，东邻浙江、福建，南连广东，西靠湖南，北毗连湖北、安徽而共接长江。全省土地总面积16.69万平方公里，占全国土地总面积的1.74%，居华东各省市之首。根据第五次人口普查资料显示，江西全省现有人口4139.8万人(包括外来人口，不包括外出人口和中国人民解放军现役军人)，省会南昌市。

2.资源利用状况

江西省建设节约型社会总体思路：认真贯彻落实党的十六大和十六届五中全会精神，树立和落实以人为本、全面协调可持续的科学发展观，坚持资源开发与节约并重，把节约放在首位的方针，紧紧围绕建设和谐平安江西，走新型工业化道路，实现经济增长方式的根本性转变，以优化资源利用方式、提高资源利用效益为核心，以节能降耗、资源综合利用和清洁生产为重点，加快制度与理念创新，加大体制与机制创新，加强政策法规建设，强化监管和节约意识，尽快建立健全有利于发展循环经济、建设节约型社会的宏观制度体系和运行机制，逐步形成节约型的生产模式、消费模式和城乡建设模式，努力实现经济社会可持续发展。

3.措施

进入新世纪以来，江西省委、省政府围绕实现江西在中部地区崛起、全面建设小康社会这一主线，先后提出了“建设三个基地、一个后花园”、“以工业化为核心，以大开放为主战略”、“对接长珠闽，融入全球化”、“既要金山银山，更要绿水青山”等发展思路。

为大力发展循环经济，加快建设节约型社会，不断完善政策措施，加强法制建设，省人大相继出台了一系列地方性法规；为了合理利用资源，提高资源综合利用效益，保护环境，促进经济和社会可持续发展，根据有关法律、法规，结合我省实际，2001年制定了《江西省资源综合利用条例》；为推进全社会节约能源，提高能源利用效率和经济效益，2002年制定了《江西省实施〈中华人民共和国节约能源法〉办法》；为促进新型墙体材料的发展，保护土地资源和生态环境，2004年制定了《江西省促进发展新型墙体材料条例》。

4.发展目标及展望

力争到2010年建立比较完善的政策法规配套体系和激励约束机制，经济结构与增长方式更趋合理。以资源节约型、清洁生产型、利废环保型为重要特征的循环经济产业发展取得明显成效，建成一批符合循环经济发展要求的典型企业。建设一批符合循环经济发展要求的工业（农业）园区和资源节约型城镇。资源利用效率大幅度提高，全省消耗每吨能源、铁矿石、有色金属、非金属矿等十五种重要资源产出的GDP比2005年提高25%，每万元GDP能耗降低20%以上，矿产资源总回收率和共伴生矿综合利用率分别提高6个百分点，工业用水重复利用率和固体废物综合利用率分别提高到70%以上，主要再生资源回收利用率提高到68%以上，城市生活垃圾增长率控制在5%左右。

江西省资源利用、能耗状况及节能指标　　表2.14-1

每吨能源、铁矿石、有色金属、非金属矿等十五种重要资源	GDP比2005年提高25%
每万元GDP能耗	降低20%以上
矿产资源总回收率和共伴生矿综合利用率	提高6个百分点
工业用水重复利用率和固体废物综合利用率	分别提高到70%以上
主要再生资源回收利用率	提高到68以上
城市生活垃圾增长率	控制在5%左右

5.重点项目

(1) 环保型三防洁净装饰板（布面）。以工业废弃物磷石膏为主要原料，采用稻草纤维为增强材料，改性糯米淀粉为粘结剂，并添加高效防水、增强外加剂，以布面装饰，是新型、轻质、高强、环保节能的装饰材料，具有保温、隔音、防火、防潮等性能。

(2) 三和超强塑木。以废旧塑料制品与木质纤维及其他各种废弃物如粉煤灰、废旧轮胎、竹类剩余物、农作物秸秆及壳皮等为主要填充原料，具有防水、防蛀、防霉、阻燃、不变形、无苯、无氨、无甲醛、无毒、无放射、无污染等优点，可替代实木、胶合板。

十五、山东省

1.概况

山东省位于黄河下游，东临渤海、黄海，与朝鲜半岛、日本列岛隔海相望，西北与河北省接壤，西南与河南省交界，南与安徽、江苏省毗邻。山东半岛与辽东半岛相对，环抱着渤海湾。东西最长约700公里，南北最宽420公里，陆地总面积15.67万平方公里，约占全国总面积的1.6%，居全国第十九位。人口9041万人，居全国第二，省会济南市。

2.资源利用状况

山东是人口大省，也是经济大省。随着经济社会的加快发展，资源能源紧缺压力不断加大。在科学发展观的指导下，山东省委、省政府高度重视能源资源节约工作，把转变经济增长方式，发展循环经济，建设节约型社会作为经济工作的着力点，突出抓好节能、节水、节地、节约原材料和节约矿产资源五个重点，科学把握资源的减量利用、循环使用、合理开发三个基本途径，强化循环经济、结构调整、技术进步、法规建设、宣传发动五项工作措施，资源利用效率不断提高，以较少的能源资源消耗实现了经济的持续快速协调健康发展。

2000年以来，全省共投入节水灌溉资金35亿元，累计节水30亿立方米，对24处大型灌区实施了续建配套与节水改造，共建成国家、省节水增效示范项目200多个，各种形式的节水灌溉面积已发展到4595万亩，占有效灌溉面积的69%。

烟台市经济技术开发区合理进行滩涂开发、荒山治理，集约利用土地，盘活工业用地1200亩；大力发展沼气生产，搞好人畜粪便资源的综合利用。全市沼气池总容量达47.1万立方米，年产沼气2185万立方米，折合2.2万吨标准煤；依托区位优势，大力开发风能资源。在长岛、栖霞等地安装35台600千瓦风力发电机组，总装机容量达2.2万千瓦，

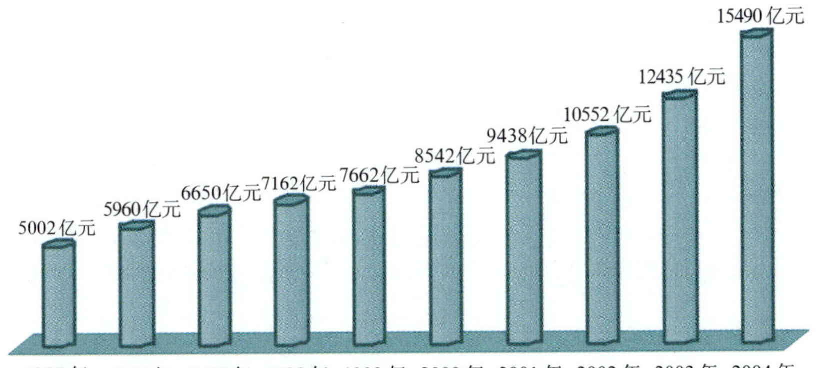

图2.15-1　山东省国内生产总值（GDP）发展示意图

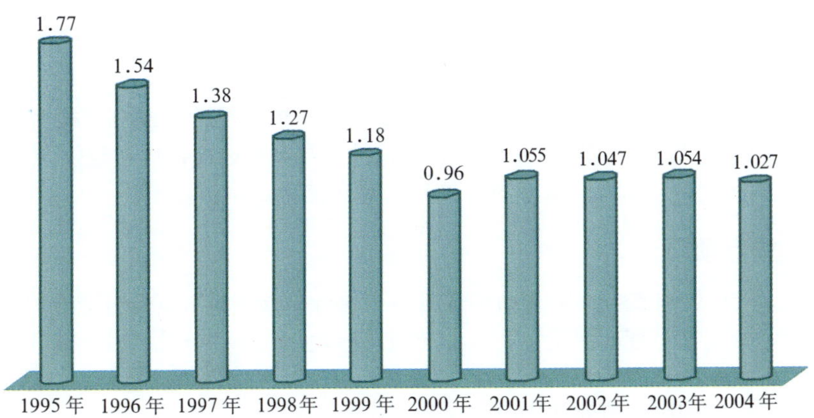

图2.15-2　山东省万元GDP能耗示意图（吨标准煤）

2004 年工业固体废弃物总量 7621 万吨　　2004 年农业废弃物 7000 万吨

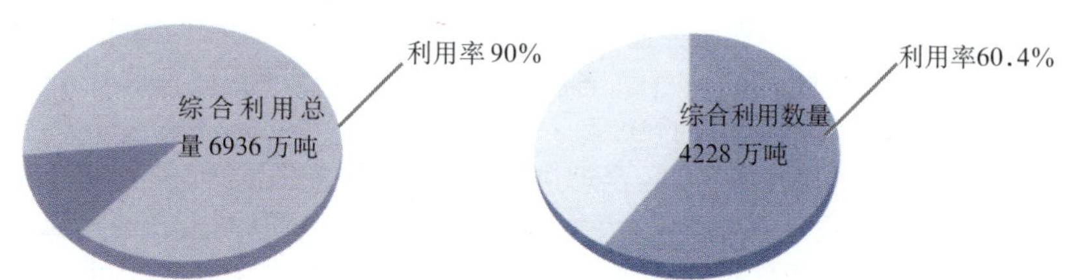

图 2.15-3　2004 年工业固体废弃物利用率　　图 2.15-4　2004 年农业废弃物利用率

年发电量 5060 万千瓦时，实现销售收入 3100 万元。

2004年，全省国内生产总值达到15490亿元，比上年增长15.3%，规模以上工业销售收入为21055.1亿元、利税2292.1亿元、利润1383.6亿元，分别增长40.7%、42.2%和48.7%。万元GDP能耗1.027吨标煤，同比降低2.65%。全省利用工业固体废弃物6936万吨，利用率91%。发展循环经济，建设节约型社会工作有力地促进了全省经济与社会、资源与环境、人与自然的和谐发展。

3.措施

建立山东省建设节约型社会联席会议制度；节能自愿协议试点；实施循环经济 613 工程；EMC 合同能源管理；完善节能监察执法机构；资源节约综合利用统计制度。

4.发展目标及展望

到“十一五”末，烟台市在长岛、栖霞、牟平等地建成总装机容量为 20 万千瓦，年发电量 4.6 亿千瓦的风力发电基地，替代常规能源 80 多万吨标煤，成为山东省风力发电、绿色能源的示范基地。

5.重点项目

(1) 莱钢节水。实施高炉煤气全干法除尘技术、转炉全干法除尘，新建干熄焦工程；建设分散污水处理设施，实现新水串级利用。2003 年吨钢新水消耗 3.75 吨，2004 年达到 3.51 吨，吨钢新水消耗为我国最低，达到国际先进水平。

(2) 新汶矿业集团发展循环经济产业链。形成了煤炭—发电—建材、煤炭—焦化、煤炭—煤气化等几大产业链。利用地下煤气化装备产出的煤气发电和用煤气烧制陶瓷、用矿区水泥厂的旋窑余热发电以及利用矿井提风机进行风力发电等三项技术，处于全国领先水平。

十六、河南省

1.概况

河南省地处中国中东部，东接安徽、山东，北界河北、山西，西连陕西，南临湖北，处于我国第二阶梯向第三阶梯的过渡地带。河南省域面积16.7万平方公里，居全国第17位，占全国土地面积的1.74%，平原盆地、山区丘陵面积分别占全省土地总面积的55.7%和44.3%。全省总人口9667万，是中国第一人口大省。省会郑州市。

2.资源利用状况

“十五”期间，全省经济总量、利税总额、财政收入、固定资产投资、社会消费品零售总额、存贷款余额、发电量等主要经济指标均居中西部地区首位，2001～2004年，生产总值年均增长10.8%，高于全国平均水平2.1个百分点。2004年，全省生产总值8815亿元，居全国第5位。财政一般预算收入428.8亿元，全省固定资产投资3099亿元，分别居全国第8位和第6位。2005年，全省经济总量有望突破1万亿元大关。全方位、多层次、宽领域的对外开放格局初步形成，社会事业全面发展。河南经济社会发展已站到了新的战略起点上，步入了新的发展阶段。河南省建设节约型社会成果显著，万元生产总值能耗由1995年的2.03吨标准煤下降到2004年的1.58吨标准煤，10年累计节约和少用能源2200万吨标准煤；1995～2004年，万元生产总值取水量由906立方米下降到260立方米，农田亩均灌溉用水量由273立方米下降到176立方米；工业固体废物综合利用率由1995年的44.9%提高到2004年的66%，高于全国平均水平。“十五”期间预计煤矸石利用累计2500万吨以上，粉煤灰利用在4400万吨以上。

图2.16-1　近年河南省生产总值总量表（单位：亿元）

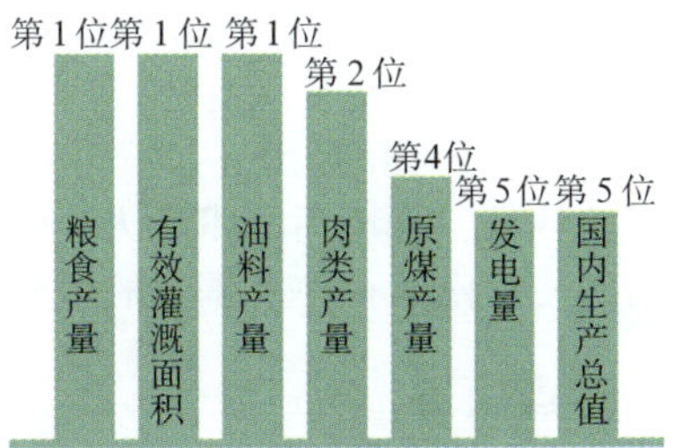

图2.16-2　2004年河南省主要经济指标在全国位次

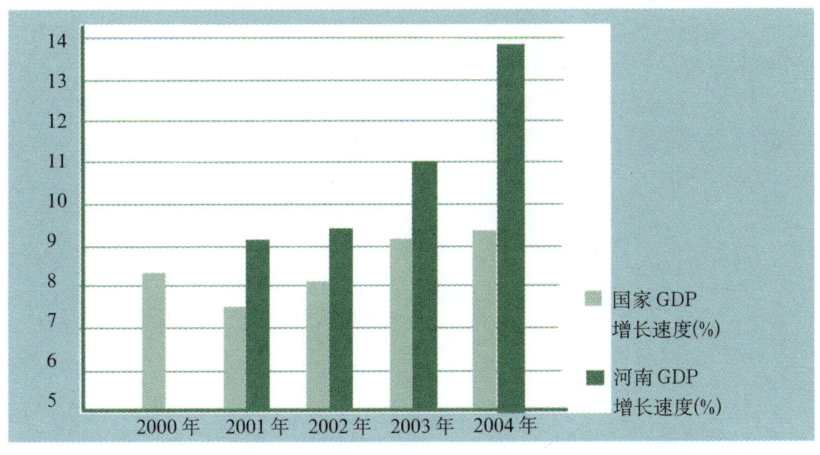

图2.16-3　近年河南省GDP增长速度与全国GDP增长速度对比

3.措施

认真落实科学发展观，加快工业化、城镇化、推进农业现代化，着力推进经济结构调整。

4.发展目标及展望

党中央、国务院关于促进中部崛起的决定，使全省人民倍受鼓舞，也进一步坚定了实现中原率先崛起的信心和决心。河南将按照全面建设节约型社会的总体要求，树立和落实以人为本、全面协调、可持续的科学发展观，以资源节约和发展循环经济为重点，促进经济社会可持续发展，努力把河南建成全国重要的优质粮食和畜产品生产基地、能源原材料基地和先进制造业基地，建成全国重要的现代物流中心和全国重要的文化旅游大省，走出一条符合河南实际的科技含量高、经济效益好、资源消耗低、环境污染少、人力资源优势得到充分发挥的新型工业化道路，使河南走在中部崛起的前列。

5.重点项目

(1) 南水北调中线穿黄工程。南水北调中线工程从河南丹江口水库引水，在郑州穿越黄河，自流到北京、天津。重点解决河南、河北、北京、天津等地用水问题，实现水资源合理配置。穿黄工程是南水北调中线干线的标志性工程之一，总投资31.37亿元，2010年完工。

(2) 燃料乙醇替代汽油。天冠集团30万吨燃料乙醇项目是国家“十五”重点工程，总投资12.8亿元。燃料乙醇供应河南全省及河北、湖北部分地区。截至2005年10月底，累计销售乙醇汽油220万吨，替代汽油22万吨。项目每年转化小麦等105万吨，实现农业销售收入11亿元。

十七、湖北省

1.概况

湖北省位于中国的中部，长江中游的洞庭湖以北，北接河南省，东连安徽省，东南和南邻江西、湖南两省，西靠重庆市，西北与陕西省为邻。东西长约740公里，南北宽约470公里，面积18.59万平方公里，占全国总面积的1.94%，居全国第16位。2004年底，湖北省总人口为6016.1万，省会武汉市。

2.资源利用状况

近年来，湖北省认真贯彻可持续发展战略，坚持“资源开发与节约并举，把节约放在首位，提高资源利用率”的方针，推动湖北建设领域节能工作的全面开展，取得了初步成效：2004年，全省房屋报建开工面积2848万平方米，新型墙体材料建筑面积1607万平方米，占房屋开工面积的56.4%；2004年，通过“禁实”，全省少占耕地1800余亩，节约能源46.522万吨标煤，减少废气排放1.163万吨。2005年元月至5月底，共开工居住建筑项目933个，建筑面积1074.16万平方米；通过居住建筑节能设计审查的项目640个，建筑面积981.89万平方米；达到建筑节能设计标准的项目396个，建筑面积748.6万平方米；建筑采用节能措施的项目239个，建筑面积173万平方米；建立市级居住建筑节能示范工程（小区）14个，建筑面积134.35万平方米。

2004年湖北省综合经济实力　　表2.17—1

国内生产总值	6309.92亿元	上升11.3%
三次产业结构	16.1：47.4：36.5	
全社会固定资产投资	2356.38亿元	上升25.1%
社会消费品零售总额	2667.48亿元	上升13.1%
外贸进出口总额	67.72亿美元	上升32.5%

2004年湖北省节能降耗主要指标　　表2.17—2

	2000年	2003年	2004年
万元工业增加值电耗	2005千瓦时	1961千瓦时	
万元GDP耗水量	442立方米	387立方米	
万元GDP综合能耗	1.42吨标煤		1.31吨标煤

3.措施

优先发展公交，采用乙醇汽油替代其他汽油；大力发展户用沼气和大中型畜禽养殖场沼气工程；采用综合节水技术；杜绝“大矿小采”、“采富弃贫”、“采易弃难”等破坏浪费磷矿矿产资源的开采方式；推进粉煤灰、煤矸石、尾矿和冶金、化工废渣及有机废水等工业废物的综合利用；推进再生金属、废旧轮胎、废旧家电及电子产品等再生资源回收利用。限制过度包装和一次性产品消费，推进武汉市率先实施包装材料一次性产品减量化和资源化。

4.发展目标及展望

以邓小平理论和“三个代表”重要思想为指导，认真贯彻党的十六大和十六届三中、四中全会精神，树立和落实以人为本、全面协调可持续的科学发展观，走新型工业化道路，坚持资源开发与节约并重，把节约放在首位的方针，紧紧围绕实现经济增长方式的根本性转变，以提高资源利用效率为核心，以节能、节水、节材、节地、资源综合利用和发展循环经济为重点，加快结构调整，推进技术举步，加强监督管理，完善政策措施，加大宣传力度，强化节约意识，逐步形成节约型的增长方式和消费模式，实现资源的高效和循环利用，促进经济社会可持续发展。

(1) 节能

2005年全省万元生产总值能耗下降2.5%，2006年力争下降4%；到“十一五”末期，万元生产总值综合能耗比“十五”末期下降20%左右；2005年市、州所在城区新建建筑全面达到节能50%的目标，2008年，县（市、区)新建建筑全部达到建筑节能标准；优先发展公交，年内全省9个试点城市基本实现车用乙醇汽油替代其他汽油；在农村地区大力发展户用沼气和大中型畜禽养殖场沼气工程，今、明两年总户数分别增长10%和15%；推广省柴节煤灶，2006年实现85%的普及率；2005年万元工业增加值电耗下降3%，2006年达到4%。

(2) 节水

2005、2006两年万元生产总值耗水量每年下降5%；城市管网漏失率今明两年分别降低2%、3%；通过采用综合节水技术建成100万亩节水示范农田。

5.重点项目

(1) 东风电动车。东风电动车公司是国家863混合动力城市公交车、混合动力轿车重大专项承担主体。目前，纯电动车已实现商业化销售；混合动力城市公交车、混合动力轿车于2005年通过国家产品型式认证；燃料电池汽车研究取得阶段性成果。

(2) 秸秆综合利用。基立环保板材公司是国内最大的秸秆板生产厂家，其主导产品复合秸秆板，填补了我国人造板行业的一大空白，是良好的木质人造板替代品。公司年消耗利用农作物秸秆7万吨，节约木材消耗近7万立方，与中纤板相比节约生产用水近5万吨。

十八、湖南省

1.概况

湖南省地处洞庭湖之南，北靠长江，南临两广，东接江西，西连云贵。东西宽667公里，南北长774公里，总面积21.1875万平方公里，其中耕地面积为323万公顷。2004年年末全省总人口为6697.7万。省会长沙市。

2.资源利用状况

湖南省已探明有色金属141种，其中锑、钨、锰等11种矿藏的保有储量居全国前5位。全省森林覆盖率54.88%。人均水资源拥有量2625立方米。

(1) 2004年湖南省能源消费情况

2004年，我国的国民生产总值(GDP)达到136515亿元，能源消耗总量为19.7亿吨标准煤，比上年增长15.2%，其中：消耗原煤18.7亿吨，增长速度4.4%；原油2.9亿吨，增长速度16.8%；天然气415亿立方米，增长速度18.5%；水电3280亿度，增长15.6%；核电501亿度，增长速度15.6%，每万元GDP消耗能源1.58吨标准煤。2004年，该省国民生产总值(GDP)5612.26亿元，能源消耗总量约7102.66万吨标准煤，其中：消耗原煤约5500万吨，成品油约420万吨，液化石油气约100万吨，重油约50万吨，电力约615亿度(该省生产火电372亿千瓦时，水电242亿千瓦时，工业用电415亿千瓦时)，每万元GDP消耗能源1.27吨标准煤，比全国平均水平低19.6%，但比江苏、浙江、上海等省市高出25%左右。

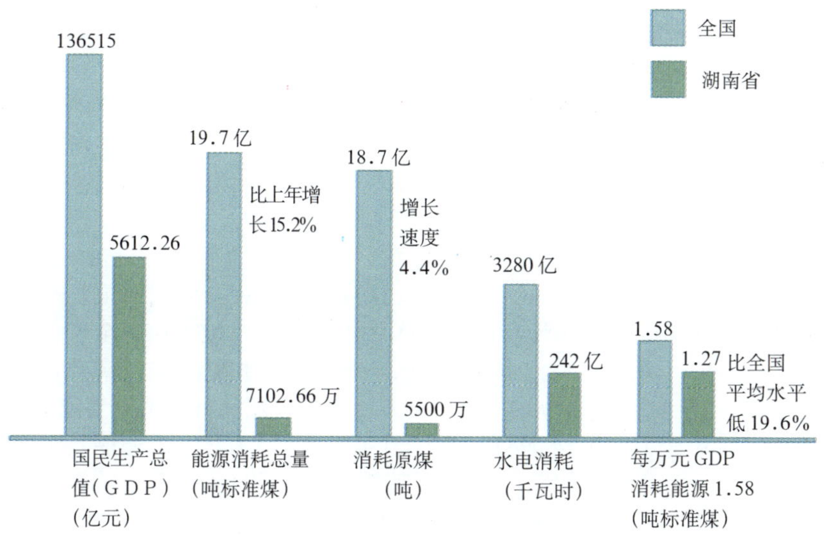

图2.18-1 湖南省部分能源消费情况（2004年）

(2) 湖南省重点用能企业现状

2004年，据对全省179户节能降耗重点调查企业统计，完成工业总产值876.79亿元，比上年同期增长26.38%，能源消费总量2349.79万吨标准煤，比上年同期增加20.11%，万元产值综合能耗2.68吨标准煤，同比下降5.12%，节约能源97.13万吨标准煤。考核的534项主要工业产品能耗指标中，下降的324项，持平的37项，上升的173项，项目稳定降低率为67.6%，单耗平均下降6.84%。对33户节油企业的统计，耗油40.76万吨，万元产值油耗为0.114吨／万元，比上年同期下降8.58%，单耗平均下降12.6%。对63户节水企业的统计，取水量7.28亿立方米，万元产值水耗为125.6吨／万元，比上年同期下降11.46%，水重复利用率71.73%，比上年同期上升了2.4个百分点，产品水耗平均下降12%。

(3) 湖南省资源综合利用的现状

2004年，全省已通过认定的建材、森工、化工、冶金、有色等行业255家企业根据国家公布的《资源综合利用目录》，对煤矸石、粉煤灰等废弃物进行了综合利用，消耗废弃物共887万吨，享受国家税收优惠2.28亿多元，实现了经济效益、环境效益、社会效益的“三赢”。自从1999年开展资源综合利用认定工作以来，全省共对相关企业进行了15批875厂次认定和复审，累计享受税收优惠7亿多元，全省共有58台综合利用发电和热电联产机组通过了认定，累计装机容量46万余千瓦。

“十五”以来，湖南国民经济持续稳定发展，国内生产总值年均增长9.7%。2004年，GDP达到5612亿元，居全国第12位，人均GDP9117元；三次产业结构为20.6：39.5：39.9。在经济持续快速发展的同时，节约型社会建设也取得初步成效。

规模工业增加值能耗2.79吨标煤／万元，年均下降10.4%，工业固体废弃物综合利用率66.75%，年均增长9.19%，工业用水重复利用率63%，年均增长5.6%；退耕还林，植树造林1520万亩，全省森林覆盖率54.88%，“以竹代木”和林区三剩物、次小薪材、农作物秸秆、竹材加工综合利用，年节约木材200万立方米；建农村户用沼气池152万个，大中型沼气工程298处，推广节煤炉灶523万户，太阳能热水器57万平方米，累计节约能源5000万吨标准煤；2004年以来，全省近600万平方米民用建筑按节能标准进行了设计，已完成或正施工的面积250万平方米；2004年全省回收废钢铁120万吨、废有色金属30万吨、废塑料100万吨。从工业“三废”中回收黄金5.6吨、白银3000吨、各种废旧物资回收总价值近250亿元。

3.措施

2001年7月1日起施行《湖南省实施〈中华人民共和国节约能源法〉办法》。

4.重点项目

(1) 汨罗再生资源产业园。该产业园是全国三大废旧物资交易市场之一，从业人员3万余人，形成了以废铜、废铝、废不锈钢、废旧塑料为主导的四大加工区。2004年生产再生铜3万吨、铝3.5万吨、不锈钢0.7万吨、塑料2.1万吨。规划在未来五年，年再生加工废旧物资能力达到200万吨。

(2) 远大高效节能空调。远大空调有限公司以气、油、蒸汽、太阳能、余（废）热作为热源，是全球规模最大的非电空调生产企业，产品远销40多个国家。十年来，公司所提供的非电空调产品，累计实现社会节能量达400万吨标准煤。

十九、广东省

1.概况

广东省地处中国大陆最南部。东邻福建，北接江西和湖南，西连广西，南临南海，珠江三角洲东西两侧分别与香港和澳门特别行政区接壤，西南部雷州半岛隔琼州海峡与海南省相望。全省陆地面积17.98万平方公里，约占全国陆地面积的1.87%；其中岛屿面积1592.7平方公里，约占全省陆地面积的0.89%。全省大陆岸线长3368.1公里，居全国第一位。全省海域总面积41.9万平方公里。2004年末，广东省常住人口为8303.72万，省会广州市。

2.资源利用状况

资源禀赋差，人均拥有常规资源储量不到全国人均的1/20，大宗国民经济所需的矿产资源贫乏，是广东的基本省情。随着经济的持续增长，特别是粗放型的经济增长方式尚未实现根本性转变，资源环境对广东经济社会发展的约束日益严峻。

改革开放以来，广东经济持续快速健康发展，目前已成为国内最具活力和影响力的经济大省之一。2004 年，全省生产总值达到 16039 亿元，约占全国的 1/9；工业增加值 8011 亿元，约占全国的 1/8；社会消费品零售总额6370亿元，约占全国的1/9；来源于广东的财政收入3540亿元，约占全国的 1/7；进出口总额 3571 亿美元，约占全国的 1/3；外商直接投资 100 亿美元，约占全国的 1/6。

2004年，全省每万元GDP能耗比上年下降0.02吨标准煤，每万元GDP 耗电量下降 2.47 千瓦时，每万元 GDP 耗水量下降 14.6 立方米，新增建设用地减少 6.95 万亩；全省每年海水直接利用量已超过 100 亿立方米，居于全国前列。2004 年，广东每万元GDP 耗水量比上年下降14.6 立方米。

积极推进节约集约用地，按照“严控增量、盘活存量、管住总量、集约高效”的原则，在严把土地供应的同时，积极从集约用地方面加以“疏”，推进土地市场建设，强化市场配置土地资源，盘活消化存量土地，在用地方式上由外扩张型转向内涵挖潜型，由粗放用地转向节约集约用地。2004 年，全省新增用地 474 万亩，比上年少增 70 万亩；开发区清理整顿退回土地 68 万亩。

坚持“能源开发与节约并举，把节约放在首位”的方针，积极推进节能工作，取得了显著成效。2004年，广东每万元生产总值能耗为2.92吨标煤(1980年不变价)，为全国平均水平的54%，比1980年下降了53%，共节约和少用各种能源4170万吨标准煤，减少二氧化硫排放62.6万吨，年均节能率3.14%、突出抓好建筑节能和绿色照明，加强电力需求管理工程。2004年，广东城镇竣工的房屋建筑中，符合节能标准的有500多万平方米；全省使用新型墙体材料达到 50 亿标砖，占墙体材料使用总量的 30%；照明新技术、新产品得到了较好的应用；全省电力供需实现基本平衡，有力支撑了全省经济社会的快速发展。

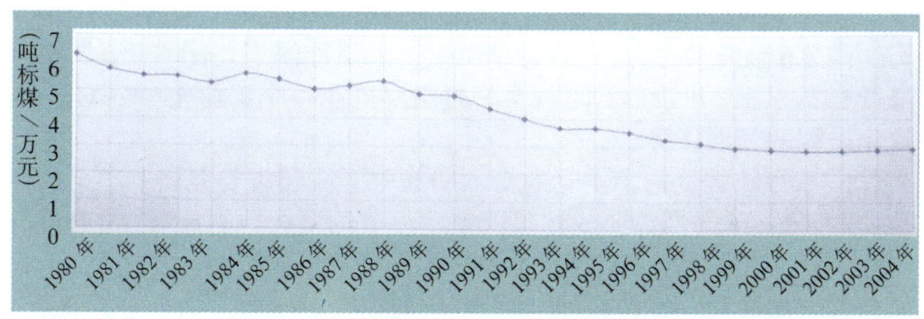

图 2.19-1　广东省 1980～2004 年万元 GDP 能耗图（1980 年不变价）

广东循环经济发展已经起步，形成了一批示范企业和示范基地。一是加强废旧资源回收再利用。二是工业废弃物的综合利用程度不断提高。三是利用垃圾发电的推广应用进程加快。四是清洁生产稳步推进。

3.措施

广东省委、省政府按照科学发展观的要求，认真贯彻落实党中央、国务院建设节约型社会的有关部署，提出建设“和谐广东，绿色广东”的理念，采取加强组织领导、出台指导性意见、召开全省工作会议、加大政策扶持力度等有力措施，全面部署和推进建设节约型社会工作，努力实现经济增长与社会、资源、环境相协调，取得了一定成效。至今，出台了《广东省节约能源条例》、《广东省资源综合利用管理办法》、《广东省固体废物污染防治条例》、《广东省人民政府关于建设节约型社会发展循环经济的若干意见》、《广东省清洁生产联合行动实施意见》等法规政策。

Spr高浊度高浓度污水净化与回用技术推广。Spr技术依靠化学反应、物理化学吸附、悬浮泥层精细过滤、流体力学分离原理的巧妙结合，将“一级初级处理”和“三级精细处理”合并在一个罐体系统内完成，仅需30分钟流程。实现了污水再生回用，既节约水资源又根治污染，综合指标达世界先进水平。节约：工程建设投资30%～50%；水处理运行费50%～80%；工程电力消耗60%～80%；工程占地面积50%～70%；企业排污费用90%～99%。

4.发展目标及展望

当前，广东发展又站在了一个新的历史起点上。2005年10月底召开的中共广东省委九届七次全会为广东未来五年的发展描绘了蓝图，明确提出加快建设绿色广东，构建资源节约型和环境友好型社会。广东经济发展的主要目标是：全省生产总值年均增长9%以上，实现2010年人均生产总值比2000年翻一番，单位生产总值能源消耗比“十五”期末降低13%以上。建设节约型社会将是贯穿广东整个工业化、城镇化、现代化进程的长期任务。

广东将认真贯彻落实党的十六届五中全会和省委九届七次全会精神，全面落实科学发展观，按照国家建设节约型社会的部署，结合自身实际，大力抓好六项重点工作，加快实施五项保障措施，做到“六个狠抓，五个加快”，力求建设节约型社会取得新的实效。六个狠抓就是：狠抓节约能源，推动全社会节能降耗；狠抓节约用水，解除水源性和水质性缺水的“双重制约”；狠抓节约和集约用地，提高土地利用效率；狠抓节约原材料，努力降低单位原材料消耗；狠抓资源综合利用，提高资源生产利用率；狠抓循环经济，促进资源消耗和环境污染最小化。五个加快就是：加快制定相关规划，构建节约型、循环型国民经济体系；加快推进经济增长方式的转变，促进产业结构优化升级；加快推进技术创新，突破节约资源的技术瓶颈；加快改革和建立政策扶持机制，充分发挥市场导向作用；加快完善法规和标准，强化监督管理。

我们相信，在党中央、国务院的正确领导下，在全国人民的大力支持下，通过全省人民的共同奋斗，广东一定会在改革开放和社会主义现代化建设中继续发挥排头兵的作用，建设节约型社会的目标一定可以如期实现。

5.重点项目

(1) 广州大学城节约型社区。集能源梯级利用、建筑节能、节地、节水于一体，分布式能源系统以清洁能源LNG为燃料，实现了电热冷三联供，能源利用效率达到70%以上；专门对建筑制定了节能设计标准，使建筑主体节能率达到65%。

(2) 江门新会拆船厂。该厂为第一批循环经济试点企业，是亚洲最大、世界一流的拆船企业，年拆解废船能力达到100万轻吨，回收的钢铁资源相当于一座中型炼钢厂的年产量，既节约又环保，被誉为“无烟冶金工业”。

二十、广西壮族自治区

1.概况

广西壮族自治区地处祖国南部，南临北部湾，与海南省隔海相望，东连广东，东北接湖南，西北靠贵州，西邻云南，西南与越南毗邻。陆地区域面积23.67万平方公里，占全国国土总面积的2.5%，居各省区市第9位。2003年末，广西总人口4857万人，居各省区市第10位，自治区首府南宁市。

2.资源利用状况

创立和推广了一批节约型农业生态模式的示范项目，节约型农业已经覆盖广西约60%的农作物种植面积，节约型耕作每年可节约50多亿元。未来的广西，能源结构将更加趋于合理，万元产值能耗将大幅度下降，主要污染物排放指标将得到有效控制，初步建成工业循环经济体系，工业固体废弃物得以再生处理利用，节能型的新墙体材料和住宅建筑得到推广应用，农业资源将得到高效利用和节约保护。

3.发展目标及展望

预计“十一五”期间，广西每万元GDP能耗下降11%，少用能源46万吨标准煤，年均节能率达2.4%；工业节约能源510万吨标准煤，资源综合利用产品年产值超330亿元，各类固体废弃物综合利用量达8000万吨，综合利用率达65%以上。

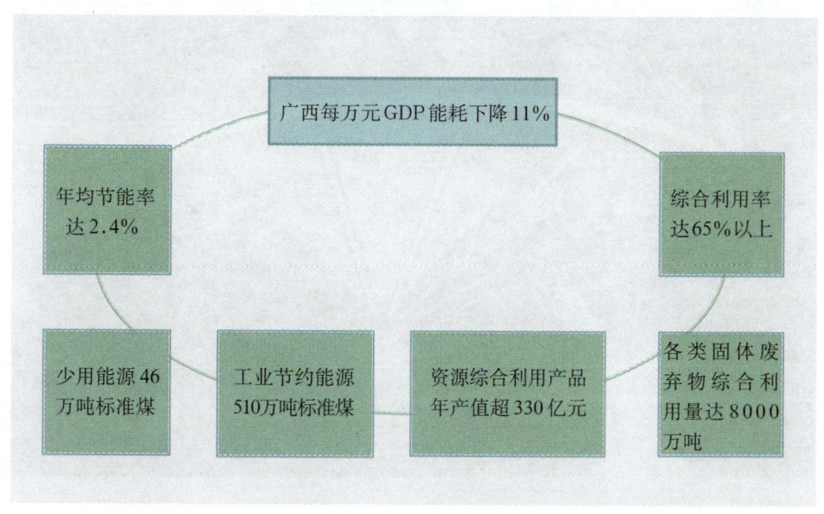

图2.20-1　广西“十一五”期间发展目标及展望图示

4.重点项目

(1) 甘蔗综合利用。贵糖（集团）股份公司通过清洁生产、技术创新和技术改造，形成了“甘蔗→制糖→废糖蜜制酒精→酒精废液制复合肥”以及“甘蔗→制糖→蔗渣造纸→制浆黑液碱回收”两条主线的工业生态链。甘蔗综合利用处于国际领先水平。

(2) 余热发电。鱼峰水泥公司应用余热发电技术，将3200吨／日干法水泥旋窑熟料生产线排放的中、低温废气送入PH和AQC锅炉，配套国产汽轮发电机组，建成一台装机容量为6000千瓦发电机组，年发电量4200万千瓦时，相当节约燃煤1.9万吨。

二十一、海南省

1.概况

海南省位于中国最南端。北以琼州海峡与广东划界，西临北部湾与越南民主共和国相对，东濒南海与台湾省相望，东南和南边在南海中与菲律宾、文莱和马来西亚为邻。全省陆地（主要包括海南岛和西沙、中沙、南沙群岛）总面积3.54万平方公里（其中海南岛陆地面积3.39万平方公里），海域面积约200万平方公里。2005年海南总人口826.31万。省会海口市。

2.资源利用状况

海南岛风能资源丰富，20世纪90年代中期风电建设开始起步；海口市和三亚市的公交车、出租车的燃气化率已达60%以上；电网主力电厂全部利用海水替代淡水作为冷却用水，目前，每年可节约淡水资源8.83亿立方米；在农村，为解决生产生活用能，每年都要砍伐大量薪柴林，现已推广户用沼气15万农户，每年保护林木100多万亩，节约薪材1000多万立方米，节支增收1亿多元。户用沼气和文明生态村建设的结合，改变了农村的环境面貌。

3.措施

开发和推广清洁燃料汽车；海水替代淡水；推广户用沼气。

4.发展目标及展望

“十一五”期间规划建设风力发电装机容量10万千瓦；到2010年，海南文明生态村占自然村总数的比例将达到50%。

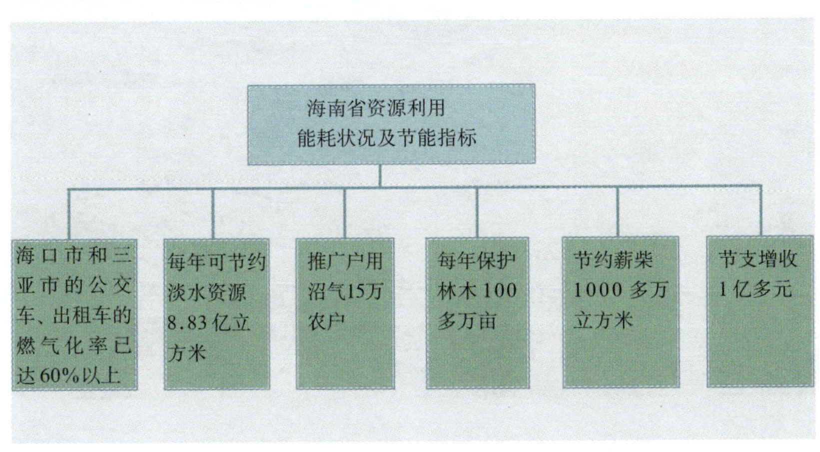

图2.21-1　海南省资源利用、能耗状况及节能指标示意图

5.重点项目

(1) 发展农村户用沼气。海南省根据一年四季都可产生沼气的气候特点，从20世纪90年代末起，开始推广农村户用沼气，到目前已发展户用沼气15万户，每年保护林木100多万亩，少烧掉薪柴100多万立方米，每个农户可节支增收120元。

(2) 海水直接利用。在海口电厂、洋浦电厂和三亚电厂用海水替代淡水作为冷却水，现每年可节约淡水资源近9亿立方米。

二十二、重庆市

1.概况

重庆市位于青藏高原与长江中下游平原的过渡地带。辖区东西长470公里，南北宽450公里。地界东临湖北、湖南，南接贵州，西靠四川，北连陕西。幅员面积8.24万平方公里，全市总人口3144.23万。

2.资源利用状况

“十五”期间，在党中央、国务院的正确领导下，坚持科学发展观，以能源消费年均5.9%的增长率，支撑了国民经济年均13.5%的持续快速增长，主要经济指标屡创新高，各项社会事业得到了全面发展。2004年实现GDP2665.4亿元，比上年增长12.2%，实现工业增加值927.51亿元，比上年增长16.9%，是直辖以来增长速度最快的一年。

近年来，GDP能耗和工业增加值能耗逐年下降，GDP能耗由1999年的1.85吨标煤/万元，降到2004年的1.36吨标煤/万元，工业增加值能耗由1999年的4.38吨标煤/万元，降到2004年的3.61吨标煤/万元。2004年全市节约能源186万吨标准煤，工业固体废弃物利用总量达到1500万吨，利用率74%，资源综合利用产值53亿元；回收利用工业放散可燃气体35亿立方米，利用率达到95.7%。

重庆作为国家循环经济试点省(市)，现有资源综合利用企业1400家，初步形成了如煤——电——气——建材等资源综合利用产业链，2004年全市资源综合利用产值42亿元。全市工业固体废弃物年利用量1100万吨，利用率71%。其中：煤矸石850万吨用于发电、制造水泥和墙材产品；利用粉煤灰200万吨，利用率87%；利用脱硫石膏26万吨，利用率100%。现有各类废旧物资回收企业550家，网点8200个，从业人员3万余人，年回收再生资源50余万吨，价值6亿元，再生资源回收利用率为45%。其中：年回收废钢铁26万吨、废有色金属4万吨、废塑料7万吨、废纸15万吨。目前全市钢、有色金属、纸等产品1/3以上原料来自再生资源。利用城市生活垃圾发电，日处理量1200吨，占主城区生活垃圾总量的40%。现已开始节能率为50%的建筑节能工程试点；建立了建筑节能管理机构和体系；出台了建筑节能地方标准48项、节能设计标准17项；实施了示范工程和工程实践；培育了建筑节能产业链；开展了建筑节能科学研究和立法调研工作；组织了建筑节能培训；加强了建筑节能宣传普及。近期将全面实施建筑节能工程，每年将新增节能建筑约1000万平方米。

燃煤工业锅炉节能技术改造是国家十大节能工程之一。“十五”期间,重庆市节能技术服务中心利用具有自主知识产权的循环流化床改造技术对主城区12家企业28台10吨/小时(共680蒸吨)以上燃煤锅炉实施了洁净煤技术改造。改造方案为对锅炉本体实施循环流化床技术改造,烟气净化系统采用高效电除尘器及脱硫装置。洁净煤工程取得的节能、环保效果：锅炉热效率从67%提高到80%左右，节煤率达到15%，年节煤10余万吨，减排SO_2约2万吨、粉尘约0.5万吨。

为提高能源利用效率,改善大气环境质量,重庆对居住人口600万,面积600平方公里的主城区实施了“清洁能源工程”。对1153台燃煤锅炉(共计1780蒸吨)以及1500台燃煤茶水炉实施了清洁能源改造。其中：771台实施了煤改气；174台实施了煤改电；1708台实施了关停、拆除或搬迁。实施清洁能源工程后，锅炉和茶水炉热效率由60%提高到85%以上，节能率大于30%。年节约和少燃用原煤136万吨，减排$SO_2$7.6万吨、粉尘3.5万吨、煤渣34.1万吨。

石油节约与替代位居国家十大节能工程之首。重庆依托丰富的天然气资源，实施了节约和替代石油的CNG工程，已成功研制出全国首款具有自主知识产权，节约型单一燃料CNG轿车。目前全市有CNG

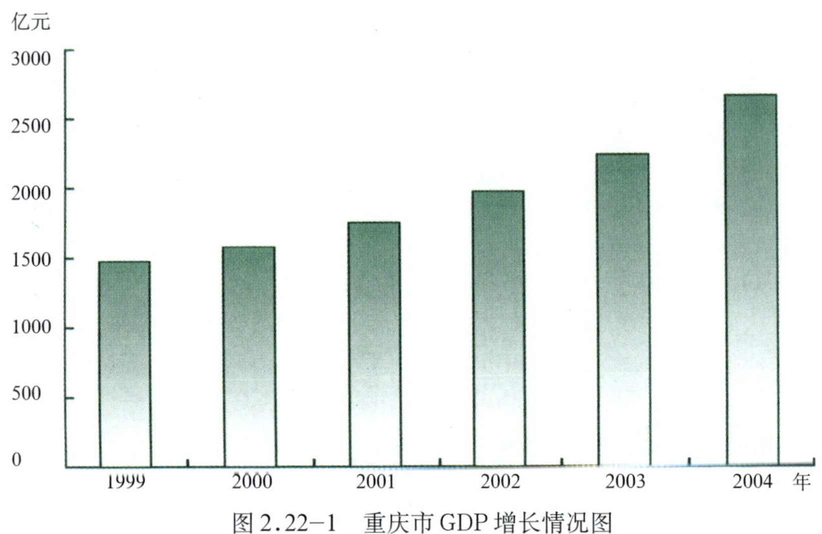

图 2.22-1　重庆市 GDP 增长情况图

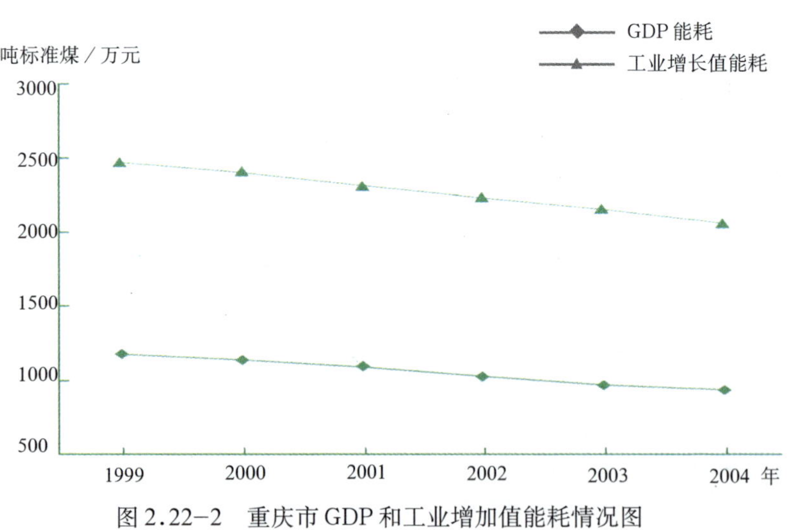

图 2.22-2　重庆市 GDP 和工业增加值能耗情况图

汽车2.44万辆，占全国天然气汽车的17%。主城区91.4%的公交车，95.8%的出租车均为CNG汽车。建成并投运CNG加气站54座，日加气能力超过110万立方米，“十一五”期间年新增加气站10座。目前重庆天然气汽车年耗天然气1.8亿立方米，替代燃油13.2万吨(折原油18万吨)，年节约燃料费用4.8亿元，减排污染物5.1万吨。到“十一五”末期，全市CNG汽车量将达到10万辆，年替代燃油54.1万吨(折原油74万吨)，节约燃料费用20亿元。

重庆市主城区高耗能企业装备水平低，工艺较落后，能耗物耗高，产品缺乏竞争力。为了合理调整生产力布局，节能降耗，保护环境，重庆对这批高耗能企业实施了搬迁工程。首批计划搬迁企业29家，2005年完成19家，2006年完成4家，2007年完成6家。搬迁后企业生产工艺、装备水平、能源和资源利用效率将得到提高，生产规模得以扩大，大幅度削减了污染物的产生量和排放量。

在党中央、国务院和有关兄弟省市的关心支持下，三峡重庆库区建设和移民工作取得了重大成就：工程开工后十年间，GDP翻了两番多；至2004年，累计完成移民搬迁安置80.5万人，城镇房屋复建2599万平方米，搬迁调整工矿企业1236户。按照发展循环经济，建设节约型社会的要求，三峡重庆库区将依托资源优势，形成优质盐、盐化工、氯碱化工产品为主的地区专业化生产基地；发展农副产品加工为主的轻纺工业，如绿色食品加工业、丝麻纺织加工业、林浆纸产业等；发展中型水泥、新型墙体材料和室内装饰材料为主的建材工业和现代装备制造、环保产业及机械加工等特色工业；发展优质柑橘、优质草食牲畜、优质榨菜、现代中药材、优质烟叶、优质油菜、优质水产、优质香料等特色农业产业，逐步把三峡重庆库区建成长江中上游重要的产业带，独具三峡特色的旅游风景区，经济发展与移民安置相结合的新型库区，实现经济繁荣、环境优美、人民安居乐业。

3.措施

重庆市发展循环经济将实施“12518”战略：“1”即以提高资源利用效率为核心；“2”即建立循环经济法规体系和循环经济框架体系两个体系；“5”即抓好工业生产力布局调整、抓好水资源合理利用、抓好能源节约、抓好资源综合利用、抓好清洁生产等5项重点工作；“18”即实施水资源循环利用和节水工程、系统节能工程、循环经济园区建设工程、资源循环利用技术开发利用工程等18项重点工程。

4.发展目标及展望

重庆市“十一五”建设节约型社会的基本目标是：GDP能耗从1.29吨标煤/万元下降至0.97吨标煤/万元，年均下降率5%，工业增加值能耗由3.54吨标煤/万元下降至2.5吨标煤/万元，年下降率5.9%；水重复利用率达到70%，工业固体废弃物综合利用率达到95%；主要再生资源回收利用率提高到65%；节能率达50%节能建筑面积达到5000万平方米，年节电23.5亿千瓦时，折标准煤90万吨。

5.重点项目

(1) 垃圾焚烧装备国产化。引进德国马丁公司垃圾焚烧技术，在重庆建成了国内首座以BOT模式运作的同兴垃圾发电厂。主体设备实现了国产化，总投资仅为国外同类垃圾发电厂费用的一半，且废气排放指标达到欧Ⅱ标准。

(2) 改造燃煤锅炉的洁净煤工程。在主城区采用清洁能源改造了1153台燃煤锅炉和1500台燃煤茶水炉；利用具有自主知识产权的循环流化床技术改造了主城区12个企业的28台10吨以上燃煤锅炉，年节煤10.2万吨、减排二氧化硫2.0万吨、粉尘0.5万吨。

二十三、四川省

1.概况

四川省地处中国西南腹地、长江上游，东邻重庆，南接云南、贵州、西接西藏，北连青海、甘肃和陕西。幅员面积48.5万平方公里，占全国的5.1%，居第五位。人口8724.6万。省会成都市。

2.资源利用状况

四川省既是一个资源大省，又是一个能源消耗大省。近年来，在清洁生产、节能降耗、控制污染物排放等方面取得了一定成绩，特别是在资源节约与综合利用等方面成绩更为显著，为建设节约型社会打下了较好基础。

(1) 生态环境状况

良好的生态环境，是人类生存和发展的基础，也是人们生活质量的重要标志。四川96.5%的幅员面积属于长江水系，其脆弱的生态环境、频繁的自然灾害，制约着经济社会的可持续发展。

西部大开发以来，四川省围绕“还三江清水、建生态四川”的战略目标，加强环境保护与生态建设，全面开展工业污染、城市污染和农村污染三个整治，确保人民群众饮用水安全。认真实施天然林保护、退耕还林还草、水土保持和生态环境综合整治四大工程建设，取得了明显的阶段性成果。

从1999年退耕还林项目启动，到2004年底，四川先后投入资金102.78亿，完成退耕还林1208.4万亩，配套荒山造林1091万亩。目前，四川境内长江上游的生态环境已经明显改善，全省森林覆盖率由项目实

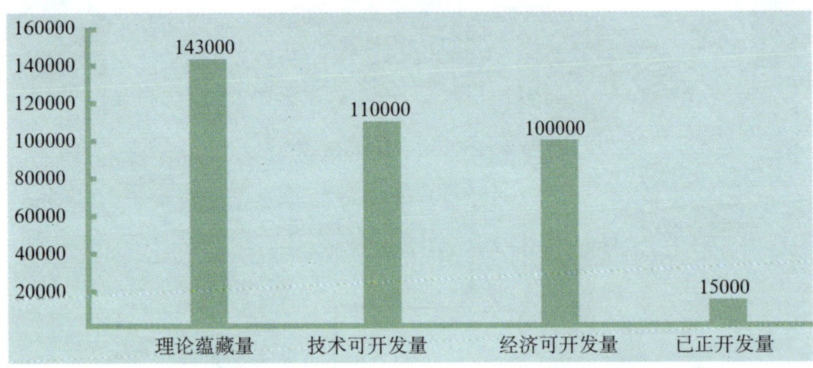

图2.23-1　四川省水能资源开发利用柱状图（装机容量：兆瓦）

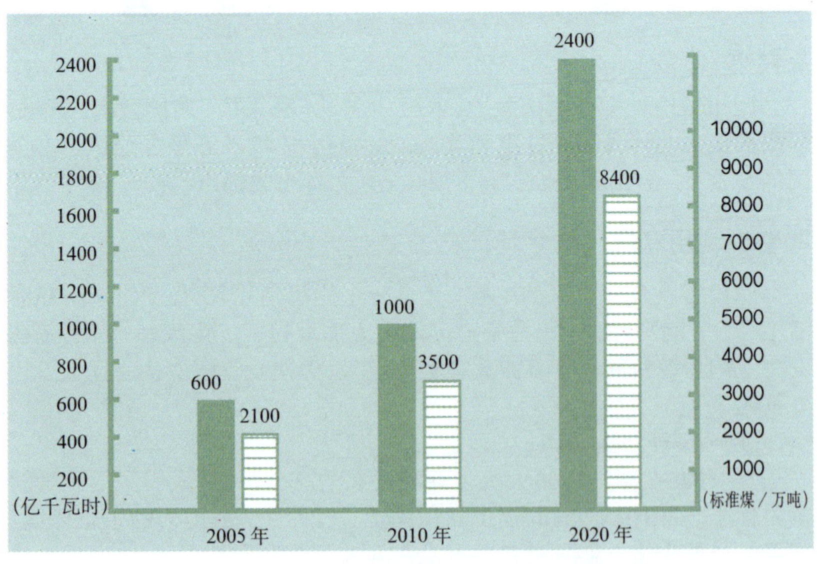

图2.23-2　四川省水利发电折合节约标煤柱状图

施前的24.23%提高到现在的27.94%，年减少土壤侵蚀量0.53亿吨。

(2) 水能资源开发利用状况

水力发电不排放有害的气体、烟尘和灰渣，没有核辐射污染，清洁可再生、水资源开发还可促进江河的综合治理，具有防洪、灌溉、航运、供水、防凌、养殖、旅游等综合利用效益，并可促进水土保持，减少水土流失，改善生态环境。

素有“千河之省”美称的四川水能资源富甲天下。技术可开发量1.1亿千瓦，目前水电装机容量为1500万千瓦，到2010年达到2800万千瓦，2020年达到6000万千瓦。在水能资源开发中，严格进行了生态、环境、景观等方面的评估，采取各种措施，坚持蓄、引、提、防相结合，做到“在保护中开发，在开发中保护”。

3.措施

努力通过深化改革、法制建设与科技进步，选择并形成有利于节约资源的行政模式、生产模式和消费模式，摈弃粗放增长方式，建立节约型国民经济体系，促进经济社会可持续发展。

4.发展目标及展望

通过各方面的努力，力争到2010年达到以下指标：

每万元GDP能耗下降20%左右；水资源综合利用率提高1%，农业灌溉水平均有效利用系数提高到0.5，工业用水重复利用率达80%以上，万元工业增加值取水量下降到120立方米；矿产资源总回收率和共伴生矿综合利用率分别达到45%、40%；工业固体废弃物综合利用率提高到75%；新型建筑材料占全省建材生产总量的70%，节能建筑占建筑总面积的60%以上；废钢铁及有色金属、废塑料、废旧轮胎等废旧资源的回收利用率达到70%以上；城市生活垃圾处理率达80%以上，城市生活污水处理率达70%。

展望未来，务实创新的四川人民又将目光投向了更高的追求。全省以发展循环经济为突破口，加快建设节约型社会，加快经济增长方式转变和经济结构战略性调整，尽快形成低投入、高产出、少排放、可循环的发展机制，为人民群众生产生活创造良好条件，促进人与自然的和谐发展，推动整个社会走向生产发展、生活富裕、生态良好的文明发展道路。

四川的今天，是开放包容、怡然平和、安居乐业的文明四川；四川的明天，必将是一个天更蓝、水更清、人居环境更加优美，人与自然更加和谐的生态四川。

5. 重点项目

（1）沼气利用。全省累计推广农村沼气池用户达300万户，约占全国总量的五分之一；年产沼气10亿立方米、无公害沼肥1200多万吨，可增收节支20亿元，减少水土流失1300万吨，保护林地1000万亩；建成生活污水净化沼气池290万立方米，约占全国总量的2/3。

（2）水电资源开发利用。四川素有“千河之省”美称，水资源可开发量1.1亿千瓦，位居全国第一。目前，四川省水电装机容量为1500万千瓦，正努力建设成全国最大的水电能源基地，2010年规划达到2800万千瓦，2020年规划达到6000万千瓦。

二十四、贵州省

1.概况

贵州省地处云贵高原，东靠湖南，南邻广西，西毗云南，北连四川和重庆，东西长约595公里，南北相距约509公里。全省国土总面积176167平方公里，占全国总面积的1.8%。人口3903.7万。

2.资源利用状况

贵州能源资源富集，水能蕴藏量1874万千瓦，可开发量1683万千瓦，居全国第六位；煤炭远景储量2410亿吨，保有储量为523亿吨，居全国第五位，为江南九省之冠。煤炭和水能资源组合良好，使贵州成为国内"水火互济"发展电力工业的最佳省份之一。贵州正在建设成为南方重要的能源基地，能源工业已成为全省的第一大支柱产业；矿产资源丰富，全省已发现矿产110种，其中有76种已探明储量，有40种储量居全国前10位，有21种居前3位，其中磷、铝等储量居全国第二，锰、镁等储量居全国第三。贵州已成为国内重要的铝工业、磷化工业、锰系铁合金和碳酸钡生产基地；生物种类繁多，野生植物、药用植物、烤烟、辣椒等生物资源特色鲜明，绿色药业、绿色食品等已成为特色产业。全省森林覆盖率达34．9%，是长江、珠江上游重要的生态屏障，是迷人的“天然公园省”。

省委、省政府坚持以邓小平理论和“三个代表”重要思想为指导，认真贯彻落实科学发展观，实施生态立省战略，坚持走新型工业化道路，抓住国家实施西部大开发的历史机遇，依托资源优势，全力推进“西电东送”为重点的能源建设，加快发展煤化工、磷化工、铝及铝加工为重点的优势原材料工业，大力培育民族制药、绿色食品等特色产业和高新技术产业，同时，注重资源节约，推进环境保护和生态建设，成效显著。“十五”期间，保持了经济社会持续快速健康发展，全省生产总值年均增长10.1%，工业增加值年均增长13%左右，呈现出速度较快、效益较好、结构逐步改善、协调性逐渐增强的良好态势。

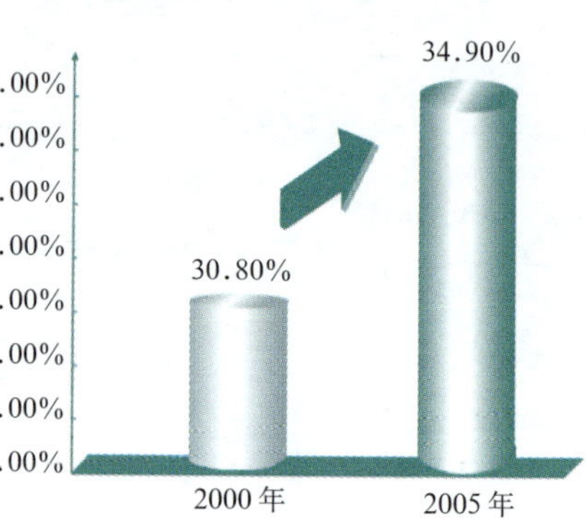

图2.24-1　贵州省森林覆盖率

西部大开发以来，贵州省抢抓机遇，加快能源开发和建设，举全省之力，实施“西电东送”工程。至2005年，新增电力装机容量790万千瓦以上，超过前50年的总和，全省电力装机容量已超过1300万千瓦。

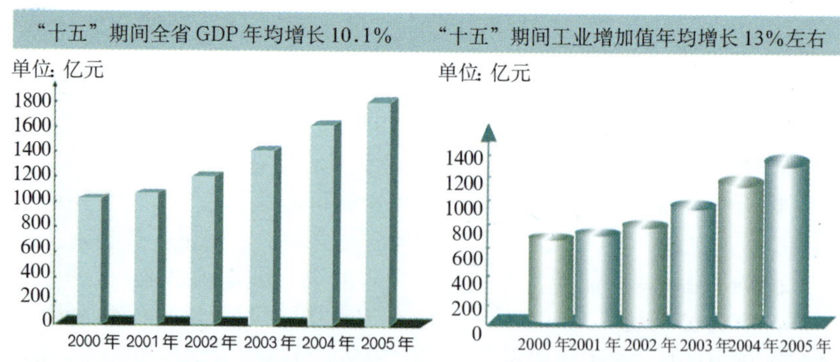

图2.24-2　“十五”期间全省GDP增长示意图

图2.24-3　“十五”期间工业增加值增长示意图

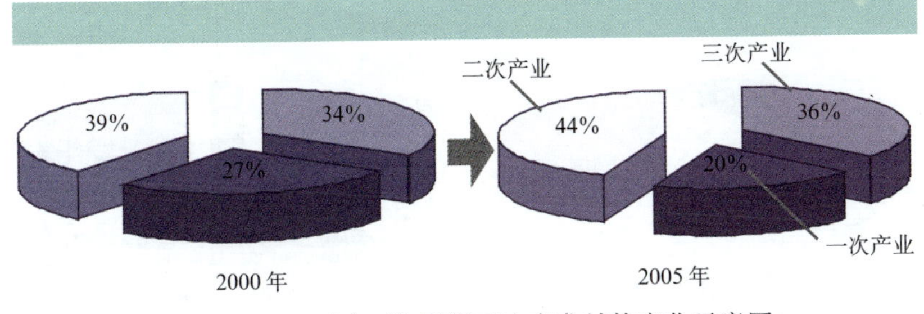

图 2.24-4　“十五”期间三次产业结构变化示意图

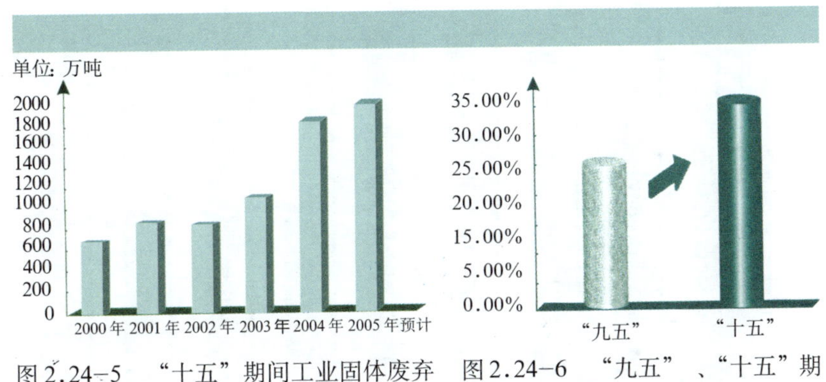

图 2.24-5　“十五”期间工业固体废弃物资源综合利用量

图 2.24-6　“九五”、“十五”期间工业固体废弃物综合利用率

2005 年向省外送电 180 亿千瓦时，支持东部地区的经济发展。到 2010 年，预计全省电力装机容量达到 3000 万千瓦以上，煤炭生产能力将超过 1.6 亿吨。

2004 年，组织实施“521”节能降耗工程，以国内外先进水平为目标，对 50 项重点单位产品能耗、原材料消耗指标进行重点监控，引导企业依法用能节能，增强节能意识，建立自觉节能机制，加强节能管理和技术改造；50 项重点单位产品消耗指标在 1～2 年内达到本企业历史最好水平，其中 20 项指标达到国内同行业先进水平，10 项指标在 1～2 年内或稍长时间内进入国际水平行列，带动全省企业节能降耗。一年来，50 项重点单位产品能耗、原材料消耗指标稳定降低率达 63%，共节约标煤 38 万余吨，节约价值 2 亿余元。

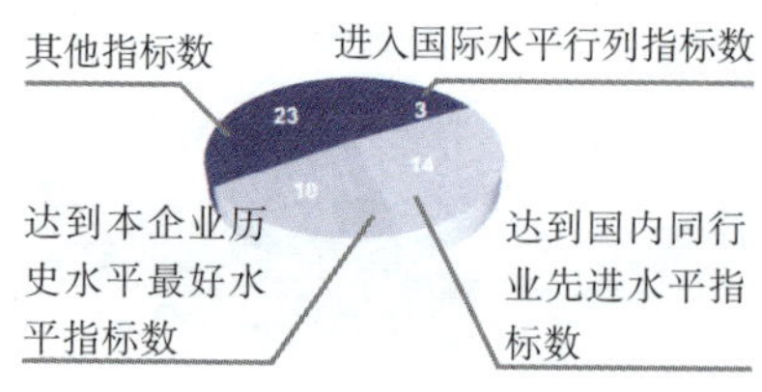

图2.24-7　2005年1～9月节能降耗“521”工程目标实现情况

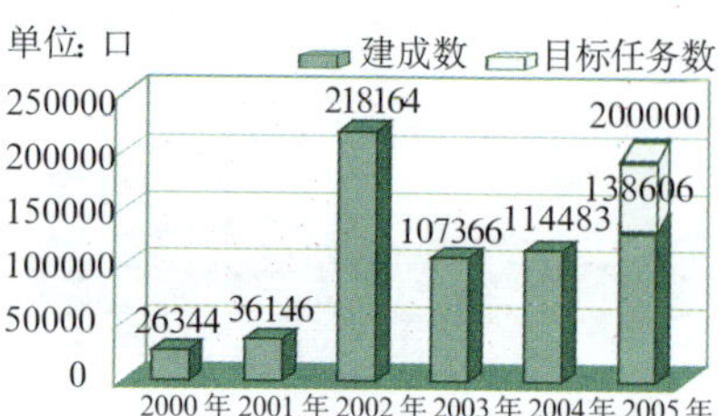

图2.24-8　2000～2005年贵州省农村沼气池建设进度

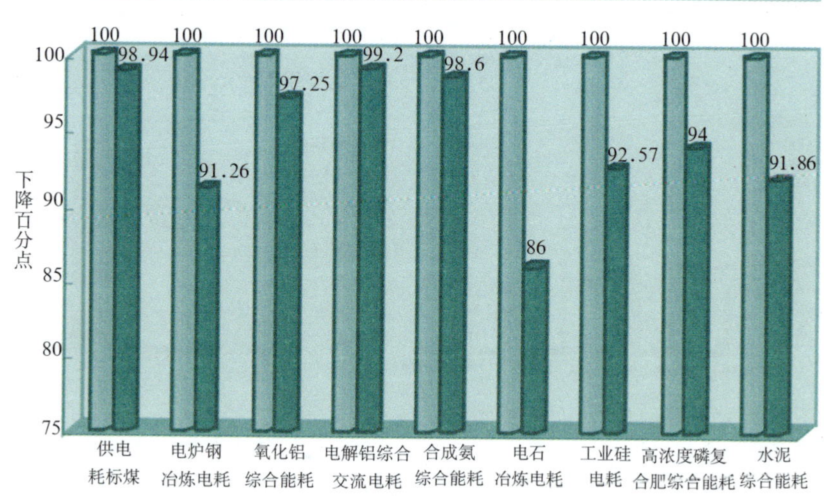

图2.24-9　节能降耗“521”工程活动一年来主要产品能耗下降情况

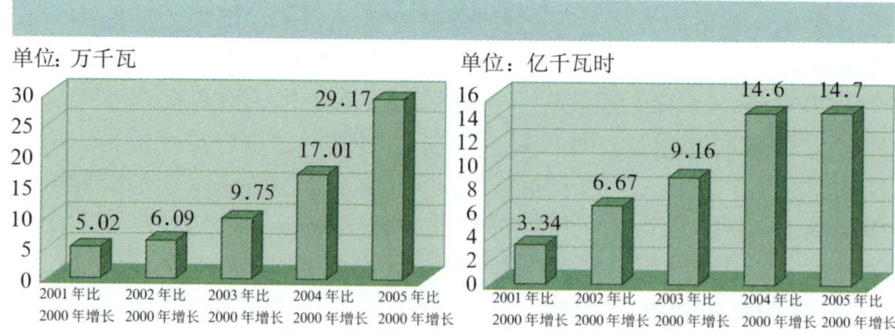

图2.24-10　“十五”期间农村水电装机增长情况图

图2.24-11　“十五”期间农村水电发电量增长情况图

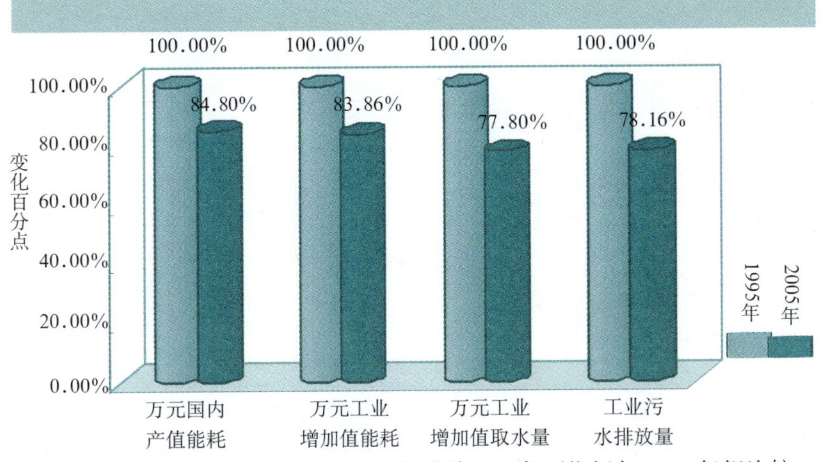

图 2.24-12　建设节约型社会取得的成绩 — 各项指标与 1995 年相比较

至 2005 年，投入沼气建设项目资金 4.7 亿元，全省累计建成沼气池 66 万口，年节省薪柴 165 万吨（折合标煤 118 万吨），相当于封育 260 多万亩山林，取得明显的经济、生态和社会效益。

贵阳市大力推行清洁生产，以预防为主，从源头削减污染，提高资源利用效率，实现节能、降耗、减污、增效。

贵阳市产业结构以铝、黄磷、铁合金、水泥等高载能的原材料产业为主。规模以上的工业企业有 672 户，其中年耗标煤 5000 吨以上的重点耗能企业 106 户，产值仅占规模以上企业的 63.12%，能源消耗量却占规模以上企业的 98.5%，通过推行清洁生产，发展循环经济，万元产值（增加值）综合能耗逐年下降。

三大示范基地：清镇基地；息烽基地；开阳基地。

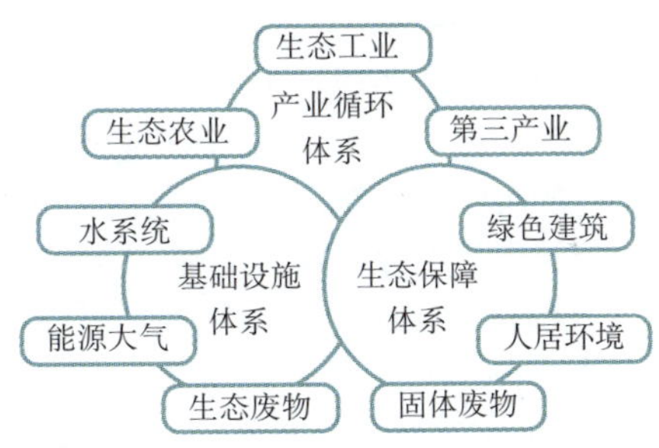

图 2.24-13　贵阳市发展循环经济整体框架图

3.措施

组织实施“521”节能降耗工程。“十五”以来，贵州省以提高资源利用效率为核心，坚持开发与节约并重、节约优先的方针，深入开展资源节约活动，重点实施节约降耗，加快推

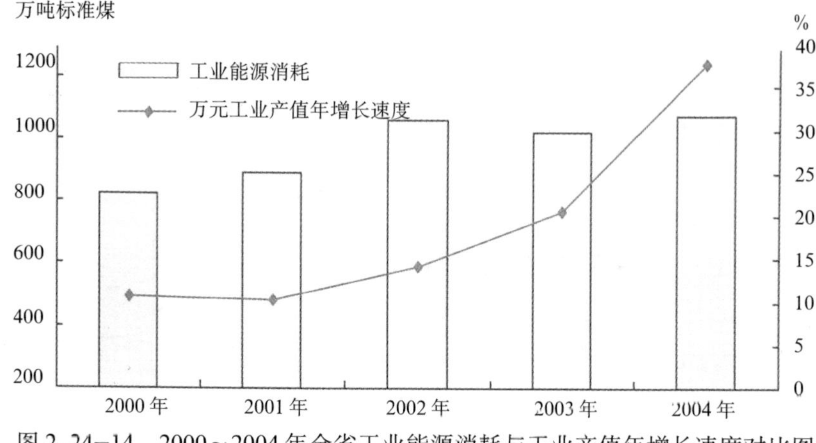

图2.24-14　2000～2004年全省工业能源消耗与工业产值年增长速度对比图

行清洁生产，积极推进综合利用，探索发展循环经济，大力保护生态环境，建设节约型和环境友好型社会取得新的进展。

4.发展目标及展望

到2010年，万元国内生产总值能耗比“十五”期末降低20%左右；重点工业污染源废水、废气排放达标率达到80%以上，工业用水重复利用率达到60%以上，工业固体废弃物综合利用率达到40%，城市生活垃圾无害处理率达到60%以上；矿产资源综合回收率提高5%以上，矿山生态恢复治理率达到40%以上；森林覆盖率提高到40%以上。

5.重点项目

（1）反渗透膜技术与产品。贵州汇通源泉环境科技有限公司复合反渗透膜产品与技术，引进美国复合膜生产线及工业化工艺技术，并进行全方位的吸收和创新，可广泛应用于海水淡化、饮用水、医疗制药、废水处理与回用等多种行业。是目前国内最大的复合反渗透膜生产基地之一。

（2）合同能源管理。贵州汇通华城楼宇科技有限公司自主研发的BKS系列中央空调节能控制产品，可降低运行费用10%～40%。并采用“合同能源管理”的商业模式，在全国17个省市200多个项目中成功实施，产生了巨大社会效益和经济效益。

二十五、云南省

1.概况

云南省地处中华人民共和国西南边陲，全境东西最大横距864.9公里，南北最大纵距900公里，总面积39.4万平方公里，占全国陆地总面积的4.1%，居全国第八位。云南东部与贵州省、广西壮族自治区为邻，北部同四川省相连，西北隅紧倚西藏自治区，西部同缅甸接壤，南同老挝、越南毗连。总人口4415.2万，省会昆明市。

2.资源利用状况

2004年，全省生产总值2959.48亿元，经济总量在全国各省市区中排第19位，在西部12省市区中居第三。滇西北“三江并流”风景区，水能可开发量约1亿千瓦，占全国可开发量的25%。35种矿产储蓄量居全国前5位。

(1) 全面推行清洁生产

清洁生产是发展循环经济的重要手段。以“源头削减和污染预防”为工作重点，云南1999年开始在水泥化肥、宾馆饭店行业开展了清洁生产的试点工作。目前全省已有315家企业通过清洁生产审核，实施清洁生产方案900多项，产生经济效益约1.3亿元。积极开展清洁生产技术、标准的研究工作，全省共举办清洁生产培训班七期，培训人员1100余人。完成了国家宾馆饭店和化肥—重钙行业的清洁生产技术要求及审核指南的编写工作。

(2) 高原太阳，不竭热能

云南太阳能资源丰富，太阳总辐射量达5000兆焦／平方米，每年接收到的太阳能约相当于714亿吨标煤，且太阳能利用装置在大部分地区可全年运行。建设了国内重要的太阳能基础理论和应用技术研究、开发和生产基地。太阳能热水器使用量占全国的五分之一，累计使用量约545万平方米，相当于每年节约能源64万吨标准煤，其中城市累计推广太阳能热水器454万平方米，普及率达30%，太阳能温棚应用9.5万亩，共创产值约3亿元。

(3) 光伏发电广泛利用

太阳能电池已广泛应用于电视差转台、铁路站台信号、农村邮电载波机、部队通信及照明、卫星地面站、地震预报台、森林防火预报台等方面，累计使用量达600余千瓦。省内可年产光伏电池2.5兆瓦。光伏站安装灵活，维护简单，比较适合边远地区使用。在输电距离超过25千米以上时，光伏发电是更为经济的发电方式。永胜桃源乡大路地村光伏电站功率为9千瓦，是省内最大的光伏电站。光伏发电对于优化电力结构、保护环境起到了积极作用。

(4) 可再生能源在农村的应用

云南省共有863万农户。全省在广大农村大力推广使用清洁可再生能源，累计推广太阳能热水器91.48万平方米，解决了大约23万户农户的生活用热水问题；太阳能电池86处，累计功率10936峰瓦。微型水力发电机11213台，总装机容量15278千瓦，为3.1万多农户提供生活用电。建有农作物秸秆气化集中供气工程7处，为1936户农户输送优质能源，年产气量近200万立方米，利用秸秆780多吨。目前，使用薪柴的农户从50%下降到28%，沼气用户上升到17%，可再生能源的使用比例在农村正逐渐提高。

(5) 沼气利用效率高

每口沼气池可年产沼气500立方米，年均节约薪柴2.5吨，产5吨优质高效有机肥，每年可节省燃料费250元左右，施用沼肥每年可节约化肥、农药支出50元。开展综合利用，平均每户增加生猪存栏1.5头，果蔬增产3%，每户可增加养殖业、种植业收益135元。加上节约的劳动力成本，每年可为农民节省开支635元。到2005年底，云南沼气用户累计保有量将达150万户左右，年节约450万吨薪柴，相当于保护了110万亩林地，节约了54万吨标煤。

(6) 化废为宝挖潜力

国家发改委、云南省和昆明理工大学投资建立的废弃物资源化国家工程研究中心，其研究的复合材料产品，95%以上的成分是各种固体废弃物，在广泛的领域中可以代木、代钢、代塑和代瓷。其中聚合物基复合材料窨井盖系列产品，在云南省的26个州市县及全国16个省市都得到广泛应用，覆盖了市政道路、给水排水、电信等多个行业。该产品生产线已累计处理废地膜7000余吨、工业废砂5000余吨，为26亿平方米农田消除了“白色污染”。

(7) 节水城市保持续

云南通过加快城市供水管网改造、推广节水科技、推进节水管理、强化节水意识、建立健全城市节水法规体系等有效手段，深入开展城市节约用水管理工作。积极做好城市污水再生利用，群众节水意识得到了不断提高，惜水、爱水和节水的社会风尚已逐步形成，工业企业合理用水水平大大提高，中水回用快速发展。

昆明市建成中水站39座，27家企业处理污水达到了一级排放并进行回用，历年累计节水量达3.58亿立方米。2004年，水重复利用量为3291万立方米，节约用水3605万立方米。

(8) 节水农业增效益

云南实施以大、中型灌区节水续建配套、项目示范和山区以“五小”工程为重点的农业节水灌溉工程建设，推广旱作节水农业技术和生物农艺节水技术。全省节水灌溉工程累计总投资达到26亿多元，节水灌溉旱地水浇面积累计达到582万亩，喷灌面积3万亩，微灌面积1.15万亩，共建成小水池、小水窖71.9万个，有效提高了水资源利用效率，缓解了供需矛盾，促进了农业综合生产能力的提高。

(9) 土地开发保平衡

针对耕地分布不均、基本农田等级低、耕地后备资源不足的现状，云南坚持多元化投资，加大土地开发整理工作力度。2001年以来，先后启动了250个土地开发整理项目，总建设规模65134公顷，新增耕地25724公顷。1999年以来，全省共累计补充耕地62万亩，为同期占用耕地的2倍多，实现了耕地的补大于占。

(10) 新型墙材展效益

为保护耕地和环境，节约能源，云南大力推广新型墙体材料。2004

年，新型墙材已具有三大类20多个品种，新型墙材占墙材总产量的比例达到19.6%，全面推广应用新型墙材的建筑工程面积达到650多万平方米，相当于节省土地600多亩，节约标煤4千多吨。昆明市新型墙材占各种墙材总产量的比例为41%，主城区新型墙材应用比例达到90%以上。玉溪市红塔区等9市(县、区)开展了禁止使用实心黏土砖的工作。到2010年，全省新型墙材产量占墙材总产量的比例预计达到50%以上，建筑工程新型墙体材料的应用比例达到50%，全省各州(市)政府所在地城市新建建筑的节能率力争达到50%。

(11) 公交优先节约资源

昆明市根据自身特点，以“公交优先、公交优惠、公交优秀”为目标，积极发展城市公共交通事业。1999年开通全国第一条内侧式公交专用道后，中心区公交平均运营速度由每小时9.6公里提高到15.2公里，日客运量由50万人次迅速增加到75万人次。公交节油使百公里耗油量从2004年的平均38升，降到今年上半年的31升。“公交优先”战略明显改善了城市交通状况，大大节省了市民的出行时间，提高公共交通系统的承载量，节约了社会资源。根据发展目标，至2007年，市民出行的公交分担率将达到25%～30%，公交专用道覆盖率达到85%。

3.措施

省人大常委会制定、修改和批准了《云南省节约能源条例》等15项地方性法规；省人民政府下发了《关于大力推进循环经济工作的通知》和《关于贯彻国务院建设节约型社会近期重点工作实施意见的通知》；完成了“云南省循环经济发展战略研究”等，一批专项研究和规划正在组织制定；全面实施开远工业、洱源农业和普者黑旅游业循环经济试点示范工作；安排进行了一批节能、节水、资源节约和综合利用的发展循环经济重大项目；广泛深入开展了资源节约系列宣传活动；建立了由省政府领导挂帅、相关部门参加的云南省建设节约型社会、发展循环经济协调工作机制。

4.发展目标及展望

回顾过去，激情满怀；展望未来，充满信心。云南省将以邓小平理论和“三个代表”重要思想为指导，认真贯彻落实党的十六届五中全会精神，以科学发展观统领经济社会发展全局，坚持资源开发与节约并重、把节约放在首位的方针，以节约使用资源和提高资源利用效率为核心，以节能、节水、节材、节地、资源综合利用和发展循环经济为重点，以改革开发和科技进步为动力，推动体制、机制、技术和管理创新，务求建设节约型社会、发展循环经济工作取得明显成效，为全省经济社会的全面、协调、可持续发展做出更大的贡献。

5.重点项目

大力发展清洁能源。2004年底，全省水电装机容量达731.5万千瓦。太阳能热水器使用量占全国的五分之一；太阳能电池广泛应用于电视差转台等，累计使用量达600余千瓦。

二十六、西藏自治区

1.概况

西藏自治区位于中华人民共和国西南边陲，青藏高原的西南部，北临新疆维吾尔自治区，东北连接青海省，东连四川省，东南与云南省相连；南边和西部与缅甸、印度、不丹、锡金和克什米尔等国家和地区接壤，边境线全长近4000公里。面积122.84万平方公里，约占中国总面积的八分之一，仅次于新疆维吾尔自治区。人口273.68万。自治区首府拉萨市。

2.资源利用状况

目前，西藏自治区太阳能热水器推广面积达到20多万平方米、太阳灶示范超过15万台、被动式太阳房技术应用达20多万平方米、太阳能光伏发电装机容量超过8兆瓦。太阳能的综合应用，为缓解当地常规能源短缺、保护生态环境等方面起到了重要作用。

西藏耕地面积只占土地总面积的0.3%，在耕地资源十分有限的情况

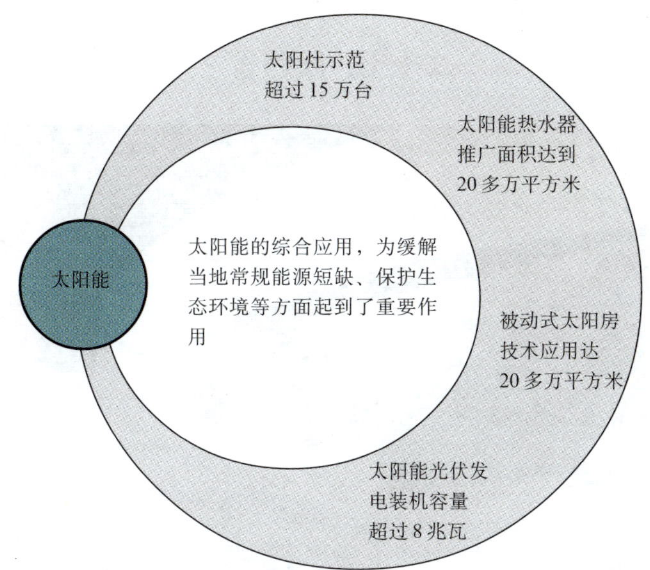

图2.26−1　西藏自治区资源利用、能耗状况及节能指标示意图

下，高度重视土地资源的节约合理利用工作，把保障供地与节约用地有机地统一起来，实行了最严格的耕地保护制度，基本农田保护率达86%以上。

3.措施

在全面建设小康社会的历史进程中，全区270多万各族人民坚持以科学发展观统领经济社会发展全局，大力发展循环经济，努力建设资源节约型、环境友好型社会，坚持开发节约并重、节约优先的战略方针。以提高资源利用效率为核心，以节能、节水、节材、节地、资源综合利用和发展循环经济为重点，推进“三个结合”，构建“四大支撑体系”，落实“五个统筹”，逐步形成节约型生产模式和消费模式，促进经济发展与人口、资源、环境协调发展。

4.重点项目

太阳能利用。目前，西藏是建设集中型太阳光伏电站最多的地区之一，经过20多年的努力，建有县乡级光伏电站400多座，装机容量8000多千瓦。此外，还有太阳能热水器、太阳灶、被动式太阳房等产品陆续转入批量生产，并有一定的覆盖面。

二十七、陕西省

1.概况

陕西省位于中国西北地区东部的黄河中游，东隔黄河与山西相望，西连甘肃、宁夏，北邻内蒙古，南连四川、重庆，东南与河南、湖北接壤。全省地域南北长、东西窄，南北长约880公里，东西宽约160～490公里。全省土地面积为20.58万平方公里，占全国土地面积的2.1%。2005年末常住人口为3720万。省会西安市。

2.资源利用状况

(1) 九大灌区改造

对宝鸡峡、泾惠渠、东雷抽黄等大中型灌区进行系统改造，新增灌区面积31.3万亩，改善灌溉面积235万亩，新增粮食生产能力4.92亿公斤。灌区灌溉水利用系数由0.38～0.52提高到0.45～0.55，年均节水2.37亿立方米，极大地提高了关中地区农业灌溉用水的效率。

(2) 汉江梯级开发

陕南汉江流域水量充沛，水能资源丰富，开发潜力很大。汉江全长

1576公里，陕西省境内长709公里，其中上游黄金峡至夹河河段全长448公里，落差285米，基本为峡谷河段，是汉江上游水能资源主要开发河段，规划实施黄金峡、石泉、喜河、安康、旬阳、蜀河、夹河七级开发，总装机207.5万千瓦，年发电量约70亿千瓦时。

(3) 沼气综合开发利用

洛川县实施促畜优果富民工程，全县沼气已发展到1.8万口，入户率达到47%。通过建沼养畜，新增养畜户9080户，增加养畜数量6.5万余头。年可提供沼肥30万吨，可解决20万亩果树的有机肥投入，促进了苹果产业的发展，增加了农民收入。

3.措施

节约和替代石油——大力推广天然气汽车，西安市90%公交车和出租车已使用天然气。

区域热电联产——实现煤电一体化。

建筑节能——严格实施节能50%设计标准，西安含光新建小区达到节能65%设计标准。

余热余压利用。

政府节能——政府带头，严行节约。

绿色照明——2006年设区市实现绿色照明，县级城市五年内达到绿色照明。

燃煤工业锅炉(窑炉)改造——工业锅炉改造，运行效率提高5%~10%。

节能检测和技术服务体系建设——开展节能执法和检测。

4.发展目标及展望

节能目标：

2010年单位生产总值能源消耗比“十五”期末降低20%。新型墙体材料产量占墙体材料总量的比例达到55%，城镇应用比例达到90%以上，严寒、寒冷地区执行建筑节能65%设计标准。

节水目标：

农业：节水灌溉面积占70%以上，综合灌溉水利用系数提高到0.55以上。

工业：取水量控制在1.2%，重复利用率提高到65%。

城市：管网漏损率降低到10%以下，大中城市污水处理率50%，节水量4.38亿立方米。

5.重点项目

(1) 石油替代品生产基地。陕北将通过扩大石油、天然气的勘探和开发，引进国外煤制油先进技术，加大煤制甲醇、天然气制甲醇、甲醇制烯烃等石油替代产品开发力度，实施煤电转化和西电东送，建成全国最大的石油替代品生产基地。

(2) 电磁悬浮高速电机。采用新一代电磁悬浮轴承支承技术，具有无接触、无润滑、无摩擦、无磨损、高速、高效、节能、体积小、重量轻、转子旋转精度高的特点。

二十八、甘肃省

1.概况

甘肃省位于祖国西部，地处黄河上游，地域辽阔。介于北纬32°11′～42°57′、东经92°13′～108°46′之间。东接陕西，南邻四川，西连青海、新疆，北靠内蒙、宁夏并与蒙古国接壤。全省总土地面积45.44万平方公里（据国务院勘界结果为42.58万平方公里），居全国第7位，人口2618.78万。省会兰州市。

2.资源利用状况

2004年全省实现国内生产总值1558.93亿元，比上年增长11%。全年城镇居民人均可支配收入7376.74元，农民人均纯收入1852元。

“九五”期间，全省万元国内生产总值能耗从3.93吨标准煤下降到3.06吨标准煤，下降22.14%；万元工业增加值能耗从6.86吨标准煤下降到5.86吨标准煤，下降14.58%。累计实现节约和少用能源300万吨标准煤。“十五”前期，全省万元国内生产总值能耗和万元工业增加值能耗继续稳定降低。2004年，全省万元国内生产总值能耗和万元工业增加值能耗分别下降到2.55吨标准煤和4.68吨标准煤，比1996年分别降低35.10%和31.78%。2004年全省利用工业固体废渣达到608

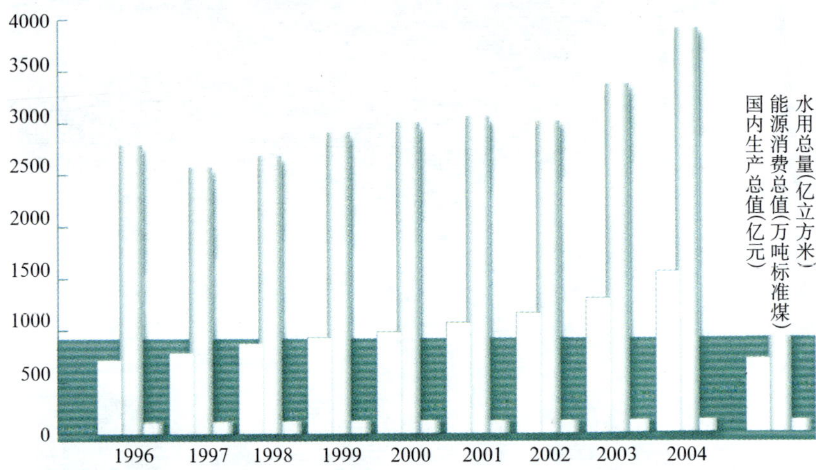

图2.28-1　甘肃省“九五”以来国内生产总值及能源和水资源消耗增长情况对比

万吨，综合利用率达到37%。粉煤灰利用量128万吨，综合利用率达到58%。全省推广太阳能灶，折合标煤约7万吨，热水器折合标煤约15

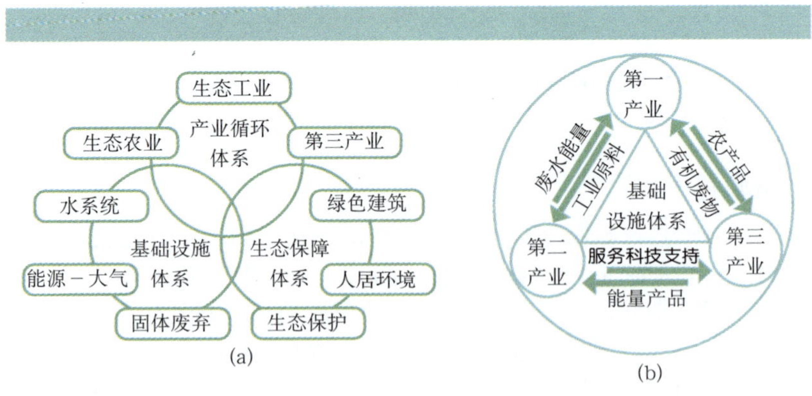

图2.28-2　武威循环经济产业体系图

(a)生态城市三大体系关系图；(b)一、二、三产业间循环方案

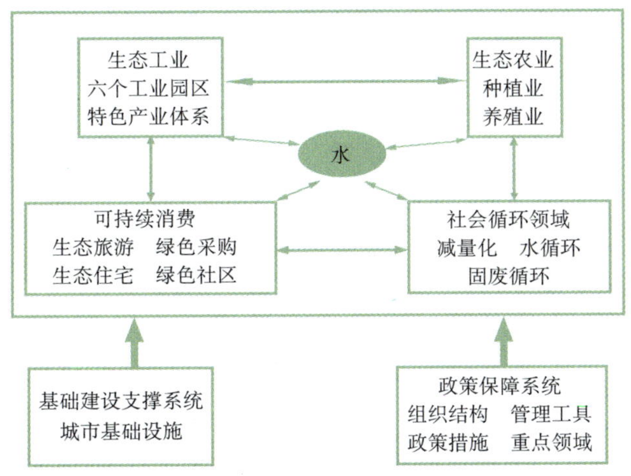

图 2.28-3　武威市发展循环经济总体框架

万吨，太阳能暖房折合标煤约3万吨。太阳能发电装机容量达到100万峰瓦，年发电量75万千瓦时。

武威市地处石羊河流域中下游、河西走廊东端，2005年被国家环保总局列为全国创建循环经济试点城市。为有效解决资源与环境的制约，促进经济社会可持续发展，武威市按照建设节约型社会的目标，大力推进循环经济发展。目前从生产、消费、社会循环三个领域和水资源可持续利用等方面构建的以农产品加工、轻纺、精细化工、生物化工和能源等特色产业体系为主导的大、中、小循环圈相互嵌套的循环经济产业体系已具雏形。

张掖市是2002年水利部和甘肃省政府批准实施的全国第一个建设节水型社会试点城市。经过三年多的试点，水资源的利用效率有了明显提高，2004年与2000年相比，灌溉保证率提高了10个百分点，每立方米水资源实现的经济效益从2.81元提高到了5.12元。已连续6年完成了国家确定的黑河分水任务。

3.措施

省委、省政府十分重视资源节约工作，坚持“开发与节约并举，把节约放在首位”的总体方针，实施可持续发展战略，按照走新型工业化道路的要求，以科学发展观为指导，大力发展循环经济，加快建设节约型社会，积极构建和谐甘肃。

4.重点项目

（1）金川公司炼镍闪速炉。金川公司是全国三大资源综合利用基地之一。公司采用的镍闪速熔炼炉，是目前亚洲唯一一座炼镍闪速炉，具有节能、环保和提高资源综合利用效率等优势。与传统矿热电炉相比，吨精矿能耗可降低25%，吨镍生产成本与传统工艺相比，可降低2000元左右。

（2）兰炼新型燃油添加剂代油技术。兰炼MAZ燃油清净助燃剂是在引进国外先进技术的基础上研究开发的一种具有自主知识产权的新型燃油添加剂，与普通的燃油清净剂相比，节油效率明显。

二十九、青海省

1.概况

青海省位于青藏高原东北部，与甘肃、四川、西藏、新疆四省区相邻，东西长约1200公里，南北宽800公里，面积为72万平方公里。2004年底，全省总人口538.60万。省会西宁市。

2.资源利用状况

从2002年以来，全省GDP年均增长率在12.2%以上，促进了全省经济社会的可持续发展。

(1) 水能资源

全省有270多条较大的河流，水量丰沛，理论输出在1万千瓦以上的河流就有100多条，平均径流量620多亿立方米，理论输出蕴藏量2160多万千瓦，居西北之首。尤其是黄河上游龙羊峡至寺沟峡360公里的河段，水量丰富、高山峡谷、落差集中，坝址条件十分优越，距离符合中心近，淹没损失小。造价低，水电站单位造价比全国平均水平低20%～40%，是我国水电能资源的“富矿”带。

（2）盐湖资源

柴达木盆地有30多个盐湖，已初步探明储量氯化纳3317亿吨、氯化钾7.06亿吨、镁盐59亿吨、氯化锂1809万吨、锶矿1928万吨、芒硝89亿吨，储量均居全国首位，其中氯化镁、氯化钾、氯化锂等储量占全国已探明储量的90%以上，溴储量29万吨，硼矿1573万吨，居全国第2位。

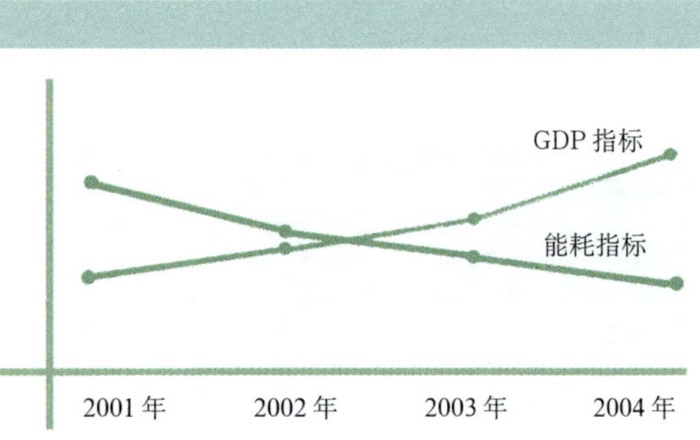

图 2.29-1　2001～2004年青海省GDP、能耗指标

（3）石油天然气资源

主要分布于柴达木盆地西部，目前共发现油田16个、气田6个。石油资源量达12亿多吨，已探明2.54亿吨；天然气资源量2937亿立方米，已探明2200亿立方米，进入全国四大气田行列。

（4）有色金属和黄金资源

储量较大的有铅169万吨，金属铜199万吨，锌218万吨。此外，镍、钴、钼、钨、锡、汞也有相当大的储量，岩金和砂金分布也十分广泛。

（5）非金属矿产资源

全省共发现非金属矿产36种，石棉、石膏、石英、石灰岩、石墨等5种矿产在全国占第一位，其中石棉保有储量占全国的63%。

（6）畜牧业资源

青海是中国五大牧区之一和重要的畜牧业生产基地，拥有3160多万公顷的可利用草场，主要类型可分为草甸草场、草原草场、沼泽草场、荒漠草场、森林草场等，适宜放牧牦牛、藏细羊、绵羊、山羊等。

（7）野生动植物资源

全省陆生脊椎动物395种；野生植物群落中已发现经济植物1000余种，药用植物680余种；野生动物中属于国家一级重点保护动物的有21种，二级重点保护动物53种，省级重点保护动物36种。

（8）旅游资源

青海名胜古迹众多，自然风光雄奇壮美，具有青藏高原特色。汉、藏、回、蒙古、土、撒拉等民族历史悠久，民俗风情别具一格，极富情趣。

(9) 太阳能资源

青海阳光灿烂，日照充足，蕴藏着极为丰富的光能资源。全省日光辐射量在6700～7330千焦／平方米。青海的柴达木地区，全年日照时数为3553.9小时，是著名的“阳光地带”，具有很高的开发价值。

柴达木盆地素有“聚宝盆”之称，是青海资源开发和推进新型工业化的重点地区。已查明有资源储量的矿种39个，产地208处，资源总储量3315亿吨，潜在经济价值15.5万亿元，占全省矿产资源潜在价值的90%以上。

柴达木地区主要经济指标完成情况　　表2.29—1

指标名称	单位	2001年	2002年	2003年	2004年
		绝对值	绝对值	绝对值	绝对值
地区生产总值	亿元	61.5	70.0	83.0	100.3
社会固定资产投资	亿元	60.2	75.0	65.4	70.3
农牧民人均纯收入	元	2050	2189	2338	2120
人均GDP增长	元	16500	18600	21000	24700

3.措施

青海省委、省政府立足青海实际，牢固树立科学发展观，坚持以保护生态环境为主线，以节约使用资源和提高利用效率为核心，以节能、节水、节材、节地、资源综合利用为重点，运用经济、法律、行政、科技和教育等多种手段，逐步建立节约型的增长方式和消费模式。

4.发展目标及展望

政府机关综合节约率达到5%；全省万元GDP能耗下降为2.78吨标准煤；万元GDP用水量下降为600立方米，工业用水重复利用率达到51.4%；工业固体废物综合利用率达到28%；全社会节约意识显著增强，建设节约型社会的保障措施和长效机制基本确立。

5.重点项目

柴达木循环经济试点地区。柴达木有丰富的盐湖、油气、煤炭、有色金属资源，潜在经济价值15.5万亿。目前，该区域内已建成一批资源开发龙头企业，现已被列为国家首批循环经济试点地区。

三十、宁夏回族自治区

1.概况

宁夏回族自治区位于中国西北部，地处黄河中上游，东邻陕西，北接内蒙古，南与甘肃相连。东西相隔50公里至200公里，南北相距456公里。总面积为6.64 万平方公里，人口587.71万，自治区首府银川市。

2.资源利用状况

宁夏是我国西部边陲重要的商品粮基地之一。有1655万亩的基本农田，人均耕地占有量高达3亩，高于全国平均水平1.41亩，盛产小麦、水稻、玉米、马铃薯等农产品。有着丰富的资源，煤炭、石膏、石灰石、白云岩、石油、天然气应有尽有，煤炭资源探明储量308亿吨，远景储量2027万吨，分别占全国第五、第六位。太西煤驰名中外，是宁夏经济腾飞的物质基础，人均自然资源潜在价值居全国第五位；以煤炭、电力为基础，石化、冶金、机械、轻纺、建材、医药为支柱的工业体系，实力雄厚，发展迅猛，2004年工业总资产超过850亿元，实现增加值186亿元，对全区经济增长贡献率达到62%。

2005年，原煤产量预计达2600万吨，发电装机容量可达525万千瓦。主导全区经济命脉的工业产业，全区万元GDP能耗由1988年的21.32吨标准煤下降到2005年的5吨标准煤，年均下降率达8.2%。二氧化硫、烟尘、粉尘排放量均维持在5%以下的较低增长水平上。

3.措施

修订完善的《工业产品取水定额》等规范性文件，严格市场准入，淘汰高耗水、高污染的设备和产品，提高技术装备水平，构建水资源循环利用体系。宁夏的节水型社会建设，将分步实现“高效、安全、可持续”三大目标，即水资源利用高效、用水与水生态环境安全、节水型社会可持续运行。试点建设阶段（2005～2009年）将重点进行节水型灌溉区、节水型城市（试点县）、节水型企业建设，改革水资源管理体制、运行机制及规章制度，远景突破（2010～2020年）将初步建设节水型社会。

制定了《节约能源条例》、《节能监察条例》、《主要工业产品能耗定额》、《建筑节能设计实施细则》、《外墙保温应用技术规程》、《禁止使用实心黏土砖的通知》，鼓励企业开发应用大功率电解槽、低频矿热炉、热计量表、智能电表、全密闭电石窑炉等新技术；严格增量控制，限制电石、铁合金、水泥行业的无序扩张；淘汰落后技术和设备，关闭小煤窑、小水泥、小造纸、小铁合金、小电石炉、小锅炉；采用节能50%的建筑标准。电解铝、硅铁、电石、化肥等产品的单位能耗低于国内平均水平，新建节能型建筑占到同期总建筑面积的30%。

出台《发展规划》，以循环经济模式作为贯穿节约与发展的红线，围绕资源的高效利用和循环利用，坚持“减量化、再利用、资源化”原则，集全区之力，聚万众之势，深入研究、科学规划、调整产业布局；大力推进技术进步，改造提升传统产业，发展高新技术产业；综合使用财政、金融和产业技术政策，推动资源综合利用，走出高投入、高增长、高消耗的发展怪圈。

4.发展目标及展望

到2020年循环经济发展总体目标为：基本形成以科技含量高、经济效益好、资源消耗低、环境污染少、人力资源得到充分发挥为特征的循环经济体系，产业结构不断优化，资源利用效率明显提高，环境质量逐步改善，可持续发展能力显著增强，成为我国循环经济发展的示范区。

宁夏工业节水正在稳步推进，计划实施一批工业节水项目和节水示

宁夏节水型社会建设试点目标　　　　表 2.30-1

	表征项	试点建设目标	远景规划目标
高效性目标	综合指标万元GDP 农业用水指标	用水量降为110立方米以下 灌溉水综合利用系数0.44	万元GDP用水量降为73立方米 灌溉水综合利用系数0.52
	工业用水指标	工业用水重复利用率提高到60% 万元工业增加值取水量降至256立方米以下	工业用水重复利用率提高到75%以上 万元工业增加值取水量降至120立方米
	生活用水效率指标 公共供水效率指标	节水器具普及率达到65% 城镇公共供水管网漏失率降为13%	节水器具普及率达到95%以上 城镇公共供水管网漏失率降为8%
	供需安全目标 饮水安全目标	多年平均来水下全区基本不缺水 75%来水下缺水率小于10% 农村人饮安全人口比例达到70%以上	多年平均来水下全区基本不缺水 75%来水下缺水率小于15% 农村人饮安全人口比例达到98%以上
	水生态环境安全目标	水功能区达标率75%以上 深层地下水漏斗面积有所减小 重点生态用水保证率75%以上	水功能区达标率95%以上 地下水水位维持在合理范围 重点生态用水保证率85%以上
安全性目标	节水目标	节水指标：引水节水14亿立方米，耗水节水4.5亿立方米	节水指标：引水节水30亿立方米，耗水节水7.8亿立方米
	体制机构目标	区、县全部成立水务局，水管体制改革初见成效建成较完备的节水管理网络，形成良性运行机制基本形成初步的水市场	形成健全高效的统一水管体制 形成完备高效节水管理网络
	制度建设目标	水管理上位制度配套率85%以上 初步形成政府调控、市场调节和公众参与的管理运行机制，形成相对完善的水市场制度体系	形成较为完备的水管理制度体系 形成与社会主义市场机制相适应的节水运行机制；形成成熟的水市场
	管理目标	用水者协会控灌率85%以上 计划用水率达到70%以上 工业新增取水市场交易率80%以上	公众广泛参与 计划用水率达到95%以上 工业新增取水市场交易率95%以上

宁夏循环经济发展目标　　　　表 2.30-2

序号	指标	规划指标值		
		2005年	2010年	2020年
1	年人均GDP收入（元／人）	8850	13200	28000
2	城镇居民年人均可支配收入（元／人）	7720	11300	20000
3	农民年人均纯收入（元／人）	2400	3300	7000
4	单位工业增加值取水量（立方米／万元）	350	256	120
5	单位GDP的COD排放强度（公斤／万元）	34.7	25.5	16.9
6	单位GDP的SO_2排放强度（公斤／万元）	43.5	31.9	21.2
7	工业固体废弃物综合利用率（%）	49	65	70
8	工业用水重复利用率（%）	45	60	75
9	化学氨肥施用量	487	450	380
10	农药施用量（折纯）（千克／公顷）	1.1	1.5	1.0
11	畜禽粪便制沼气比率（%）	2	15	30
12	秸秆综合利用率（%）	65	85	95
13	城市生活垃圾无害化处理率（%）	38	85	95

范工程，力争“十一五”期间工业取水量年均增长率控制在7%左右，到2020年，工业取水总量不超过10亿立方米。

将在“十一五”到2020年间，按照煤炭——电力——煤化工产品的循环经济思路，举全区之力，建设好宁夏的“一号工程”，再造一个能源化工基地。规划建设七个矿区和一个独立井田，煤炭生产能力2010年达到8000万吨，2020年达到1.3亿吨；建设大型坑口电站9座，装机总容量2499万千瓦，作为“西电东送”北部通道的电源点，向华北、华中和华东送电；规划建设煤炭间接液化项目（建设规模为年产820万吨，一期工程年产320万吨）、年产83万吨煤基二甲醚项目（其中一期工程年产21万吨煤基二甲醚）、年产52万吨 MTP聚丙烯项目和年产25万吨煤基甲醇项目；规划配套建设年产50万吨合成氨、88万吨尿素的大化肥项目，利用煤化工基地内空分装置产生的大量氨气和二氧化碳。届时，一大批环境友好型、资源节约型企业将在宁夏扎根、开花、结出累累硕果，成为宁夏和谐社会建设的强力支撑。

5.重点项目

（1）节水型社会建设。农业节水：严格控制灌溉面积，减少高耗水作物种植，提高渠系利用系数，建设高效节水工程；工业节水：努力将重复利用率提高到85%以上；生活节水：节水器具普及率提高到70%以上，中水利用率提高到40%以上。

（2）贺兰山风电场。今年年底装机容量将达到11万千瓦，成为国内单个装机最大的风力发电厂。计划“十一五”期间，完成装机容量50万千瓦。

三十一、新疆维吾尔自治区

1.概况

新疆维吾尔自治区地处亚欧大陆腹地，陆地边境线5600多公里，周边与俄罗斯、哈萨克斯坦、吉尔吉斯斯坦、塔吉克斯坦、巴基斯坦、蒙古、印度、阿富汗八个国家接壤。位于中国西北边陲，面积166万平方公里，占中国国土总面积的六分之一，是中国面积最大的省级行政区。截至2004年底，新疆人口为1963.11万。自治区首府乌鲁木齐市。

2.资源利用状况

新疆具有特殊的地理地貌，“三大油田”、“九大煤田”、“九大风区”蕴藏着丰富的能源资源。石油资源量达208.6亿吨，占全国石油资源总量的30%；天然气资源量10.3万亿立方米，占全国陆上天然气资源量的34%；煤炭预测储量为2.19万亿吨，约占全国的40.5%；风区面积15.5万平方公里，总蕴藏量约9100亿千瓦时，发电装机容量可达1.82亿千瓦时；年总日照时数2550～3500小时，太阳能年总辐射量5000～6600兆焦耳／平方米。新疆由此成为全国最为重要的能源基地以及本世纪全国经济发展的重要支点。

目前，新疆风电总装机容量达88.2兆瓦，建成了全国最大、亚洲第二的总装机容量87.5兆瓦的达坂城风力发电场，在风机国产化研发领域已成为全国的领军企业，光伏产业也形成一定规模，建有全国最大的150千瓦太阳能光伏电站，是全国光伏产业的排头兵，在加快建设节约型社会的进程中新疆起到了举足轻重、不可替代的作用。

(1) 风电发电装机容量

截至2004年全国共建设43个风电场，累计装机1292台，分布在省（市、区），新疆排在全国前三位。

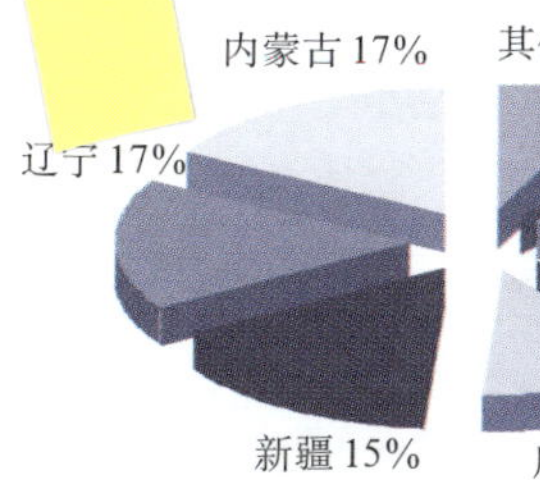
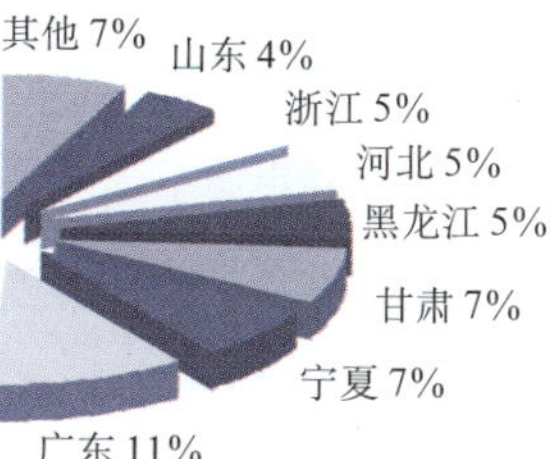

图2.31−1　2004年全国风电场分布图

2004年装机容量分布情况

表2.31−1

全国	76.44万千瓦
内蒙古	13.51万千瓦
辽宁	12.65万千瓦
新疆	11.31万千瓦
其他省份	38.97万千瓦

(2) 风电发展情况

新疆是全国建设大型风电场最早的省区之一，风电装机容量占全国总装机容量近3%，为全国之最。

截至2005年6月新疆风电场装机情况统计　　表2.31−2

序号	风电场名称	安装台数（台）	容量(千瓦)	占风电总量的比例
1	新疆天风风力发电有限公司（达坂城风电二场）	172	90300	70.7%
2	新疆风能有限责任公司（达坂城风电一场）	70	35260	27.6%
3	新疆布尔津水电公司（布尔津风电场）	7	1050	0.8%
4	新疆建设兵团农五师（阿拉山口风电场）	2	1200	0.9
	合计	251	127820	100%

新疆发展风电的优势：9大风区，资源丰富，品质良好；风机标准运行小时可以超过3000小时，居全国前列；起步早，具备人才、技术、

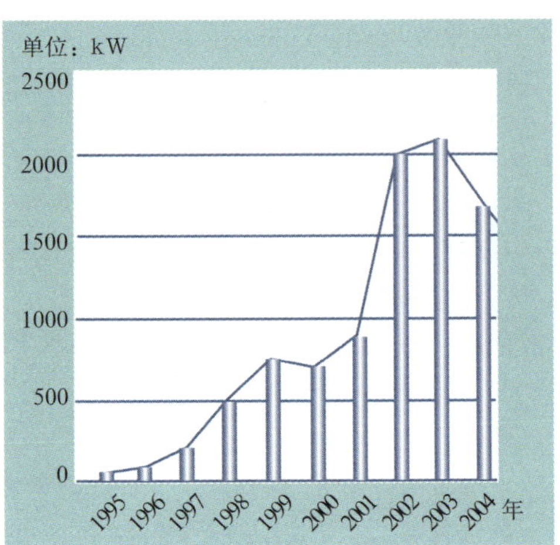

图 2.31-2　新疆太阳能光伏电源系统推广销售量情况

管理优势；风电厂地势平坦，交通便利，建设难度低；风机制造水平在全国处于领先地位。

(3) 太阳能发展情况

3.措施

改革开放以来，在党中央、国务院、国家各部门以及各兄弟省区的亲切关怀和大力支持下，新疆坚持以经济社会可持续发展为根本目标，依靠科技进步和强化管理，提高资源利用效率，建设了一批大型油气田、大型煤电基地、大电网，大中型河流的水电群和风电群，初步形成了多能互补的能源工业体系。

4.发展目标及展望

新疆“十一五”及2020年远景规划为：

风能开发利用——“十一五”期间并网发电新增装机容量17.5万千瓦，2010年再建设两座10万千瓦级风电厂，发电量4.6亿千瓦时，其中达坂城风区装机容量14.7万千瓦，发电量3.67亿千瓦时，后10年力争建成3～5座10万千瓦级风电场以及若干座小型风电场。到2020年，风电累计装机容量达114万千瓦。

太阳能开发利用——“十一五”期间建设1座功率1000千瓦并网式光伏电站，100座离网式太阳能光伏电站，功率2000千瓦；推广4万套户用光伏电源系统，功率1200千瓦，到2010年发电量639万千瓦时。

普及太阳能热水器的使用，到2010年，推广面积为5.9万平方米，节煤量达到0.9万吨标煤，2020年，推广面积为7.6万平方米，节煤量达到1.1万吨标煤。

5.重点项目

(1) 风力发电。装机总容量12.7万千瓦，年发电能力4亿千瓦时，相当于每年节约原煤16万吨，减少二氧化硫排放3000吨及二氧化碳排放30万吨。按规划，“十一五”末风力发电总装机将达30万千瓦。新疆风力发电机制造处于全国领先水平。

(2) 太阳能利用。新疆建有全国最大的150千瓦太阳能电站；同时，小太阳能电站星罗棋布。

三十二、新疆生产建设兵团

1.概况

新疆生产建设兵团(以下简称兵团)组建于1954年10月,是新疆维吾尔自治区的重要组成部分,位于中国西北部新疆维吾尔自治区境内。兵团的土地面积7.43万平方公里,占新疆总面积的4.47%,约占全国农垦总面积的1/5,是全国农垦最大的垦区之一。领导机关设在乌鲁木齐市,下辖14个生产建设师、174个农牧团场、1805个工交商建企业,分布在全疆14个地、州、市境内。经过40多年来的开发建设,兵团已建设成为一个以现代化大农业为基础,工业为主导,农林牧副渔并举,工交商建服综合经营,科教文卫体全面发展的独立的特殊组织。在国家实行计划单列,享有计划单列市的各种经济管理权限。

截至2001年年末,兵团总人口245万人,93万从业人员。拥有勘测、设计、施工一条龙的建筑、安装施工队伍,在国内外承建铁路、公路、水利水电等大型建筑工程。

2.资源利用状况

(1) 土地资源。兵团土地总面积743.31万公顷,其中耕地106.46万公顷,果园3.69万公顷,林地38.8万公顷,草原241.62万公顷,淡水面积39.1万公顷,还有宜农荒地147.93万公顷。近期可开垦的荒地有61.09万公顷,其中农一师有5.46万公顷,农二师有5.34万公顷,农三师有7.03万公顷,农四师有2.67万公顷,农五师有1.33万公顷,农六师有8.89万公顷,农七师有6.13万公顷,农八师有8.45万公顷,农九师有0.48万公顷,农十师有9.09万公顷,农十二师有0.54万公顷,农十三师有4.4万公顷,建工师有0.54万公顷,兵团外经贸局农场有0.8万公顷。这些土地资源,是兵团事业发展的可靠基地。

(2) 水利资源。据中国科学院新疆分院综合考察队等部门的调查,新疆570条河、272个泉流的地表水资源总量为年径流量884亿立方米,其中从国外流入新疆的有90.8亿立方米,从新疆流出国境的有233.18亿立方米,新疆境内的地表水资源量793.2亿立方米,南北疆基本上各占一半。新疆平原地下水资源量395亿立方米,其中北疆有167亿立方米,南疆有228亿立方米。运用开采系数计算,全疆可开采地下水252亿立方米。因此,新疆共有水资源1136亿立方米。此外,新疆地下还有长期积蓄的静储量地下水 20 万亿立方米，这相当于 20 条长江的年径流量。

兵团地表水年来水量114亿立方米，兵团垦区地下水资源量有8.56亿立方米，其中可开采量 34.03 亿立方米，现已利用 11.87 亿立方米，还可开采 22.16 亿立方米。兵团现有水库 105 座，其中大型水库 11 座，中型水库26座，小型水库68座，总库容量29.97亿立方米。有各级灌溉渠道8.89千米，已防渗渠道2.29千米。另有排水渠道3.85千米。总灌溉面积达 103.85 万公顷，有效灌溉面积达 87.06 万公顷。

(3) 生物资源。兵团生物资源非常丰富，可以分为农作物、饲养牲畜、野生植物和野生动物 4 类。

(4) 矿产资源。新疆是中国的地质博物馆，是祖国矿产资源最富集的省区之一。到1998年底，全国已发现168个矿种，新疆有138种，兵团有 80 多种。

3.措施

根据国家关于新世纪经济和社会发展的总体要求，结合兵团实际，兵团将实施结构优化、外向带动、科教兴兵团和可持续发展四大战略；重点加强基础设施、生态治理、特色和创汇农业及高新技术产业的建设；"十五"期间将实施五家渠、北屯、阿拉尔、图木舒克等四个城市的规划和建设；完成"四大工程"即400万亩节水工程、边境形象工程、"白绿红"工程(白:40万吨出口棉基地建设和30万锭棉纺锭技改；绿:以50万吨优质香梨为主的绿色食品基地建设；红:以50万吨番茄酱为主的食品工业建设)和垦区城镇化建设。力争经过几十年不懈的艰苦奋斗，把兵团建设成为中国西部地区的现代化农业、节水农业和生态农业的示范区，使兵团成为国家开发新疆和西部的重要力量。

4. 发展目标及展望

新疆生产建设兵团节水发展如图 2.32-1 所示。

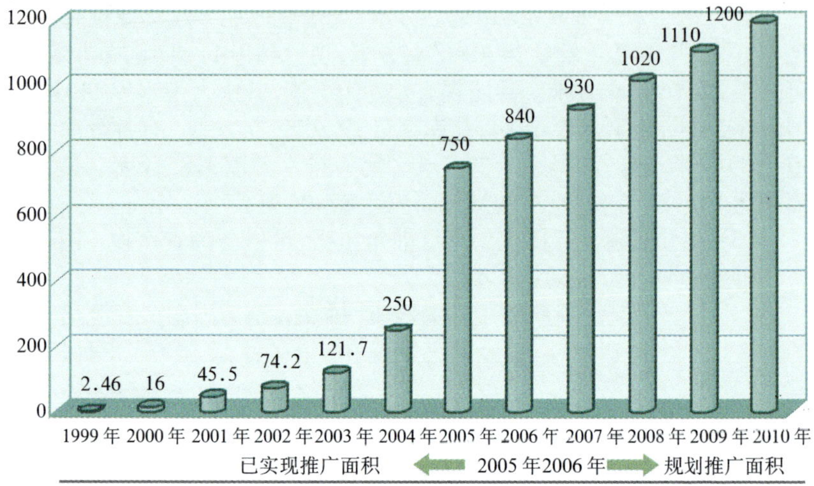

图 2.32-1　新疆生产建设兵团节水灌溉历年推广面积及发展规划

5.重点项目

膜下滴灌高效节水新技术。是利用管道系统供水，使作物主要根系区的土壤始终保持疏松和最佳含水状态，具有省水、省肥、省工、压盐及提高产量的作用，是世界上先进的节水灌溉技术。推广面积达750万亩，节水量8.8亿立方，位居全国第一。

第三章　计划单列市概况

一、大连市

1.概况

大连市地处欧亚大陆东岸，中国东北辽东半岛最南端，东濒黄海，西临渤海，南与山东半岛隔海相望，北依辽阔的东北平原。是一座三面环海的美丽城市。她是环渤海经济区的圈首，是东北亚航运、商贸、金融、资讯、旅游的中心；冬无严寒、夏无酷暑，是令人向往的避暑胜地。大连曾被联合国授予中国唯一、亚洲第二个“世界环境500佳”城市。全市总面积12574平方公里，其中老市区面积2415平方公里。2004年末常住人口601.5万。

2.资源利用状况

大连是一个资源严重匮乏的城市，大部分能源和原材料都需从外埠购进，水资源仅为全国人均水平的四分之一。

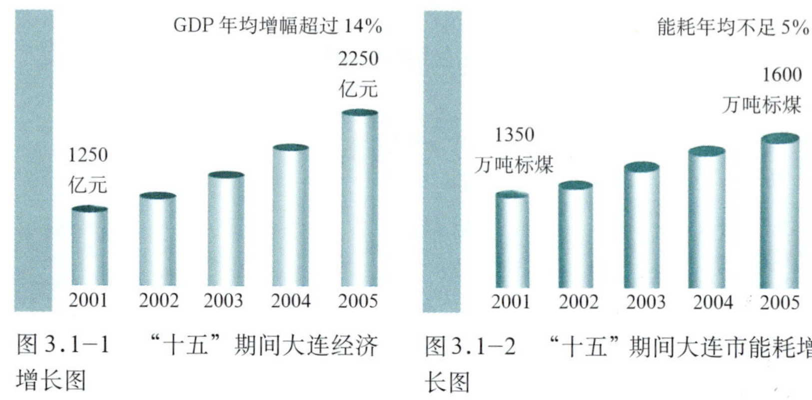

图 3.1-1　“十五”期间大连经济增长图

图 3.1-2　“十五”期间大连市能耗增长图

“九五”以来，共搬迁改造企业 197 家，关闭高耗能企业 36 家，淘汰高耗能设备 6000 余台(套)，节约能源 800 多万吨标准煤，盘活、利用闲置土地 660 万平方米，使万元产值综合能耗由 2000 年的 1.15 吨下降至 0.75 吨标准煤，实现了年经济增速超过 14%，而能源消耗年增长不足5%的成绩，被评为“2004CCTV 中国最具经济活力城市”和首批“全国文明城市”。

3.措施

大连市以提高资源利用效率为核心，以节能、节水、节材、节地、资源综合利用和发展循环经济为重点，根据中央关于实施振兴东北地区等老工业基地的战略决策，优化结构、调整产业布局，积极发展临海产业，重点培育和发展了八个高附加值、低能耗的产业集群，限制和淘汰一批产品附加值低、能耗高的企业和设备，努力打造一个中心(东北亚国际航运中心)、四个基地(石化、装备制造、船舶制造、电子信息和软件)，实施了大规模的企业搬迁改造。

4.发展目标及展望

至 2010 年：万元GDP 能耗下降 25% 以上；主要再生资源回收利用率达到 75%；建筑节能实现 65% 标准；城市生活污水处理率达到 90%；城市环境空气质量优良天数达到 360 天；创建 5 个国家级清洁生产示范基地和 20 家环境友好型企业。

5. 重点项目

（1）节能降耗措施。“九五”以来，通过搬迁改造、关闭高耗能企业，淘汰高耗能设备，节能800多万吨标准煤，万元产值能耗由2000年的1.15吨标准煤，下降至0.75吨标准煤，取得了GDP年增速14%，而能耗增长不足5%的成绩。

（2）资源循环型小区。应用太阳能热水器、热能回收利用技术、污水处理及中水回用技术，将小区资源循环利用；利用太阳能水源热泵技术，节能率达到50%以上；小区中水回用于冲厕、绿化、喷泉景观等。

二、宁波市

1.概况

宁波位于我国海岸线中段，浙江宁绍平原东端，东有舟山群岛为天然屏障，北濒杭州湾，西接绍兴市的嵊县、新昌、上虞，南临三门湾，并与台州的三门、天台相连。全市总面积9365平方公里，其中市区面积为1033平方公里。宁波有漫长的海岸线，港湾曲折，岛屿星罗棋布。全市海域总面积为9758平方公里，岸线总长为1562公里，其中大陆岸线为788公里，岛屿岸线为774公里，占全省海岸线的三分之一。2005年末全市总人口556.7万。

2.资源利用状况

“十五”以来，宁波市国民经济和社会事业持续快速发展，工业化、城市化和现代化进程不断加速。据中国社科院《2005年中国城市竞争力蓝皮书》的评估分析，宁波城市综合竞争力位居中国大陆城市第6位。宁波市所属的6个县(市)区为全国综合经济实力百强县。2004年，全市生产总值2158亿元，人均生产总值近4500美元。完成财政一般预算收

入401亿元，社会消费品零售总额595亿元，市区居民人均可支配收入15882元，农村居民人均纯收入7018元，成为全国最富裕地区之一。宁波的民营经济非常发达，经济总量已占全市的82%以上，成为宁波国民经济的主体。

宁波的一天　　表3.2-1

国内生产总值	59124万元
工业增加值	29774万元
农业增加值	3384万元
全社会固定资产投资额	30018万元
财政收入（按退税机制改革前口径计算）	10985万元
地方财政收入	4929万元
社会消费品零售总额	16319万元
外贸自营出口额	4573万美元
港口货物吞吐量	61.92万吨
集装箱吞吐量	10973标箱
全社会用电量	5999万千瓦时
其中工业用电	4666万千瓦时
接待境外旅游者人数	882人次

注：财政收入按退税机制改革前口径计算。

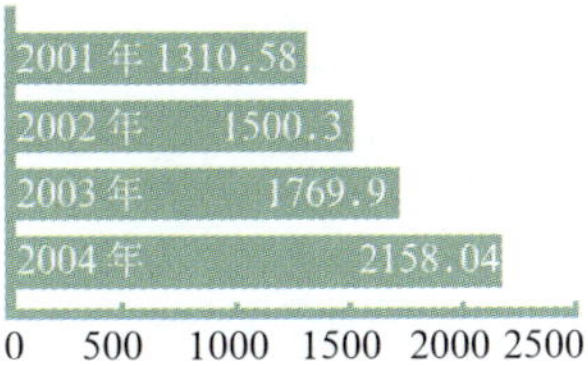

图3.2-1　2001～2004年宁波市国民生产总值(亿元)

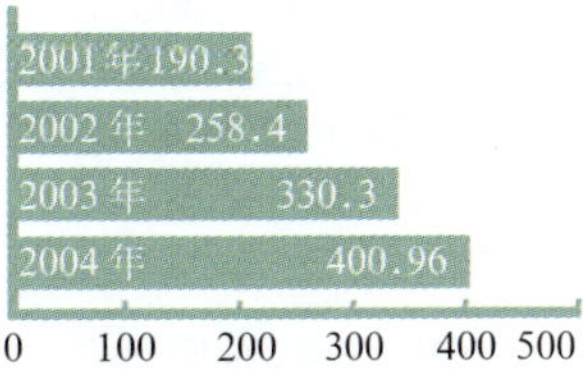

图3.2-2　2001～2004年宁波市全市财政收入(亿元)

3.发展目标及展望

“十一五”期间，宁波市将节能优先、效率为本作为能源发展规划的首要任务。坚持以科学发展观统领经济社会发展全局，不断增强全社会的资源忧患意识和环境保护意识，形成全民参与、齐抓共管的社会氛围。至2010年，实现累计节约能源370万吨标准煤，每万元生产总值综合能耗从2004年的0.85吨标准煤下降到0.71吨，新增主要耗能设备能效指标达到或接近国际先进水平。

2004年宁波市国民经济主要统计指标　　表3.2–2

指标名称	单位	2004年
年末总人口	万人	552.7
国内生产总值	亿元	2158.04
第一产业	亿元	123.50
第二产业	亿元	1230.21
第三产业	亿元	804.33
财政一般预算收入	亿元	400.96
地方财政收入	亿元	179.91
港口货物吞吐量	亿吨	2.26
集装箱吞吐量	万标箱	400.50
社会消费品零售总额	亿元	595.63
全社会固定资产投资额	亿元	1095.67
进出口总额	亿美元	261.12
出口	亿美元	166.90
合同外资金额	亿美元	41.36
实际利用外资金额	亿美元	21.03
全社会用电量	亿千瓦时	218.95
其中：工业用电量	亿千瓦时	170.31
城市居民人均可支配收入	元	15582
农村居民人均纯收入	元	7018

注：财政收入按退税机制改革前口径计算。

4.重点项目

（1）节能自愿协议。宁波市10家重点用能企业联合向同行发出节能倡议，并与政府签订自愿节能协议，承诺通过采用新技术、新工艺、新材料、新产品以及淘汰国家明令禁止生产使用的低能效、高污染的工艺、产品和设备，促进资源循环利用。

（2）节能教育从小学抓起。宁波市余姚东风小学从1991年以来，历经三任校长，始终传递着节能教育这根接力棒，参与了15个节能宣传周，自编了3套集能源知识、能源状况、节能于一体的节能教材。

三、厦门市

1.概况

厦门市地处我国东南沿海——福建省东南部、九龙江入海处，背靠漳州、泉州平原，濒临台湾海峡，面对金门诸岛，与台湾宝岛和澎湖列岛隔海相望。陆地面积1565.09平方公里，海域面积300多平方公里。是一个国际性海港风景城市。厦门岛南北长13.7公里，东西宽12.5公里，面积约128.14平方公里，是福建省第四大岛屿。2005年末全市总人口153.22万。

2.资源利用状况

厦门先后获得“国家卫生城市”、“国家园林城市”、“国家环保模范城市”、“国际花园城市”、“联合国人居奖”、首批“全国文明城市”等荣誉。在全国200个主要城市综合竞争力调查中排名第九。厦门经济总量虽小，但“单产”很高。各项主要经济指标人均值都处于国内先进水平。以较低的资源消耗支持了国民经济的较快发展。

2004年厦门市发展循环经济主要指标完成情况　　表3.3–1

序号	项　　目	单　　位	指标值
1	GDP	亿元	883.2
2	人均GDP	元/人	60175
3	城镇居民人均可支配收入	元	14443
4	单位GDP能耗	吨标煤/万元	0.65
5	单位GDP水耗	吨/万元	27.9
6	单位建成区GDP	亿元/平方公里	4.96
7	建成工业区实现产值	亿元/平方公里	42
8	万元工业产值取水量	立方米	12.6
9	工业固体废弃物处置利用率	%	89.5
10	工业用水循环利用率	%	89.98
11	工业废水排放达标率	%	96.6
12	生活垃圾无害化处理率	%	93.1
13	城市环保投资指数	%	2.4

3.重点项目

（1）百家企业节能工程。2005年厦门市推出“百家企业节能工程”，采用国际上先进的节能服务市场化运作模式——“合同能源管理”。2005年共实施35个节能技改项目，投资金额3000万元，年节电约4000万千瓦时，投资回收年限2～3年。

（2）特种废纸回收利用。陆海环保产业开发公司自行研发的含银固体废物综合开发创新技术，用于废相纸、废胶片、塑封、铝塑封等特种废纸综合处理。高纯度（纯度＞99.95%）白银回收率可达93%～95%，远高于传统焚烧法75%的回收率，同时避免焚烧造成的大气污染。

四、青岛市

1.概况

青岛市地处山东半岛南部，东、南濒临黄海，东北与烟台市毗邻，西与潍坊市相连，西南与日照市接壤。全市总面积为10654平方公里，其中市区（市南、市北、四方、李沧、崂山、城阳、黄岛七区）为1102平方公里，所辖胶州、即墨、平度、胶南、莱西五市为9552平方公里。至2004年底，全市人口731.12万。

2.资源利用状况

2000年国家环保总局授予青岛市“国家环境保护模范城市”荣誉称号；2003年被授予“国家节水型城市”；2004年被CCTV评为全国十大最具经济活力城市和企业家最满意城市；2005年青岛市被科技部确定为全国首家“国家资源节约型技术示范城市”；2005年被中央文明委命名为全国文明城市；作为2008年北京奥运伙伴城市，奥运帆船比赛项目举行地。

3.措施

青岛市以科学发展观统领全市经济社会的可持续全面发展,坚持资源节约优先原则，以建立适应全球化市场的资源节约长效机制为着眼点，从设计、创新、管理入手，全面开展资源节约、综合利用、清洁生产、循环经济等节约型社会建设工作。

4.发展目标及展望

建设节约型社会是一项长期的战略任务,青岛市将一如既往地按照党和国家的要求,认真贯彻落实党的十六大和十六届五中全会精神,以科学发展观为指导，实现经济增长方式的根本转变，以节能、节水、节材、节地、资源综合利用和发展循环经济为重点，建立健全促进节约型社会建设的体制和机制,逐步形成节约型的增长方式和消费模式,促进资源高效循环利用，实现经济社会全面协调可持续发展。

在“十一五”期间，有信心和能力以建设节约型社会为突破口，围绕全面建设小康社会的宏伟目标,积极构建和谐社会,把青岛市建设成为全国重点中心城市和世界知名特色城市。

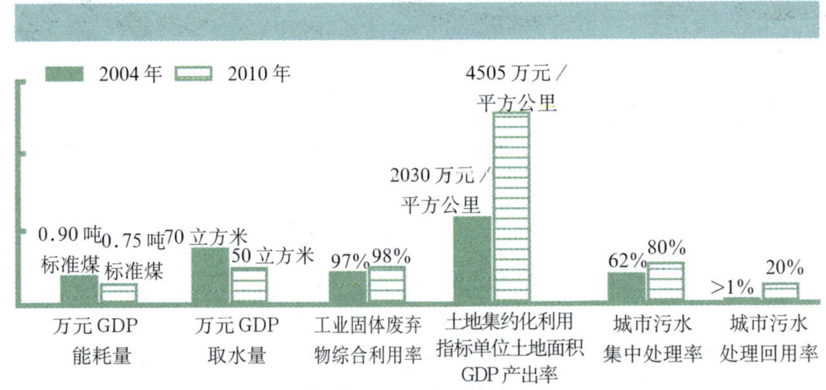

图 3.4-1　青岛市建设节约型社会 2010 年主要发展目标

5.重点项目

(1) 海水淡化项目。3000 吨／日低温多效海水淡化设备已投入使用,1万吨级反渗透法的海水淡化设备将于2005年建成投入使用。是我国目前唯一拥有完全自主知识产权的海水淡化技术。

(2) 海水源热泵技术。利用一小部分电力驱动压缩机，夏季以海水作为冷源提取海水的冷量为房间供冷，冬季以海水作为热源提取海水的热量为房间供热，一年四季可提供热水。填补了国内空白，达到了世界先进水平。

五、深圳市

1.概况

深圳市是中国南部海滨城市。位于北回归线以南，地处广东省南部，珠江口东岸，东临大亚湾和大鹏湾；西濒珠江口和伶仃洋；南边深圳河与香港相联；北部与东莞、惠州两城市接壤。总面积1969.04平方公里，2004年末常住人口597.55万。

2.资源利用状况

深圳市落实科学发展观经济社会调控制表体系（试行）

表 3.5–1

类别		指标名称[①]		单位	2004年指标值	2010年调控目标	2005–2010年均增长/下降(%)
		核心指标	细化指标				
宏观效益	1	一、人均GDP		美元/人	7161	12000	9.0
	2	工业全员劳动生产率		万元/人	12.7	≥20	8.0
	3	第三产业增加值占GDP比重		%	38.0	345	1.2(百分点)

续表

类别		指标名称①核心指标	细化指标	单位	2004年指标值	2010年调控目标	2005~2010年均增长／下降(%)
宏观效益	4	二、万元GDP能耗增幅		%	3.3	≤1	−0.4(百分点)
	5		万元工业增加值电耗	千瓦时／万元	1466	≤1350	−1.4
	6		能源结构优化率	%	29	340	1.8(百分点)
	7	三、万元GDP水耗		立方米／万元	47.2	≤37	−4.0
	8		万元工业增加值水耗	立方米／万元	26.4	≤25	−1.0
	9		人均生活用水量	升／人·天	288	≤200	−6.0
	10		城市污水处理回用率	%	0.1	≥20	3.3(百分点)
	11	四、万元GDP建设用地		平方米／万元	16.0	≤8.5	−10.0
	12		单位建设用地地方财政收入	亿元／平方公里	0.5	≥0.9	10.3
	13		单位工业用地增加值	亿元／平方公里	11.7	≥22.5	11.5
生态环境	14	五、空气污染综合指数		–	2.0	≤2.0	–
	15		空气质量优良率	%	94	≥95	–
	16	六、城市河流水质达标率		%	46.7	≥60	2.2(百分点)
	17		城市污水集中处理率	%	62.3	≥75	2.1(百分点)
	18		自来水水质国际标准达标率	%	0	≥40	6.7(百分点)
	19	七、再生资源回收利用率		%	92	≥98	1(百分点)
	20		工业固体废物综合利用率	%	91.2	≥92	–
	21		生活垃圾资源化率	%	16	≥45	4.8(百分点)
	22		生活垃圾无害化处理率	%	81	≥95	2.3(百分点)
	23	八、人均公共绿地面积		平方米／人	16	≥16	–
	24		森林覆盖率	%	47.6	≥48	–
	25	九、环保投资占GDP比重		%	2.3	≥3	0.1(百分点)
创新能力	26	十、研发支出占GDP比重		%	3.6	≥3.6	–
	27	十一、高新技术产业增加值占GDP比重		%	27.5	≥35	1.3(百分点)
	28		自主知识产权高新技术产品	%	56.7	≥65	1.4(百分点)
	29		比重万人专利申请数	件／万人	25	≥40	8.1
	30	十二、大专以上受教育人口比重		人／万人	1150	≥1500	4.5
	31		户籍适龄人口全日制高等教育毛入学率	%	41.7	≥42	–
	32	十三、财政性教育经费支出占GDP比重		%	1.83	≥4	0.4(百分点)
社会和谐	33	十四、基尼系数		–	0.34	≤0.3	–
	34		登记失业率②	%	2.49	≤3	–
	35		公共交通分担率	%	40	≥50	1.7(百分点)
	36	十五、社会保险综合参保率③		%	91	≥95	0.7(百分点)
	37		劳务工合作医疗覆盖率	%	0	≥80	13.3(百分点)
	38	十六、万人医生数		人／万人	17.4	≥25	6.2
	39		万人病床位数	张／万人	25.2	≥36	1.2
	40	十七、万人刑事案件立案数④		宗／万人	86	≤80	−1.2
	41	十八、亿元GDP安全事故死亡率⑤		人／亿元	0.34	≤0.16	−11.8

注：①所有指标均为全市统计口径；除特别标注外，人口均以市统计局常住人口为统计口径；②③因我国社会保障的特点及统计口径，登记保险综合参保率按户籍人口统计；④万人刑事案件立案数为市公安局统计口径，人口数按实际管理人口统计；⑤亿元GDP安全事故死亡率为市监局统计口径，包括工矿商贸企业安全事故、道路交通安全事故、火灾事故的死亡人数。

2002年政府机构和财政支持单位节能改造情况一览表

表 3.5–2

节能样板单位	项目	投资额(元)	节电率(%)	投资回收期(年)	年节省费用(万元)	群众满意率(%)
深圳小学	照明	177108.86	33.2	1.42	9.7	91
深圳外国语学校	照明	245245.25	41.4	1.5	14	97
深圳市孙逸仙心血管医院	照明／空调	478008.63	31.7	1.1	42	93
深圳市机关事物管理局	照明	87616.20	34	1.9	6.2	98
合计		987978.94	／	／	69.1	／

3.措施

深圳市2005计划进行节能改造的政府机构和财政支持单位明细表 表 3.5–3

序号	单位及项目名称	单位	数量
1	深圳市灯光环境管理中心节能改造工程	项	1
2	深圳市电子技术学校节能改造工程	项	1
3	深圳中学节能改造工程	项	1
4	深圳市高级中学节能改造工程	项	1
5	深圳市教育学院附属中学节能改造工程	项	1
6	深圳市妇幼保健院节能改造工程	项	1
7	深圳市实验学校节能改造工程	项	1
8	深大附中节能改造工程	项	1
9	深圳市第二人民医院节能改造工程	项	1
10	深圳市中医院节能改造工程	项	1
11	深圳市检察院节能改造工程	项	1
12	深圳市中级人民法院节能改造工程	项	1
13	深圳市综合开发研究院节能改造工程	项	1
14	市政协节能改造工程	项	1

深圳高度重视建设节约型社会工作，十分注重经济与资源、环境的全面、协调和可持续发展，并为此采取了一系列重大举措。

近年来，市人大、市政府先后颁布出台了《深圳市资源综合利用条例》、《深圳市节约用水条例》、《深圳市推动节约能源工作实施方案》、《深圳市重点用能单位限期节能降耗规定》等法规和文件。形成了较为完善、具有时效和地方特色的法规体系。2005年8月，市委、市政府印发了《深圳市落实科学发展观经济社会调控指标体系(试行)》，这是该市经济社会发展模式根本性转变的重要标志，对于指导和推进建设节约型社会、创建“和谐深圳”“效益深圳”各项工作具有重大意义。

2002年，深圳率先在全国开展了政府机构及财政支持单位节能行动。市财政投入99万元，对市机关事务管理局等4个单位实施节能改造试点，当年就节约电费70万元。今年，又对市政协等14个单位实施节能改造，预计总投资额685万元，综合节能率在20%以上，带动全社会节能工作深入发展。

深圳以节能贴息方式扶持全市节能产品和项目的发展。过去4年来，已完成贴息1044万元，带动社会资金4亿多元投入各类节能改造工程和产品开发，社会效益和经济效益均十分明显。

全面贯彻实施《深圳市节约用水条例》，使深圳市万元GDP用水量和人均用水量大幅降低，达到国内节约用水先进水平，荣获国家“节水先进城市”，1998年被建设部列为全国首批创建节水型城市试点。

深圳还利用“墙改基金”，推动新型墙材的发展。全市新型墙材的使用量占墙体面积比例已达90%以上，累计使用64.5亿标砖，累计节约土地1.1万亩，节约能源40万吨标准煤，利用工业废料90万吨，各种新型墙材的年生产能力目前已达16亿标砖。

深圳认真落实国家有关资源综合利用的税收优惠政策，到目前为止认定资源综合利用企业(项目)86家次，企业享受减免税的优惠约2.732亿元，有力地推动了我市资源综合利用工作的深入开展。目前，全市各种再生资源回收利用规模达350万吨／年，产值35亿元。

近年来，深圳注重节约型社会的宣传工作，每年都定期举办大规模的“全国节能宣传周”活动。最近两年，共举办节能、资源节约与综合利用、清洁生产等方面培训、技术研讨班67次，参加人数5000人次，并印制发放宣传资料50000份。

4.重点项目

(1) 政府机构节能。2002年，对市机关事务管理局等5个单位进行节能改造试点，当年节约电费70万元。2005年，又对市政协等14个单位进行节能改造项目公开招标，计划投资685万元，回收期1～2年，综合节能率在20%以上。

(2) 中学生节水装置专利发明。初二学生于金田同学发明的污水回收利用装置，可收集楼房上层的洗浴污水冲洗本层便池，不需要动力，每次冲洗便池用6升水，用此装置只需1升新水再加5升回收的污水即可。体现了建设节约型社会在深圳已是深入人心。

第四章　中央企业重点项目概况

一、中国船舶工业集团公司

1.液化天然气运输船舶

除我国外，只有日、韩等极少数国家能够建造。中国船舶工业集团公司所属骨干船厂和设计院所是我国研制LNG船的排头兵，技术水平世界领先。

2.中船长兴造船基地

是我国规模最大、技术最先进的造船基地，已于2005年6月3日在上海长兴岛开工建设。该基地采用当代最先进的造船工艺和生产装备，运用世界上最先进的造船技术，将成为具有国际一流水平的大型现代化造船基地。

二、中国石油天然气集团公司

1.节能替代石油

"十五"以来，中国石油较好地实现了节约潜力向节约能力的转化，取得了显著的节约降耗成效。2001～2004年累计节能482万吨标煤，节约新鲜水7亿立方米，建成年节油代油能力406万吨。

2.油气密闭处理集输系统

实现了油气密闭处理集输，减少了油气损耗，采油污水就地全部回注。

三、中国石油化工集团公司

1.炼油企业推广应用节水成套技术

通过实施该项技术，北京燕山石化公司吨油耗新鲜水已下降到0.67吨、外排污水下降到0.44吨。中国石化镇海炼化股份有限公司实现节水46%；吨油外排污水减少65%，达到国际先进水平。

2.依靠技术改造大幅降低能源消耗水平

通过实施煤或石油焦代油工程和4套化肥"煤代油"改造，可节约石油 75 万吨／年，燃料油 95 万吨／年。燕山等 5 套 80 万吨／年乙烯第二轮技术改造完成后，能耗物耗指标大幅降低，吨乙烯燃动能耗由 770 千克标油下降到 688 千克标油，乙烯综合收率提高 1.6 个百分点，达到 30.9%。

四、国家电网公司

1.特高压电网输电

750 千伏输变电示范工程是我国自主设计、自主研发、施工建设、运行管理的具有世界先进水平的输变电工程，是目前国内电压等级最高、世界上相同电压等级海拔最高的输变电工程，为我国发展特高压电网奠定了坚实基础。

2.电力需求侧管理

通过有效实施电力需求侧管理，2004 年国家电网公司系统共实现转移高峰负荷2186万千瓦，平均负荷率上升到85.72%，有效提高了电能终端使用效率。

五、中国华能集团公司

1.伊敏煤电联营项目

露天矿采出的煤炭通过输煤皮带直接送到电厂，露天煤矿疏干水通过地下管线输入电厂，经处理后作为发电循环冷却水，而电厂的灰渣通过皮带排入采空的矿坑，经覆盖采矿剥离岩土后恢复草原植被，造就优良的牧场。

2.“绿色煤电”计划

将煤气化制氢、用氢气联合循环发电和燃料电池发电，同时收集处理二氧化碳，实现包括二氧化碳在内的污染物近零排放，并且大幅提高煤炭发电效率。

六、神华集团有限责任公司

1.煤液化项目

神华煤直接液化项目总建设规模为年产油品 500 万吨，分二期建设，其中一期工程建设规模为320万吨，由三条主生产线组成。一期工程2004年8月在内蒙古自治区正式开工建设，2007年7月建成第一条生产线，2010年左右建成后两条生产线。

2.提高煤炭资源回采率

合理整合资源，实现井型大型化，并采取无盘区布置，优化工作面参数和留设煤柱尺寸，减少了采区资源损失，回采率较传统设计方案提高约10%。目前，神东煤炭分公司的资源回采率在85%以上。

七、中国第一汽车集团公司

1.节能、环保产品

红旗世纪星混合动力轿车是具有自主知识产权的混合动力轿车，产品符合环保、节能、绿色的要求，是轿车未来发展的方向。夏利N3经济型轿车，该车排量小、经济、节能，以性价比高深受国人喜爱，2005年产销超15万辆，是国内第一品牌销量最大的轿车。

2.生产经营注重资源节约

多年来一汽集团在企业内部积极开展节约能源、治理污染、推行清洁生产、优化资源配置和废物资源化，资源综合利用率达到欧洲同行业水平，能源利用效率正逐步接近世界先进水平。

八、中国第一重型机械集团公司

1.15000吨自由锻造水压机

15000吨自由锻造水压机是中国第一重型机械集团公司为满足国家需求而研制的新型万吨级水压机，与国内目前现有三台万吨压机相比，其装备能力、装机水平上了很大的台阶，是当今世界自由锻造能力最大、水平最高的万吨级压机。

2.核电装备技术

中国第一重型机械集团公司长期致力于核材料、核动力技术研制。先后为巴基斯坦恰希玛核电站Ⅰ、Ⅱ期工程，中国原子能科学研究院快中子增殖堆项目，秦山二期65万千瓦扩建工程提供了多台核电装备。目前正在开发百万千瓦级核电装置技术。

九、中国东方电气集团公司

大功率变频器。高压大功率变频器具有自主知识产权，运行安全、可靠，节能效果显著，平均节电在20%～40%。1999年以来，共生产高压大功率变频器近400套，在电力、冶金、石化等行业广泛应用，为我国工业企业及公共事业单位节能提供了装备。

十、鞍山钢铁集团公司

鞍山钢铁集团公司优化结构、大力节约降耗。全部淘汰了平炉、模铸、热烧结等落后工艺，副产煤气和余热资源回收利用，工业污水处理和“三废”资源化取得显著成效。与2000年相比吨钢可比能耗下降15%。吨钢新水耗由2000年的20.1吨，下降了35%。

十一、宝钢集团有限公司

1.宝钢能源管理系统（EMS）

实现公司能源实时监控和信息管理的中央级控制。节能和环保效益突出。实现充分利用钢厂二次能源，提高劳动生产率约8～10倍，系统经济合理运行。确保能源系统稳定运行。应用EMS后系统节能约10%。

2.水高效利用技术

宝钢通过自主开发或与科研院校合作研发了水库生态治理、循环水水质管理、废水处理等一系列技术，目前，所有生产用水采用串级使用原则，根据各点的水质要求，从管网补充新水并进行循环使用。吨钢耗水已从投产初期的9吨降到3.7吨。

十二、武汉钢铁（集团）公司

1.冷轧硅钢片

武钢冷轧硅钢片为国内独家生产，拥有自主知识产权。可广泛用于制造大中型电动机、节能变压器、发电机，以及航天科技、家电产品制造等领域。每使用1万吨冷轧硅钢片制造的电机可以节电1亿千瓦时／年，材料利用率提高15%。

2.桥梁钢

武汉钢铁（集团）公司开发的高韧性高强度耐候型系列桥梁用钢，结束了我国桥梁用钢长期依靠进口的被动局面。桥梁用钢性能达到国际先进水平，填补了国内空白。已应用于国内长江、黄河上的二十多座以及缅甸等国家的桥梁建设。

十三、中国铝业公司

1.选矿拜耳法生产氧化铝新技术

攻克了低品位铝土矿充分利用的难关，使铝硅比为5.6的贫矿经选矿后成为铝硅比为11.39的“富矿”，延长矿产资源经济服务年限3倍以上，降低生产成本10%，降低能耗50%，从而使低品位矿石的经济应用成为可能。

2.再生铝利用

公司目前在建的年产10万吨再生铝合金工程，与生产同等规模原铝相比，年可节电14亿千瓦时，节水100万吨，节约铝土矿等固体材料110万吨，节能95%左右。

十四、中国建筑工程总公司

推进建筑节能。开发和使用了先进的建筑节能技术，包括TCC建筑保温模板体系、清水饰面混凝土技术、复杂空间钢结构综合施工技术、配筋砌体结构体系、工程动态管理体系、GPS建筑测量技术等。

十五、中国节能投资公司

1.农作物秸杆直燃发电

在国产垃圾焚烧发电设备的基础上开发具有我国自有知识产权的农作物秸杆直燃发电技术。在江苏建设的两个示范项目，发电装机2.4万千瓦，年发电量1.5亿千瓦时，消耗秸秆量近20万吨（相当于10万吨标准煤）。

2.污水处理厂污泥干化焚烧发电

利用“煤助燃循环流化床”技术，对污泥实施干化后焚烧发电，不仅使污泥减量化、资源化利用，而且解决了污泥中重金属的安全处置问题。

十六、中国中煤能源集团公司

1.发展循环经济实践

用现代化焦炉炼焦，焦炉煤气回收利用并回收各类化工产品；脱硫煤气供城市居民和工业用户；发展坑口电厂，应用循环流化床锅炉技术，消化煤泥、洗中煤、矸石等洗煤副产品；电厂炉渣制造建材，煤炭资源做到“吃干榨净”。

2.煤层气开发利用

中国中煤能源集团公司与中国石油天然气集团公司均股的中联煤层气公司专门从事煤层气资源开发，自营勘探的沁水盆地煤层气开发利用项目已列入国家高技术产业化示范项目。煤层气资源的有效利用，既减少了煤炭开采中的瓦斯危害，又充分利用了资源。

十七、中国建筑材料集团公司

1.城市生活垃圾资源化和高效利用技术

利用水泥熟料烧成系统处理城市生活垃圾。每吨水泥熟料垃圾≥0.2吨、无灰渣外排，垃圾热能利用率比垃圾焚烧发电提高50%，系统电耗小于20千瓦时/吨，废气排放低于国家规定排放标准。

2.新型节能型复合墙体材料

利用粉煤灰、钢渣、尾矿、城市污泥、城市垃圾等固体废弃物制造烧结墙体材料，包括孔洞率30%～35%的承重空心砖和孔洞率60%的非承重空心砖，具有保健、生态、装饰功能的节能复合墙体围护体系，节能50%～65%。

十八、中国南方机车车辆工业集团公司

1.节能环保型高速、重载机车车辆和城轨车辆

出口伊朗电动车组；用于第五次大提速160公里/小时的东风客运内燃机车、25t客车；大功率重载货运电力机车和内燃机车；双层集装箱平车、运煤专用车、三支点通用敞车和城轨车辆等系列产品。

2. 节能环保产品

风力发电系统、燃气发动机、高压转起动装置、晶闸管控制电抗器（TCR）、晶闸管投切电容器（TSC）、有源电力滤波装置和7.5MVA高压变频器、电动汽车等。

十九、中国北方机车车辆工业集团公司

1. 打造绿色交通，发展城轨车辆

韶山7E型电力机车成为我国铁路第五次大提速的主型机车。适应铁路高速、重载需要的天梭号交流传动电力机车、时速120公里的SSJ3型交流传动货运电力机车均已研制成功。

2. 风力发电技术装备

相继开发了多型异步风力发电机，拥有自主知识产权的国内最大功率1.5兆瓦水冷式双馈风力发电机组装完成。产品已达6个品种10个规格，技术水平国内领先，市场占有率居国内同行之首。

附录一

关于组织开展循环经济试点（第一批）工作的通知

有关省、自治区、直辖市和计划单列市人民政府：

为贯彻和落实科学发展观，加快推进循环经济发展，促进经济增长方式转变，按照《国务院关于做好建设节约型社会近期重点工作的通知》、《国务院关于加快发展循环经济的若干意见》(国发[2005]21、22号)要求，国家发展改革委会同国家环保总局等有关部门和省级人民政府，在重点行业、重点领域、产业园区和省市组织开展循环经济试点工作。经报请国务院同意，现将《循环经济试点工作方案》和国家循环经济试点单位（第一批）印发你们，请参照执行并抓紧组织试点单位编制试点实施方案。

附件：一、循环经济试点工作方案

二、国家循环经济试点单位（第一批）

国家发展和改革委员会、国家环保总局、科技部、财政部、商务部、统计局

二〇〇五年十月二十七日

附件一：

循环经济试点工作方案

为贯彻和落实科学发展观，加快推进循环经济发展，促进经济增长方式转变，按照《国务院关于做好建设节约型社会近期重点工作的通知》、《国务院关于加快发展循环经济的若干意见》(国发[2005]21、22号)要求，现就组织开展循环经济试点工作提出如下方案。

一、开展试点工作的必要性

改革开放以来，我国在推动资源节约和综合利用，推行清洁生产方面，取得了积极成效。但是，传统的高消耗、高排放、低效率的粗放型经济增长方式并未根本转变，资源利用率低，环境污染重。未来15年，我国仍将处于工业化和城镇化加速发展阶段，面临的资源和环境形势更加严峻。为抓住重要战略机遇期，实现全面建设小康社会目标，必须大

力发展循环经济，按照“减量化、再利用、资源化”原则，采取各种有效措施，以尽可能少的资源消耗和尽可能小的环境代价，取得最大的经济产出和最少的废物排放，实现经济、环境和社会效益相统一，加快建设资源节约型和环境友好型社会。

推进循环经济发展是一项系统性、综合性很强的工作。近年来，我国在探索、总结循环经济发展模式方面取得了一定进展，但从整体上看，推进循环经济发展还面临思想观念、法制建设、体制机制、激励政策、技术创新等方面的诸多困难和障碍。开展循环经济试点，为全面推进循环经济发展、转变经济增长方式提供实践经验是十分必要的。

二、试点工作的指导思想和总体目标

开展循环经济试点工作，要紧紧围绕实现经济增长方式的根本性转变，以减少资源消耗、降低废物排放和提高资源生产率为目标，以技术创新和制度创新为动力，积极推进结构调整，加快技术进步，加强监督管理，完善政策措施，为建立比较完善的循环经济法律法规体系、政策支持体系、技术创新体系和有效的激励约束机制，制定循环经济发展中长期战略目标和分阶段推进计划奠定基础。

开展循环经济试点工作的总体目标是：在钢铁、有色、化工、建材等重点行业探索循环经济发展模式，树立一批循环经济的典型企业；在重点领域完善再生资源回收利用体系，建立资源循环利用机制；在开发区和产业园区试点，提出按循环经济模式规划、建设、改造产业园区的思路，形成一批循环经济产业示范园区；探索城市发展循环经济的思路，形成若干发展循环经济的示范城市。

三、试点工作的范围和重点内容

（一）重点行业

选择钢铁、有色、煤炭、电力、化工、建材、轻工等行业，依托相关企业开展循环经济试点。通过试点，提出重点行业发展循环经济的有效模式、关键技术领域、重点投资领域、评价指标体系；研究提出各行业与相关产业实现资源循环利用的产业链接模式，研究促进资源循环利用的政策措施；树立一批循环经济典型企业。试点企业资源生产率显著提高，单位产品能源、水、原材料消耗大幅度降低，废物循环利用率大幅度提高，废物产生和排放量大幅度降低。

（二）重点领域

选择再生资源回收利用体系建设、废旧金属再生利用、废旧家电回收利用、再制造等领域，依托有关地方政府和相关企业开展试点。通过试点，建立和完善再生资源回收网络，明确回收处理技术路线，提出再生资源循环利用模式，区别不同领域探索建立生产者责任制，制定法规，完善政策，建立与市场经济体制相适应的再生资源回收利用体系。

（三）产业园区

选择不同类型的工业和农业园区，充分发挥产业集聚和生态效应，围绕核心资源发展相关产业，形成资源循环利用的产业链，提高资源利用率，降低废物最终处置量。通过试点，探索在充分考虑资源条件、产业布局、市场需求以及经济和环境成本的前提下，提出按循环经济模式规划、建设和改造产业园区的思路，并对进入园区的企业提出土地、能源、水资源利用及污染物排放综合控制要求，探索园区集约用地、集中供热和废物集中处理方式。

（四）省市

选择不同类型的省市，依托有关省市政府开展试点。通过试点，提出城市循环经济发展的基本模式；建立循环经济评价指标体系；完善相关政策法规，建立有效的激励和约束机制；探索在市场经济条件下推动循环经济发展，建设资源节约型、环境友好型社会的思路和对策措施。

四、试点工作的组织领导和措施

国家发展改革委会同国家环保总局等有关部门成立循环经济试点工作领导小组，协调解决推进循环经济试点工作中的重大问题，组织、指导和推动循环经济试点工作。同时，成立循环经济试点工作专家组，为试点工作提供技术指导和支持。

有关部门将根据各自职能，从宏观层面上为试点工作创造良好的条件，包括制定促进循环经济发展的政策、规划、法规及相关标准，加大执法监督检查，支持循环经济技术开发和产业化示范及循环经济技术咨询服务体系建设，研究建立循环经济评价指标体系及相关统计制度，对试点方案中的重大项目优先安排并给予必要的资金支持。

各级政府要高度重视和组织实施循环经济试点。有关省（区、市）人民政府、发展改革委（经贸委）会同环保局等有关部门协调解决循环经济试点工作中的问题。

五、对试点工作的要求

（一）加强组织领导。各试点单位要成立循环经济试点工作领导小组和具体实施单位，明确任务，落实责任。

（二）编制实施方案。有关省（区、市）发展改革委（经贸委）会同环保局等有关部门组织试点单位编制循环经济试点工作实施方案，并于2005年12月底前报送国家发展改革委、环保总局、科技部和商务部备案。国家发展改革委将会同国家环保总局等有关部门组织召开专家论证会对试点方案进行论证。试点单位在制定试点工作方案时，要突出重点，根据资源环境条件，结合自身情况、因地制宜地提出发展循环经济的目标、任务、重点和措施。试点省市要将试点工作纳入当地经济和社会发展规划。

（三）组织实施。试点单位按照试点工作实施方案，抓紧试点工作的组织实施。地方政府及有关部门要加强对试点工作的指导，对有关问题及时研究解决。

（四）重点项目申报。试点单位按照备案的试点工作实施方案，对列入试点工作方案的重大项目要抓紧编制可行性研究报告，并组织专家论证，积极做好项目前期工作和项目的组织实施。国家对循环经济试点重大项目和技术开发项目将予以适当支持。

（五）监督检查和验收。有关省（区、市）发展改革委（经贸委）会同环保局等有关部门要建立试点工作进展情况阶段性监督检查制度，对试点工作组织阶段性评估和监督检查。要及时进行系统总结、评估和验收，采取多种方式对试点经验进行推广。

（六）加强管理。试点单位要切实加强基础工作，建立资源消耗统计和核算制度，试点企业健全资源节约管理制度，加强资源环境核算。

附件二：

国家循环经济试点单位（第一批）

一、重点行业

（一）钢铁

鞍本钢铁集团、攀枝花钢铁集团有限公司、包头钢铁集团有限公司、济南钢铁集团有限公司、莱芜钢铁集团有限公司。

（二）有色

金川集团有限公司、中国铝业公司中州分公司、江西铜业集团公司、株洲冶炼集团有限责任公司、包头铝业有限责任公司、河南省商电铝业集团公司、云南驰宏锌锗股份有限公司、安徽铜陵有色金属（集团）公司。

（三）煤炭

淮南矿业集团有限责任公司、河南平顶山煤业集团有限公司、新汶矿业集团公司、抚顺矿业集团、山西焦煤集团西山煤矿总公司。

（四）电力

天津北疆发电厂、河北西柏坡发电有限责任公司、重庆发电厂。

（五）化工

山西焦化集团有限公司、山东鲁北企业集团有限公司、四川宜宾天原化工股份有限公司、河北冀衡集团公司、湖南智成化工有限公司、贵州宏福实业有限公司、贵阳开阳磷化工集团公司、山东海化集团有限公司、新疆天业（集团）有限公司、宁夏金昱元化工集团有限公司、福建三明市环科化工橡胶有限公司、烟台万华合成革集团有限公司。

（六）建材

北京水泥厂有限责任公司、内蒙古乌兰水泥厂有限公司、吉林亚泰集团股份有限公司。

（七）轻工

河南天冠企业集团公司、贵州赤天化纸业股份有限公司、山东泉林纸业有限公司、宜宾五粮液集团有限公司、广西贵糖（集团）股份有限公司、广东省江门甘蔗化工(集团)股份有限公司。

二、重点领域

（一）再生资源回收利用体系建设

北京市朝阳区中兴再生资源回收利用公司、石家庄市物资回收总公司、吉林省吉林市再生资源集散市场、湖南汨罗再生资源集散市场、广东清远再生资源集散市场、深圳报业集团。

（二）废旧金属再生利用

天津大通铜业有限公司、上海新格有色金属有限公司、河南豫光金铅集团有限责任公司、江苏春兴合金集团有限公司、深圳东江环保公司、广东新会双水拆船钢铁有限公司。

（三）废旧家电回收利用

浙江省、青岛市、广东贵屿镇。

（四）再制造

济南复强动力有限公司、北京金运通大型轮胎翻修厂。

三、产业园区

天津经济技术开发区

苏州高新技术产业开发区

大连经济技术开发区

烟台经济技术开发区

河北省曹妃甸循环经济示范区

内蒙古蒙西高新技术工业园区

黑龙江省牡丹江经济技术开发区

上海化学工业区

江苏省张家港扬子江冶金工业园

湖北省武汉市东西湖工业园区

四川西部化工城

青海省柴达木循环经济试验区

陕西省杨凌农业高新技术产业示范区

四、省市

北京市、辽宁省、上海市、江苏省、山东省、重庆市（三峡库区）

宁波市、铜陵市、贵阳市、鹤壁市

节能中长期专项规划

前　言

节能是我国经济和社会发展的一项长远战略方针，也是当前一项极为紧迫的任务。为推动全社会开展节能降耗，缓解能源瓶颈制约，建设节能型社会，促进经济社会可持续发展，实现全面建设小康社会的宏伟目标，特制定本规划。

规划期分为“十一五”和2020年，重点规划了到2010年节能的目标和发展重点，并提出2020年的目标。

规划分五个部分：我国能源利用现状，节能工作面临的形势和任务，节能的指导思想、原则和目标，节能的重点领域和重点工程，以及保障措施。

节能专项规划是我国能源中长期发展规划的重要组成部分，也是我国中长期节能工作的指导性文件和节能项目建设的依据。

（说明：规划采用了国家统计局对2000年、2002年能源生产、消费总量及GDP能耗等相关数字的初步调整数。）

目　录

一、我国能源利用现状

（一）能源消费特点

2002年，全国一次能源消费总量15.14亿吨标准煤，比1990年增加5.27亿吨标准煤，增长53%，年均增长3.6%。其中，煤炭占66.3%，石油占23.5%，天然气占2.6%，水电、核电占7.6%。

我国能源消费呈以下主要特点：

1.能源消费以煤为主，环境问题日益突出。2002年，煤炭消费量14.2亿吨，比1990年增长34%，年均增长2.5%。近70%的原煤没有经过洗选直接燃烧，燃煤造成的二氧化硫和烟尘排放量约占排放总量的

70%～80%，二氧化硫排放形成的酸雨面积已占国土面积的三分之一；化石燃料二氧化碳排放是我国温室气体的主要来源。

2.优质能源比重上升，石油安全不容忽视。2002年，石油、天然气、水电等优质能源消费量占能源消费总量的33.7%，比1990年提高9.9个百分点，其中石油占消费总量的比重由1990年的16.6%提高到23.5%，提高 6.9个百分点。“九五”以来交通运输用油呈快速增长态势，特别是营运运输用油，年均增长速度大大高于同期国内生产总值的增长速度。我国自1993年开始成为石油净进口国以来，对外依存度逐年提高，2002年石油净进口量8130万吨，对外依存度达32.8%。

3.工业用能居高不下，结构调整任重道远。2002年，一、二、三产业和生活用能分别占能源消费总量的4.4%、69.3%、14.9%和11.4%。其中，工业用能占68.3%，自1990年以来始终保持在70%左右的水平，虽然统计口径不完全可比，但与国外能源消费构成相比，我国工业用能比重明显偏高。在推进工业化的进程中，调整经济结构的任务十分艰巨。

4.生活用能有所改善，用能水平仍然很低。2002年，城乡居民生活用电2001亿千瓦时，天然气和煤气177亿立方米，液化石油气1169万吨，占生活用能的比重分别由1990年的3.7%、1.66%、1.72%上升到14.4%、6.8%、11.8%。但用能水平仍然很低，人均生活用电量156千瓦时，仅相当于日本的7.7%，美国的4%。

(二) 能源利用情况

改革开放以来，在党中央、国务院“能源开发与节约并举，把节约放在首位”的方针指引下，各地区、各部门和各企业单位大力开展节能工作，取得明显成效。

1.能源利用效率有所提高。

单位产值能耗。按1990年不变价计算，每万元GDP能耗由1990年的5.32吨标准煤下降到2002年的2.68吨标准煤，下降50%，年均节能率为5.6%。

单位产品能耗。2000年与1990年相比，火电供电煤耗由每千瓦时427克标准煤下降到392克标准煤，吨钢可比能耗由997千克标准煤下降到784千克标准煤，水泥综合能耗由每吨201千克标准煤下降到181千克标准煤，大型合成氨（以油气为原料）综合能耗由每吨1343千克标准煤下降到1273千克标准煤。单位产品能耗与国际先进水平的差距分别缩小了6.1、37.1、18.7、3.1个百分点。

能源效率。2000年能源效率为33%，比1990年提高5个百分点。其中，能源加工、转换、贮运效率为67.8%，终端能源利用效率为49.2%。

2.节能取得明显的经济和社会效益。

按环比法计算，1991～2002年的12年间，累计节约和少用能源约7亿吨标准煤，能源消费以年均3.6%的增长速度支持了国民经济年均9.7%的增长速度。节约和少用能源相当于减少二氧化硫排放1050万吨。节能对缓解能源供需矛盾，提高经济增长质量和效益，减少环境污染，保障国民经济持续、快速、健康发展发挥了重要作用。

3.能源利用效率与国外的差距。

单位产值能耗。据有关机构研究，2000年按现行汇率计算的每百万美元国内生产总值能耗，我国为1274吨标准煤，比世界平均水平高2.4倍，比美国、欧盟、日本、印度分别高2.5倍、4.9倍、8.7倍和0.43倍。

单位产品能耗。2000年电力、钢铁、有色、石化、建材、化工、轻工、纺织8个行业主要产品单位能耗平均比国际先进水平高40%，如火电供电煤耗高22.5%，大中型钢铁企业吨钢可比能耗高21.4%，铜冶炼综合能耗高65%，水泥综合能耗高45.3%，大型合成氨综合能耗高31.2%，纸和纸板综合能耗高120%。

主要耗能设备能源效率。2000年，燃煤工业锅炉平均运行效率65%左右，比国际先进水平低15～20个百分点；中小电动机平均效率87%，风机、水泵平均设计效率75%，均比国际先进水平低5个百分点，系统运行效率低近20个百分点；机动车燃油经济性水平比欧洲低25%，比日本低20%，比美国整体水平低10%；载货汽车百吨公里油耗7.6升，比国外先进水平高1倍以上；内河运输船舶油耗比国外先进水平高10%～20%。

单位建筑面积能耗。目前我国单位建筑面积采暖能耗相当于气候条件相近发达国家的2～3倍。据专家分析，我国公共建筑和居住建筑全面执行节能50%的标准是现实可行的；与发达国家相比，即使在达到了节能50%的目标以后仍有约50%的节能潜力。

能源效率。能源效率比国际先进水平低10个百分点。如火电机组平均效率33.8%，比国际先进水平低6～7个百分点。能源利用中间环节（加工、转换和贮运）损失量大，浪费严重。

我国能源利用效率与国外的差距表明，节能潜力巨大。根据有关单位研究，按单位产品能耗和终端用能设备能耗与国际先进水平比较，目前我国的节能潜力约为3亿吨标准煤。

我国能源利用效率低下的主要原因是粗放型经济增长方式，结构不合理，技术装备落后，管理水平低。一是结构不合理。产业结构中低能耗的第三产业（产值能耗为第二产业产值能耗的43%）特别是服务业明显滞后，我国第三产业增加值占GDP的比重为33%，而世界平均水平约63%；第二产业中高能耗重化工业比重高，工业化仍以量的扩张为主，消耗高，浪费大，污染重；能源消费结构中优质能源比重低；企业规模小，产业集中度低。二是工艺技术和装备落后。重点行业落后工艺所占比重仍然较高，如大型钢铁联合企业吨钢综合能耗与小型企业相差200千克标准煤左右，火电厂30万千瓦机组与5万千瓦机组每千瓦时供电煤耗相差100克标准煤以上，大中型合成氨吨产品综合能耗与小型企业相差300千克标准煤左右。三是管理水平低，与节能密切相关的统计、计量、考核制度不完善，信息化水平低，损失浪费严重。

（三）节能工作存在的主要问题

一是对节能重要性缺乏足够的认识，节能优先的方针没有落到实处。在发展思路上存在重开发、轻节约，重速度、轻效益的倾向，把节能仅仅作为缓解能源供需矛盾的权宜之计，供应紧张时重视节能，供应缓和时放松节能，片面认为节能可以依靠市场机制来实现，对节能在转变经济增长方式、实施可持续发展战略中的重要地位以及政府在节能管理中的重要作用缺乏足够的认识，在宏观政策的各个方面节能优先的方针还没有充分体现，一些地方和行业节能管理有所削弱，节能还没有成为绝大多数企业和全体公民的自觉行动。

二是节能法律法规不完善。1998年颁布实施了《节约能源法》，但有法不依，执法不严的现象严重，配套法规不完善，操作性上有待改进。能效标准制定工作滞后，尚未颁布机动车燃油经济性标准，大部分工业用能设备（产品）没有能效标准。虽然陆续制定和颁布了各气候区建筑节能50%的设计标准，但全国城市每年新增建筑中达到节能建筑设计标准的不到5%。

三是缺乏有效的节能激励政策。国内外实践表明，节能在很多方面属于市场失灵的领域，需要政府宏观调控和引导。目前在财税政策上对节能改造、节能设备研制和应用以及节能奖励等方面，支持的力度不够，没有建立有效的节能激励机制。

四是尚未建立适应市场经济体制要求的节能新机制。在计划经济体制下形成的节能管理体系已不适应新形势的要求。国外普遍采用的综合资源规划、电力需求侧管理、合同能源管理、能效标识管理、自愿协议等节能新机制，在我国还没有广泛推行，有的还处于试点和探索阶段。供热体制改革滞后，受各种因素影响贯彻落实难度较大。

五是节能技术开发和推广应用不够。节能必须依靠技术进步，改革开放以来，我国开发、示范（引进）和推广了一大批节能新技术、新工艺和新设备，节能技术水平有了很大提高。但从总体上看，投入不足，创新能力弱，先进适用的节能技术，特别是一些有重大带动作用的共性和关键技术开发不够。同时由于缺乏鼓励节能技术推广的政策和机制，多数企业融资困难，节能技术推广应用难。

六是节能监管和服务机构能力建设滞后。目前，全国共有节能监测（技术服务）中心145个，绝大部分受政府委托开展节能执法监督和监测。但总体上看，多数节能监测（技术服务）机构能力建设滞后，监测装备落后，信息缺乏，人才短缺，整体实力不强。能源统计体系不完善、节能信息不畅，难以适应节能工作的需要。

二、节能工作面临的形势和任务

党的十六大提出，到2020年我国将实现全面建设小康社会的目标。随着人口增加、工业化和城镇化进程的加快，特别是重化工业和交通运输的快速发展，能源需求量将大幅度上升，经济发展面临的能源约束矛盾和能源使用带来的环境污染问题更加突出。

一是能源约束矛盾突出。实现GDP到2020年比2000年翻两番的目标，我国钢铁、有色金属、石化、化工、水泥等高耗能重化工业将加速发展；随着生活水平的提高，消费结构升级，汽车和家用电器大量进入家庭；城镇化进程加快，建筑和生活用能大幅度上升。如按近三年能源消费增长趋势发展，到2020年能源需求量将高达40多亿吨标准煤。如此巨大的需求，在煤炭、石油和电力供应以及能源安全等方面都会带来严重的问题。按照能源中长期发展规划，在充分考虑节能因素的情况下，到2020年能源消费总量需要30亿吨标准煤。要满足这一需求，无论是增加国内能源供应还是利用国外资源，都面临着巨大的压力。能源基础设施建设投资大、周期长，还面临水资源和交通运输制约等一系列问题。能源需求的快速增长对能源资源的可供量、承载能力，以及国家能源安全提出严峻挑战。

二是环境问题加剧。我国是少数以煤为主要能源的国家，也是世界上最大的煤炭消费国，煤烟型污染已相当严重。随着机动车的快速增长，大城市大气污染已由煤烟型污染向煤烟、机动车尾气混合型污染发展。粗放型使用能源，对环境造成了严重破坏。目前，我国年排放二氧化硫2000多万吨，酸雨面积已占国土面积的30%，大大超过环境容量。虽然到2020年我国能源结构将继续改善，煤炭消费比重将有所下降，但煤炭消费总量仍将大幅度增加，经济发展面临巨大的环境压力。

能源是战略资源，是全面建设小康社会的重要物质基础。解决能源约束问题，一方面要开源，加大国内勘探开发力度，加快工程建设，充分利用国外资源。另一方面，必须坚持节约优先，走一条跨越式节能的道路。节能是缓解能源约束矛盾的现实选择，是解决能源环境问题的根本措施，是提高经济增长质量和效益的重要途径，是增强企业竞争力的必然要求。不下大力节约能源，难以支持国民经济持续快速协调健康发展；不走跨越式节能的道路，新型工业化难以实现。必须从战略高度充分认识节能的重要性，树立忧患意识，增强危机感和责任感，大力节能降耗，提高能源利用效率，加快建设节能型社会，为保障到2020年实现全面建设小康社会目标作贡献。

三、节能的指导思想、原则和目标

（一）指导思想

认真贯彻党的十六大和十六届三中、四中全会精神，以科学发展观为指导，坚持节能优先的方针，以大幅度提高能源利用效率为核心，以转变增长方式、调整经济结构、加快技术进步为根本，以法治为保障，以提高终端用能效率为重点，健全法规，完善政策，深化改革，创新机制，强化宣传，加强管理，逐步改变生产方式和消费方式，形成企业和社会自觉节能的机制，加快建设节能型社会，以能源的有效利用促进经济社会的可持续发展。

（二）遵循原则

1.坚持把节能作为转变经济增长方式的重要内容。我国能源消耗高、浪费大的根本原因在于粗放型的增长方式。要大幅度提高能源利用效率，必须从根本上改变单纯依靠外延发展，忽视挖潜改造的粗放型发展模式，走科技含量高、经济效益好、资源消耗低、环境污染少、人力资源优势得到充分发挥的新型工业化道路，努力实现经济持续发展、社会全面进步、资源永续利用、环境不断改善和生态良性循环的协调统一。

2.坚持节能与结构调整、技术进步和加强管理相结合。通过调整产业结构、产品结构和能源消费结构，淘汰落后技术和设备，加快发展以服务业为主要代表的第三产业和以信息技术为主要代表的高新技术产业，用高新技术和先进适用技术改造传统产业，促进产业结构优化和升级，提高产业的整体技术装备水平。开发和推广应用先进高效的能源节约和替代技术、综合利用技术及新能源和可再生能源利用技术。加强管理，减少损失浪费，提高能源利用效率。

3.坚持发挥市场机制作用与政府宏观调控相结合。以市场为导向，以企业为主体，通过深化改革，创新机制，充分发挥市场配置资源的基础性作用。政府通过制定和实施法规标准，加强政策导向和信息引导，营造有利于节能的体制环境、政策环境和市场环境，建立符合市场经济体制要求的企业自觉节能的机制，推动全社会节能。

4.坚持依法管理与政策激励相结合。增量要严格市场准入，加强执法监督检查，辅以政策支持，从源头控制高耗能企业、高耗能建筑和低效设备（产品）的发展。存量要深入挖潜，在严格执法的前提下，通过政策激励和信息引导，加快结构调整和技术进步。

5.坚持突出重点、分类指导、全面推进。对年耗能万吨标准煤以上重点用能单位要严格依法管理，明确目标措施，公布能耗状况，强化监督检查；对中小企业在严格依法管理的同时，要注重政策引导和提供服务。交通节能的重点是新增机动车，要建立和实施机动车燃油经济性标准及配套政策和制度。建筑节能的重点是严格执行节能设计标准，加强政策导向。商用和民用节能的重点是提高用能设备能效标准，严格市场准入，运用市场机制，引导和鼓励用户和消费者购买节能型产品。

6.坚持全社会共同参与。节能涉及各行各业、千家万户，需要全社会共同努力，积极参与。企业和消费者是节能的主体，要改变不合理的生产方式和消费方式，依法履行节能责任；政府通过制定法规、政策和标准，引导、规范用能行为，为企业和消费者提供服务，并带头节能；中介机构要发挥政府和企业、企业和企业之间的桥梁和纽带作用。

（三）节能目标

1.宏观节能量指标：到2010年每万元GDP（1990年不变价，下同）能耗由2002年的2.68吨标准煤下降到2.25吨标准煤，2003～2010年年均节能率为2.2%，形成的节能能力为4亿吨标准煤。

2020年每万元GDP能耗下降到1.54吨标准煤，2003～2020年年均节能率为3%，形成的节能能力为14亿吨标准煤，相当于同期规划新增能源生产总量12.6亿吨标准煤的111%，相当于减少二氧化硫排放2100万吨。

2.主要产品（工作量）单位能耗指标：2010年总体达到或接近20世纪90年代初期国际先进水平，其中大中型企业达到本世纪初国际先进水平；2020年达到或接近国际先进水平（见附表1）。

主要产品单位能耗指标 **附表1**

	单位	2000年	2005年	2010年	2020年
火电供电煤耗	克标准煤／千瓦时	392	377	360	320
吨钢综合能耗	千克标准煤／吨	906	760	730	700
吨钢可比能耗	千克标准煤／吨	784	700	685	640
10种有色金属综合能耗	吨标准煤／吨	4.809	4.665	4.595	4.45
铝综合能耗	吨标准煤／吨	9.923	9.595	9.471	9.22
铜综合能耗	吨标准煤／吨	4.707	4.388	4.256	4
炼油单位能量因数能耗	千克标准油／吨	14	13	12	10
乙烯综合能耗	千克标准油／吨	848	700	650	600
大型合成氨综合能耗	千克标准煤／吨	1372	1210	1140	1000
烧碱综合能耗	千克标准煤／吨	1553	1503	1400	1300
水泥综合能耗	千克标准煤／吨	181	159	148	129
平板玻璃综合能耗	千克标准煤／重量箱	30	26	24	20
建筑陶瓷综合能耗	千克标准煤／平方米	10.04	9.9	9.2	7.2
铁路运输综合能耗	吨标准煤／百万吨换算公里	10.41	9.65	9.4	9

3．主要耗能设备能效指标：2010年新增主要耗能设备能源效率达到或接近国际先进水平，部分汽车、电动机、家用电器达到国际领先水平（见附表2）。

4．宏观管理目标：2010年初步建立与社会主义市场经济体制相适应的比较完善的节能法规标准体系、政策支持体系、监督管理体系、技术服务体系。

主要耗能设备能效指标 **附表2**

	单位	2000年	2010年
燃煤工业锅炉（运行）	%	65	70～80
中小电动机（设计）	%	87	90～92
风机（设计）	%	75	80～85
泵（设计）	%	75～80	83～87
气体压缩机（设计）	%	75	80～84
汽车（乘用车）平均油耗	升／百公里	9.5	8.2～6.7
房间空调器（能效比）		2.4	3.2～4
电冰箱（能效指数）	%	80	62～50
家用燃气灶（热效率）	%	55	60～65
家用燃气热水器（热效率）	%	80	90～95

四、节能的重点领域和重点工程

(一) 重点领域

1.重点工业。

电力工业。大力发展60万千瓦及以上超（超）临界机组、大型联合循环机组；采用高效、洁净发电技术，改造在运火电机组，提高机组发电效率；实施“以大代小”、“上大压小”和小机组淘汰退役，提高单机容量；发展热电联产、热电冷联产和热电煤气多联供；推进跨大区联网，实施电网经济运行技术；采用先进的输、变、配电技术和设备，逐步淘汰能耗高的老旧设备，降低输、变、配电损耗；采用天然气发电机组替代燃油小机组；优化电源布局，适当发展以天然气、煤层气和其他工业废气为燃料的小型分散电源，加强电力安全；减少电厂自用电。

钢铁工业。加快淘汰落后工艺和设备，提高新建、改扩建工程的能耗准入标准。实现技术装备大型化、生产流程连续化、紧凑化、高效化，最大限度综合利用各种能源和资源。大型钢铁企业焦炉要建设干熄焦装置，大型高炉配套炉顶压差发电装置（TRT）；炼钢系统采用全连铸、溅渣护炉等技术；轧钢系统进一步实现连轧化，大力推进连铸坯一火成材和热装热送工艺，采用蓄热式燃烧技术；充分利用高炉煤气、焦炉煤气和转炉煤气等可燃气体和各类蒸汽，以自备电站为主要集成手段，推动钢铁企业节能降耗。

有色金属工业。矿山重点采用大型、高效节能设备，提高采矿、选矿效率；铜熔炼采用先进的富氧闪速及富氧熔池熔炼工艺，替代反射炉、鼓风炉和电炉等传统工艺，提高熔炼强度；氧化铝发展选矿拜耳法等技术，逐步淘汰直接加热熔出技术；电解铝生产采用大型预焙电解槽，限期淘汰自焙电解槽，逐步淘汰小预焙槽；铅熔炼生产采用氧气底吹炼铅新工艺及其它氧气直接炼铅技术，改造烧结鼓风炉工艺，淘汰土法炼铅；锌冶炼生产发展新型湿法工艺，淘汰土法炼锌。

石油石化工业。油气开采应用采油系统优化配置技术，稠油热采配套节能技术，注水系统优化运行技术，油气密闭集输综合节能技术，放空天然气回收利用技术。石油炼制提高装置开工负荷和换热效率，优化操作，降低加工损失。乙烯生产优化原料结构，采用先进技术改造乙烯裂解炉，优化急冷系统操作，加强装置管理，降低非生产过程能耗。以洁净煤、天然气和高硫石油焦替代燃料油（轻油），推广应用循环流化床锅炉技术和石油焦气化燃烧技术，采用能量系统优化、重油乳化、高效燃烧器及吸收式热泵技术回收余热和地热。

化学工业。大型合成氨装置采用先进节能工艺、新型催化剂和高效节能设备，提高转化效率，加强余热回收利用；以天然气为原料的合成氨推广一段炉烟气余热回收技术，并改造蒸汽系统；以石油为原料的合成氨加快以洁净煤或天然气替代原料油改造；中小型合成氨采用节能设备和变压吸附回收技术，降低能源消耗。煤造气采用水煤浆或先进粉煤气化技术替代传统的固定床造气技术。烧碱生产逐步淘汰石墨阳极隔膜法烧碱，提高离子膜法烧碱比重。纯碱生产淘汰高耗能设备、采用设备大型化、自动化等措施。

建材工业。水泥行业发展新型干法窑外分解技术，提高新型干法水泥熟料比重，积极推广节能粉磨设备和水泥窑余热发电技术，对现有大中型回转窑、磨机、烘干机进行节能改造，逐步淘汰机立窑、湿法窑、干法中空窑及其他落后的水泥生产工艺。玻璃行业发展先进的浮法工艺，淘汰落后的垂直引上和平拉工艺，推广炉窑全保温技术、富氧和全氧燃烧技术等。建筑陶瓷行业淘汰倒焰窑、推板窑、多孔窑等落后窑型，推广辊道窑技术，改善燃烧系统；卫生陶瓷生产改变燃料结构，采用洁净气体燃料无匣钵烧成工艺。积极推广应用新型墙体材料以及优质环保节能的绝热隔音材料、防水材料和密封材料，提高高性能混凝土的应用比重。

煤炭工业。逐步淘汰技术落后、效率低、浪费资源严重和污染环境的小煤矿，建设大型现代化煤矿，实现高效高产。采用新型高效通风机、节能排水泵，对设备及系统进行节能改造，完善煤炭综合加工体系，提高煤炭利用效率。

机械工业。淘汰落后的高能耗机电产品，发展变频电机、稀土永磁电机等高效节能机电产品，促进风机、水泵等通用机电产品提高用能效率，提高节能型机电产品设计制造水平和加工能力。

2.交通运输。

公路运输。加速淘汰高耗能的老旧汽车；加快发展柴油车、大吨位车和专业车；推广厢式货车，发展集装箱等专业运输车辆；改善道路质量；加快运输企业集约化进程，优化运输组织结构；减少单车单放空驶现象，提高运输效率等。

新增机动车。未来用油增长最快的是机动车。根据美国、日本、欧洲等国家的经验，机动车节油最经济有效的措施就是制定和实施机动车燃油经济性标准并实施车辆燃油税等相关制度，促进汽车制造企业改进技术，降低油耗，提高燃油经济性，引导消费者购买低油耗汽车。

城市交通。合理规划交通运输发展模式，加快发展轨道交通等公共交通，提高综合交通运输系统效率。在大城市建立以道路交通为主，轨道交通为辅，私人机动交通为补充，合理发展自行车交通的城市交通模式；中小城市主要以道路公共交通和私人交通为主要发展方向。

铁路运输。加快发展电气化铁路，实现铁路运输以电代油；开发交—直—交高效电力机车；推广电气化铁路牵引功率因数补偿技术和其他节电措施，提高用电效率。内燃机车采用高效柴油添加剂和各种节油技术和装置；严格机车用油收、发计算机集中管理；发展机车向客车供电技术，推广使用客车电源，逐步减少和取消柴油发电车，加强运输组织管理，优化机车操纵，降低铁路运输燃油消耗。

航空运输。采用节油机型（不同机型单耗在0.2～1.4千克／吨公里的范围）加强管理，提高载运率、客座率和运输周转能力，提高燃油效率，降低油耗。

水上运输。通过制定船舶技术标准，加速淘汰老旧船舶；采用新船型和先进动力系统；发展大宗散货专业化运输和多式联运等现代运输组织方式；优化船舶运力结构，提高船舶平均载重吨位等。

农业、渔业机械。淘汰落后农业机械；采用先进柴油机节油技术，降低柴油机燃油消耗；推广少耕免耕法、联合作业等先进的机械化农艺技术；在固定作业场地更多地使用电动机；开发水能、风能、太阳能等可再生能源在农业机械上的应用。通过淘汰落后渔船，提高利用效率，降低渔业油耗。

3.建筑、商用和民用。

建筑物。“十一五”期间，新建建筑严格实施节能50%的设计标准，其中北京、天津等少数大城市率先实施节能65%的标准。供热体制改革全面展开，居住及公共建筑集中采暖按热表计量收费在各大中城市普遍推行，在小城市试点。结合城市改建，开展既有居住和公共建筑节能改造，大城市完成改造面积25%，中等城市达到15%，小城市达到10%。鼓励采用蓄冷、蓄热空调及冷热电联供技术，中央空调系统采用风机水泵变频调速技术，节能门窗、新型墙体材料等。加快太阳能、地热等可再生能源在建筑物中的利用。

家用及办公电器。推广高效节能电冰箱、空调器、电视机、洗衣机、电脑等家用及办公电器，降低待机能耗，实施能效标准和标识，规范节能产品市场。

照明器具。推广稀土节能灯等高效荧光灯类产品、高强度气体放电灯及电子镇流器，减少普通白炽灯使用比例，逐步淘汰高压汞灯，实施照明产品能效标准，提高高效节能荧光灯使用比例。

(二) 重点工程

燃煤工业锅炉（窑炉）改造工程。我国在用中小锅炉约50万台，平均单台容量只有2.5吨／小时，设计效率为72%～80%，实际运行效率65%左右，其中90%为燃煤锅炉，年消耗煤炭3.5亿～4亿吨，节煤潜力约7000万吨。“十一五”期间通过实施以燃用优质煤、筛选块煤、固硫型煤和采用循环流化床、粉煤燃烧等先进技术改造或替代现有中小燃煤锅炉（窑炉），建立科学的管理和运行机制，燃煤工业锅炉效率提高5个百分点，节煤2500万吨，燃煤窑炉效率提高2个百分点，节煤1000万吨。

区域热电联产工程。热电联产与热、电分产相比，热效率提高30%，集中供热比分散小锅炉供热效率高50%。“十一五”期间重点在以采暖热负荷为主，且热负荷比较集中或发展潜力较大的地区，建设30万千瓦等级高效环保热电联产机组；在工业热负荷为主的地区，因地制宜建设以热力为主的背压机组；在以采暖供热需求为主，且热负荷较小的地区，先发展集中供热，待具备条件后再发展热电联产；在中小城市建设以循环流化床为主要技术的热电煤气三联供，以洁净能源作燃料的分布式热电联产和热电冷联供，将现有分散式供热燃煤小锅炉改造为集中供热。到2010年城市集中供热普及率由2002年的27%提高到40%，新增供暖热电联产机组4000万千瓦，年节能3500万吨标准煤。

余热余压利用工程。“十一五”期间在钢铁联合企业实施干法熄焦、高炉炉顶压差发电、全高炉煤气发电改造以及转炉煤气回收利用，形成年节能266万吨标准煤；在日产2000吨以上水泥生产线建设中低温余热发电装置每年30套，形成年节能300万吨标准煤；通过地面煤层气开发及地面采空区、废弃矿井和井下瓦斯抽放，瓦斯气年利用量达到10亿立方米，相当于年节约135万吨标准煤。

节约和替代石油工程。“十一五”期间电力、石油石化、冶金、建材、化工和交通运输行业通过实施以洁净煤、石油焦、天然气替代燃料油（轻油），加快西电东送，替代燃油小机组；实施机动车燃油经济性标准及相配套政策和制度，采取各种措施节约石油；实施清洁汽车行动计划，发展混合动力汽车，在城市公交客车、出租车等推广燃气汽车，加快醇类燃料推广和煤炭液化工程实施进度，发展替代燃料，可节约和替代石油3800万吨。

电机系统节能工程。目前，我国各类电动机总容量约4.2亿千瓦，实际运行效率比国外低10～30个百分点，用电量约占全国用电量的60%。“十一五”期间重点推广高效节能电动机、稀土永磁电动机；在煤炭、电力、有色、石化等行业实施高效节能风机、水泵、压缩机系统优化改造，推广变频调速、自动化系统控制技术，使运行效率提高2个百分点，年节电200亿千瓦时。

能量系统优化工程。在重点耗能行业推行能量系统优化，即通过系统优化设计、技术改造和改善管理，实现能源系统效率达到同行业最高或接近世界先进水平。“十一五”期间重点在冶金、石化、化工等行业组织实施，降低企业综合能耗，提高市场竞争力。

建筑节能工程。“十一五”期间住宅建筑和公共建筑严格执行节能50%的标准，加快供热体制改革，加大建筑节能技术和产品的推广力度等，可分别节能5000万吨标准煤。与此同时，开展北方采暖地区既有建筑节能改造，加大既有宾馆、饭店的综合节能改造。

绿色照明工程。照明用电约占全国用电量的13%，高效节能荧光灯与普通白炽灯之比为1：2.6，用高效节能荧光灯替代白炽灯可节电70%～80%，用电子镇流器替代传统电感镇流器可节电20%～30%，交通信号灯由发光二极管（LED）替代白炽灯，可节电90%。“十一五”期间重点是在公用设施、宾馆、商厦、写字楼、体育场馆、居民中推广高效节电照明系统、稀土三基色荧光灯，对高效照明电器产品生产装配线进行自动化改造，可节电290亿千瓦时。

政府机构节能工程。政府机构（包括国防、教育、公共服务等公共财政支持的部门）能源消费增长快，能源费用开支较大。开展政府机构节能，不仅可以降低政府机构能耗，节约行政支出，而且通过政府自身带头节能，推进全社会节能工作的开展。“十一五”期间重点是政府机构建筑物及采暖、空调、照明系统节能改造，按照建筑节能标准改造的政府机构建筑面积达到政府机构建筑总面积的20%；推广使用高效节能产品，将节能产品纳入政府采购目录；实施公务车改革，带头采购低油耗汽车；中央国家机关率先试点，2010年中央国家机关单位建筑面积能耗和人均能耗在2002年基础上降低10%。

节能监测和技术服务体系建设工程。“十一五”期间通过更新监测设备、加强人员培训、推行合同能源管理等市场化服务新机制等措施，强化省级和主要耗能行业节能监测中心能力建设，依法开展节能执法和监测（监察）；省级和主要耗能行业节能技术服务中心具备为企业、机关和学校等提供节能诊断、设计、融资、改造、运行、管理“一条龙”服务的能力。

通过实施上述十项重点节能工程，“十一五”可实现节能2.4亿吨标准煤（含增量部分），经济和环境效益显著。

五、保障措施

(一) 坚持和实施节能优先的方针

从国情出发，树立和落实以人为本、全面协调可持续的科学发展观，从战略和全局高度充分认识能源对经济和社会发展的支撑作用和约束作用，节能对缓解能源约束矛盾、保障国家能源安全、提高经济增长质量和效益、保护环境的重要意义，把节能作为能源发展战略和实施可持续发展战略的重要组成部分，无论生产建设还是消费领域，都要把节能放在突出位置，长期坚持和实施节能优先的方针，推动全社会节能。

节能优先要体现在制定和实施发展战略、发展规划、产业政策、投资管理以及财政、税收、金融和价格等政策中。编制专项规划要把节能作为重要内容加以体现，各地区都要结合本地区实际制定节能中长期规划；建设项目的项目建议书、可行性研究报告应强化节能篇的论证和评估；要在推进结构调整和技术进步中体现节能优先；要在国家财政、税收、金融和价格政策中支持节能。

(二) 制定和实施统一协调促进节能的能源和环境政策

为确保经济增长、能源安全和可持续发展，促进能源高效利用，需要建立基于我国资源特点、统筹规划、协调一致的能源和环境政策。

1.煤炭应主要用于发电。煤炭在大型燃煤发电机组上使用，同时配套安装烟气脱硫装置等，一方面能够大幅度提高煤炭利用效率，减少原煤消耗，另一方面集中解决二氧化硫等污染问题，做到高效、清洁利用煤炭，是最经济有效解决能源环境问题的办法。应提高我国煤炭用于发电的比重，终端用户更多地使用优质电能，鼓励企业和居民合理用电，提高电力占终端能源消费的比例。

2.石油应主要用于交通运输、化工原料和现阶段无法替代的用油领域。对目前燃料用油领域要区别不同情况，因地制宜，鼓励用洁净煤、天然气和石油焦来替代。对烧低硫油的燃油锅炉实施洁净煤替代改造，能够实现达标排放的企业，应合理调整污染物排放总量控制指标。统一规划交通运输发展模式，制定符合我国国情的交通运输发展整体规划。特大城市要加快城市轨道交通建设，形成立体城市交通系统，大力发展城市公共交通系统，提高公共交通效率，抑制私人机动交通工具对城市交通资源的过度使用。

3.城市大气污染治理应以改造后达标排放和污染物总量控制为原则，城市燃料构成要从实际出发，不宜硬性规定燃煤锅炉必须改燃油锅炉，以控制和减少盲目“弃煤改油”带来燃料油需求量的增加。对中小型燃煤锅炉，在有天然气资源的地区应鼓励使用天然气进行替代；在无天然气或天然气资源不足的地区，应鼓励优先使用优质洗选加工煤或其他优质能源，并采用先进的节能环保型锅炉，减少燃煤污染。

（三）制定和实施促进结构调整的产业政策

加快调整产业结构、产品结构和能源消费结构，是建立节能型工业、节能型社会的重要途径。研究制定促进服务业发展的政策措施，发挥服务业引导资金的作用，从体制、政策、机制、投入等方面采取有力措施，加快发展低能耗、高附加值的第三产业，重点发展劳动密集型服务业和现代服务业，扭转服务业发展长期滞后局面，提高第三产业在国民经济中的比重。

加快制定《产业结构调整指导目录》，鼓励发展高新技术产业，优先发展对经济增长有重大带动作用的低能耗的信息产业，不断提高高新技术产业在国民经济中的比重。鼓励运用高新技术和先进适用技术改造和提升传统产业，促进产业结构优化和升级。国家对落后的耗能过高的用能产品、设备实行淘汰制度，节能主管部门要定期公布淘汰的耗能过高的用能产品、设备的目录，并加大监督检查的力度。达不到强制性能效标准的耗能产品或建筑，不能出厂销售或不准开工建设，对生产、销售和使用国家淘汰的耗能过高的用能产品、设备的，要加大惩罚力度。制定钢铁、有色、水泥等高耗能行业发展规划、政策，提高行业准入标准。制定限制用能的领域以及国内紧缺资源及高耗能产品出口的政策。严禁新建、扩建常规燃油发电机组；在区域供电平衡、能够满足用电需求的情况下，限制柴油发电和燃油的燃气轮机的使用和建设。

（四）制定和实施强化节能的激励政策

制定《节能设备（产品）目录》，重点是终端用能设备，包括高效电动机、风机、水泵、变压器、家用电器、照明产品及建筑节能产品等，对生产或使用《目录》所列节能产品实行鼓励政策；将节能产品纳入政府采购目录。

国家对一些重大节能工程项目和重大节能技术开发、示范项目给予投资和资金补助或贷款贴息支持。政府节能管理、政府机构节能改造等所需费用，纳入同级财政预算。

深化能源价格改革，逐步理顺不同能源品种的价格，形成有利于节能、提高能效的价格激励机制。建立和完善峰谷、丰枯电价和可中断电价补偿制度，对国家淘汰和限制类项目及高耗能企业按国家产业政策实行差别电价，抑制高耗能行业盲目发展，引导用户合理用电，节约用电。

研究鼓励发展节能车型和加快淘汰高油耗车辆的财政税收政策，择机实施燃油税改革方案。取消一切不合理的限制低油耗、小排量、低排放汽车使用和运营的规定。研究鼓励混合动力汽车、纯电动汽车的生产和消费政策。

（五）加大依法实施节能管理的力度

加快建立和完善以《节约能源法》为核心，配套法规、标准相协调的节能法律法规体系，依法强化监督管理。一是研究完善节约能源的相关法律，抓紧制定《节约用电管理办法》、《节约石油管理办法》、《能源效率标识管理办法》、《建筑节能管理办法》等配套法规、规章。二是制定和实施强制性、超前性能效标准。包括主要工业耗能设备、家用电器、照明器具、机动车等能效标准。组织修订和完善主要耗能行业节能设计规范、建筑节能标准，加快制定建筑物制冷、采暖温度控制标准等。当前重点是加快制定机动车燃油经济性限值标准，从 2005 年 7 月 1 日起分阶段实施，同时建立和实施机动车燃油经济性申报、标识、公布三项制度。三是建立和完善节能监督机制。组织对钢铁、有色、建材、化工、石化等高耗能行业用能情况、节能管理情况的监督检查；对产品能效标准、建筑节能设计标准、行业设计规范执行情况的监督检查；对固定资产投资项目可行性研究报告增列节能篇（章）的规定进行监督检查。健全依法淘汰的制度，采取强制性措施，依法淘汰落后的耗能过高的用能产品、设备。充分发挥建设、工商、质检等部门及各地节能监测（监察）机构的作用，从各环节加大监督执法力度。

（六）加快节能技术开发、示范和推广

组织对共性、关键和前沿节能技术的科研开发，实施重大节能示范工程，促进节能技术产业化。建立以企业为主体的节能技术创新体系，加快科技成果的转化。引进国外先进的节能技术，并消化吸收。组织先进、成熟节能新技术、新工艺、新设备和新材料的推广应用，同时组织开展原材料、水等载能体的节约和替代技术的开发和推广应用。重点推广列入《节能设备（产品）目录》的终端用能设备（产品）。

国家制定节能技术开发、示范和推广计划，明确阶段目标、重点支持政策，分步组织实施。国家修订颁布《中国节能技术政策大纲》，引导企业有重点地开发和应用先进的节能技术，引导企业和金融机构投资方向。在国家中长期科学技术发展规划、国家高技术产业发展项目计划等各类国家科技计划以及地方相应的计划中，加大对重大节能技术开发和产业化的支持力度。

建立节能共性技术和通用设备科研基地（平台）。鼓励依托科研单位和企业、个人，开发先进节能技术和高效节能设备。引入竞争机制，实行市场化运作，国家对高投入、高风险的项目给予经费支持。

地方各级人民政府要采取积极措施，加大资金投入，加强节能技术开发、示范和推广应用。

（七）推行以市场机制为基础的节能新机制

一是建立节能信息发布制度，利用现代信息传播技术，及时发布国内外各类能耗信息、先进的节能新技术、新工艺、新设备及先进的管理经验，引导企业挖潜改造，提高能效。二是推行综合资源规划和电力需求侧管理，将节约量作为资源纳入总体规划，引导资源合理配置。采取有效措施，提高终端用电效率、优化用电方式，节约电力。三是大力推动节能产品认证和能效标识管理制度的实施，运用市场机制，引导用户和消费者购买节能型产品。四是推行合同能源管理，克服节能新技术推广的市场障碍，促进节能产业化，为企业实施节能改造提供诊断、设计、融资、改造、运行、管理一条龙服务。五是建立节能投资担保机制，促进节能技术服务体系的发展。六是推行节能自愿协议，即耗能用户或行业协会与政府签订节能自愿协议。

（八）加强重点用能单位节能管理

落实《重点用能单位节能管理办法》和《节约用电管理办法》，加强对年耗能一万吨标准煤以上重点用能单位的节能管理和监督。组织对重点用能单位能源利用状况的监督检查和主要耗能设备、工艺系统的检测，定期公布重点用能单位名单、重点用能单位能源利用状况及与国内外同类企业先进水平的比较情况，做好对重点用能单位节能管理人员的培训。重点用能单位应设立能源管理岗位，聘用符合条件的能源管理人员，加强对本单位能源利用状况的监督检查，建立节能工作责任制，健全能源计量管理、能源统计和能源利用状况分析制度，促进企业节能降耗上水平。

（九）强化节能宣传、教育和培训

广泛、深入、持久地开展节能宣传，不断提高全民资源忧患意识和节约意识。将节能纳入中小学教育、高等教育、职业教育和技术培训体系。新闻出版、广播影视、文化等部门和有关社会团体，要充分发挥各自优势，搞好节能宣传，形成强大的宣传声势，曝光那些严重浪费资源、污染环境的企业和现象，宣传节能的典型。节能要从小学生抓起，各级教育主管部门要组织中小学开展节能宣传和实践活动。各级政府有关部门和企业，要组织开展经常性的节能宣传、技术和典型交流，组织节能管理和技术人员的培训。在每年夏季用电高峰，组织开展全国节能宣传周活动，通过形式多样的宣传教育活动，动员社会各界广泛参与，使节能成为全体公民的自觉行动。

（十）加强组织领导，推动规划实施

节能是一项系统工程，需要有关部门的协调配合、共同推动。各地区、有关部门及企事业单位要加强对节能工作的领导，明确专门的机构、人员和经费，制定规划，组织实施。行业协会要积极发挥桥梁纽带作用，加强行业节能自律。

政府机构要带头节能，实施政府机构能耗定额和支出标准，建立和完善节能规章制度，推行政府节能采购，改革公务车制度，努力降低能源费用支出，发挥政府节能表率作用。

中华人民共和国可再生能源法

第一章 总则

第一条 为了促进可再生能源的开发利用，增加能源供应，改善能源结构，保障能源安全，保护环境，实现经济社会的可持续发展，制定本法。

第二条 本法所称可再生能源，是指风能、太阳能、水能、生物质能、地热能、海洋能等非化石能源。

水力发电对本法的适用，由国务院能源主管部门规定，报国务院批准。

通过低效率炉灶直接燃烧方式利用秸秆、薪柴、粪便等，不适用本法。

第三条 本法适用于中华人民共和国领域和管辖的其他海域。

第四条 国家将可再生能源的开发利用列为能源发展的优先领域，通过制定可再生能源开发利用总量目标和采取相应措施，推动可再生能源市场的建立和发展。

国家鼓励各种所有制经济主体参与可再生能源的开发利用，依法保护可再生能源开发利用者的合法权益。

第五条 国务院能源主管部门对全国可再生能源的开发利用实施统一管理。国务院有关部门在各自的职责范围内负责有关的可再生能源开发利用管理工作。

县级以上地方人民政府管理能源工作的部门负责本行政区域内可再生能源开发利用的管理工作。县级以上地方人民政府有关部门在各自的职责范围内负责有关的可再生能源开发利用管理工作。

第二章 资源调查与发展规划

第六条 国务院能源主管部门负责组织和协调全国可再生能源资源的调查，并会同国务院有关部门组织制定资源调查的技术规范。

国务院有关部门在各自的职责范围内负责相关可再生能源资源的调查，调查结果报国务院能源主管部门汇总。

可再生能源资源的调查结果应当公布；但是，国家规定需要保密的内容除外。

第七条 国务院能源主管部门根据全国能源需求与可再生能源资源实际状况，制定全国可再生能源开发利用中长期总量目标，报国务院批准后执行，并予公布。

国务院能源主管部门根据前款规定的总量目标和省、自治区、直辖市经济发展与可再生能源资源实际状况，会同省、自治区、直辖市人民政府确定各行政区域可再生能源开发利用中长期目标，并予公布。

第八条　国务院能源主管部门根据全国可再生能源开发利用中长期总量目标，会同国务院有关部门，编制全国可再生能源开发利用规划，报国务院批准后实施。

省、自治区、直辖市人民政府管理能源工作的部门根据本行政区域可再生能源开发利用中长期目标，会同本级人民政府有关部门编制本行政区域可再生能源开发利用规划，报本级人民政府批准后实施。

经批准的规划应当公布；但是，国家规定需要保密的内容除外。

经批准的规划需要修改的，须经原批准机关批准。

第九条　编制可再生能源开发利用规划，应当征求有关单位、专家和公众的意见，进行科学论证。

第三章　产业指导与技术支持

第十条　国务院能源主管部门根据全国可再生能源开发利用规划，制定、公布可再生能源产业发展指导目录。

第十一条　国务院标准化行政主管部门应当制定、公布国家可再生能源电力的并网技术标准和其他需要在全国范围内统一技术要求的有关可再生能源技术和产品的国家标准。

对前款规定的国家标准中未作规定的技术要求，国务院有关部门可以制定相关的行业标准，并报国务院标准化行政主管部门备案。

第十二条　国家将可再生能源开发利用的科学技术研究和产业化发展列为科技发展与高技术产业发展的优先领域，纳入国家科技发展规划和高技术产业发展规划，并安排资金支持可再生能源开发利用的科学技术研究、应用示范和产业化发展，促进可再生能源开发利用的技术进步，降低可再生能源产品的生产成本，提高产品质量。

国务院教育行政部门应当将可再生能源知识和技术纳入普通教育、职业教育课程。

第四章　推广与应用

第十三条　国家鼓励和支持可再生能源并网发电。

建设可再生能源并网发电项目，应当依照法律和国务院的规定取得行政许可或者报送备案。

建设应当取得行政许可的可再生能源并网发电项目，有多人申请同一项目许可的，应当依法通过招标确定被许可人。

第十四条　电网企业应当与依法取得行政许可或者报送备案的可再生能源发电企业签订并网协议，全额收购其电网覆盖范围内可再生能源并网发电项目的上网电量，并为可再生能源发电提供上网服务。

第十五条　国家扶持在电网未覆盖的地区建设可再生能源独立电力系统，为当地生产和生活提供电力服务。

第十六条　国家鼓励清洁、高效地开发利用生物质燃料，鼓励发展能源作物。

利用生物质资源生产的燃气和热力，符合城市燃气管网、热力管网的入网技术标准的，经营燃气管网、热力管网的企业应当接收其入网。

国家鼓励生产和利用生物液体燃料。石油销售企业应当按照国务院能源主管部门或者省级人民政府的规定，将符合国家标准的生物液体燃料纳入其燃料销售体系。

第十七条　国家鼓励单位和个人安装和使用太阳能热水系统、太阳能供热采暖和制冷系统、太阳能光伏发电系统等太阳能利用系统。

国务院建设行政主管部门会同国务院有关部门制定太阳能利用系统与建筑结合的技术经济政策和技术规范。

房地产开发企业应当根据前款规定的技术规范，在建筑物的设计和施工中，为太阳能利用提供必备条件。

对已建成的建筑物，住户可以在不影响其质量与安全的前提下安装符合技术规范和产品标准的太阳能利用系统；但是，当事人另有约定的除外。

第十八条　国家鼓励和支持农村地区的可再生能源开发利用。

县级以上地方人民政府管理能源工作的部门会同有关部门，根据当地经济社会发展、生态保护和卫生综合治理需要等实际情况，制定农村地区可再生能源发展规划，因地制宜地推广应用沼气等生物质资源转化、户用太阳能、小型风能、小型水能等技术。

县级以上人民政府应当对农村地区的可再生能源利用项目提供财政支持。

第五章　价格管理与费用分摊

第十九条　可再生能源发电项目的上网电价，由国务院价格主管部门根据不同类型可再生能源发电的特点和不同地区的情况，按照有利于促进可再生能源开发利用和经济合理的原则确定，并根据可再生能源开发利用技术的发展适时调整。上网电价应当公布。

依照本法第十三条第三款规定实行招标的可再生能源发电项目的上网电价，按照中标确定的价格执行；但是，不得高于依照前款规定确定的同类可再生能源发电项目的上网电价水平。

第二十条　电网企业依照本法第十九条规定确定的上网电价收购可再生能源电量所发生的费用，高于按照常规能源发电平均上网电价计算所发生费用之间的差额，附加在销售电价中分摊。具体办法由国务院价格主管部门制定。

第二十一条　电网企业为收购可再生能源电量而支付的合理的接网费用以及其他合理的相关费用，可以计入电网企业输电成本，并从销售电价中回收。

第二十二条　国家投资或者补贴建设的公共可再生能源独立电力系统的销售电价，执行同一地区分类销售电价，其合理的运行和管理费用超出销售电价的部分，依照本法第二十条规定的办法分摊。

第二十三条　进入城市管网的可再生能源热力和燃气的价格，按照有利于促进可再生能源开发利用和经济合理的原则，根据价格管理权限确定。

第六章　经济激励与监督措施

第二十四条　国家财政设立可再生能源发展专项资金，用于支持以下活动：

（一）可再生能源开发利用的科学技术研究、标准制定和示范工程；

（二）农村、牧区生活用能的可再生能源利用项目；

（三）偏远地区和海岛可再生能源独立电力系统建设；

（四）可再生能源的资源勘查、评价和相关信息系统建设；

（五）促进可再生能源开发利用设备的本地化生产。

第二十五条　对列入国家可再生能源产业发展指导目录、符合信贷条件的可再生能源开发利用项目，金融机构可以提供有财政贴息的优惠贷款。

第二十六条　国家对列入可再生能源产业发展指导目录的项目给予税收优惠。具体办法由国务院规定。

第二十七条　电力企业应当真实、完整地记载和保存可再生能源发电的有关资料，并接受电力监管机构的检查和监督。

电力监管机构进行检查时，应当依照规定的程序进行，并为被检查单位保守商业秘密和其他秘密。

第七章 法律责任

第二十八条　国务院能源主管部门和县级以上地方人民政府管理能源工作的部门和其他有关部门在可再生能源开发利用监督管理工作中，违反本法规定，有下列行为之一的，由本级人民政府或者上级人民政府有关部门责令改正，对负有责任的主管人员和其他直接责任人员依法给予行政处分；构成犯罪的，依法追究刑事责任：

（一）不依法作出行政许可决定的；

（二）发现违法行为不予查处的；

（三）有不依法履行监督管理职责的其他行为的。

第二十九条　违反本法第十四条规定，电网企业未全额收购可再生能源电量，造成可再生能源发电企业经济损失的，应当承担赔偿责任，并由国家电力监管机构责令限期改正；拒不改正的，处以可再生能源发电企业经济损失额一倍以下的罚款。

第三十条　违反本法第十六条第二款规定，经营燃气管网、热力管网的企业不准许符合入网技术标准的燃气、热力入网，造成燃气、热力生产企业经济损失的，应当承担赔偿责任，并由省级人民政府管理能源工作的部门责令限期改正；拒不改正的，处以燃气、热力生产企业经济损失额一倍以下的罚款。

第三十一条　违反本法第十六条第三款规定，石油销售企业未按照规定将符合国家标准的生物液体燃料纳入其燃料销售体系，造成生物液体燃料生产企业经济损失的，应当承担赔偿责任，并由国务院能源主管部门或者省级人民政府管理能源工作的部门责令限期改正；拒不改正的，处以生物液体燃料生产企业经济损失额一倍以下的罚款。

第八章 附则

第三十二条　本法中下列用语的含义

（一）生物质能，是指利用自然界的植物、粪便以及城乡有机废物转化成的能源。

（二）可再生能源独立电力系统，是指不与电网连接的单独运行的可再生能源电力系统。

（三）能源作物，是指经专门种植，用以提供能源原料的草本和木本植物。

（四）生物液体燃料，是指利用生物质资源生产甲醇、乙醇和生物柴油等液体燃料。

第三十三条　本法自2006年1月1日起施行。

中国节水技术政策大纲

为指导节水技术开发和推广应用，推动节水技术进步，提高用水效率和效益，促进水资源的可持续利用，制订《中国节水技术政策大纲》(以下简称《大纲》)。《大纲》以2010年前推行的节水技术、工艺和设备为主，相应考虑中长期的节水技术。

1.总论

1.1 我国是一个水资源短缺的国家。人均水资源量约为2200m^3，约为世界平均水平的四分之一。由于各地区处于不同的水文带及受季风气候影响，降水在时间和空间分布上极不均衡，水资源与土地、矿产资源分布和工农业用水结构不相适应。水污染严重，水质型缺水更加剧了水资源的短缺。

1.2 水资源供需矛盾突出。全国正常年份缺水量约400亿m^3，水危机严重制约我国经济社会的发展。由于水资源短缺，部分地区工业与城市生活、农业生产及生态环境争水矛盾突出。部分地区江河断流，地下水位持续下降，生态环境日益恶化。近年来城市缺水形势严峻，缺水性质从以工程型缺水为主向资源型缺水和水质型缺水为主转变。城市缺水有从地区性问题演化为全国性问题的趋势，一些城市由于缺水严重影响了城市的生活秩序，城市发展面临挑战。

1.3 随着经济社会发展，用水量持续增长，用水结构不断调整。2003年农业用水(含林业、湿地等)占总用水量的比重已由1980年的88%下降到 66%，工业用水由10%提高到22.1%，城镇生活用水由2%提高到11.9%。由于我国各地经济社会发展水平和水资源条件不同，用水结构差异显著。城乡生活及工业用水的增加，用水结构将进一步调整，对供水水质和保障率的要求更高。

1.4 节约用水、高效用水是缓解水资源供需矛盾的根本途径。节约用水的核心是提高用水效率和效益。目前我国万元工业增加值取水量是发达国家的5～10倍，我国灌溉水利用率仅为40%～45%，距世界先进水平还有较大差距，节水潜力很大。

1.5 国家厉行节约用水。坚持科学的发展观，把节水放在更加突出的位置。国家鼓励节水新技术、新工艺和重大装备的研究、开发与应用。大力推行节约用水措施，发展节水型工业、农业和服务业，建设节水型城市、节水型社会。

1.6 采取法律、经济、技术和工程等切实可行的综合措施，全面推进节水工作。节水工作要实现“三个结合”，即工程措施与非工程措施相结合，先进技术与常规技术相结合，强制节水与效益引导相结合。

1.7 《大纲》重点阐明了我国节水技术选择原则、实施途径、发展方向、推动手段和鼓励政策。《大纲》用于引导节水技术研究、产业发展和节水项目投资的重点技术方向，促进节水技术的推广应用，限制和淘汰落后的高用水技术、工艺和设备，为编制水资源和节水发展规划提供技术支持。

1.8 《大纲》按照“实用性”原则，从我国实际情况出发，根据节水技术的成熟程度、适用的自然条件、社会经济发展水平、成本和节水潜力，采用“研究”、“开发”、“推广”、“限制”、“淘汰”、“禁止”等措施指导节水技术的发展。重点强调对那些用水效率高、效益好、影响面大的先进适用节水技术的研发与推广。

1.9 《大纲》所称节水技术是指可提高水利用效率和效益、减少水损失、能替代常规水资源等技术，包括直接节水技术和间接节水技术，有些也是节能技术、清洁生产技术和环保技术。

1.10 《大纲》为实现节水目标提供技术政策支撑。通过《大纲》的引导，争取在2005～2010年间实现工业取水量“微增长”，农业用水量“零增长”，城市人均综合用水量实现逐步下降。

2.农业节水

农业用水量的90%用于种植业灌溉，其余用于林业、牧业、渔业以及农村人畜饮水等。尽管农业用水所占比重近年来明显下降，但农业仍是我国第一用水大户，发展高效节水型农业是国家的基本战略。

2.1 农业用水优化配置技术

农业用水水源包括降水、地表水、地下水、土壤水以及经过处理符合水质标准的回归水、微咸水、再生水等。通过工程措施与非工程措施，优化配置多种水源，是实现计划用水、节约用水和提高农业用水效率的基本要求。

2.1.1 积极发展多水源联合调度技术。大力推广各种农业用水工程设施控制与调度方法，高效使用地表水，合理开采地下水，在时间上和空间上合理分配与使用水资源，发展“长藤结瓜”灌溉系统及其灌溉水管理技术，实现“大、中、小，蓄、引、提”联合调度，提高灌区内的调蓄能力和反调节能力。

2.1.2 逐步推行农业用水总量控制与定额管理。加快制定各地区不同降水年型农业用水总量指标和不同灌水方法条件下不同作物灌溉用水定额，合理调整农、林、牧、副、渔各业用水比例。

2.1.3 建立与水资源条件相适应的节水高效农作制度。提倡发展和应用适水种植技术。根据当地水、土、光、热资源条件，以高效、节水为原则，以水定作物，合理安排作物的种植结构以及灌溉规模。限制和压缩高耗水、低产出作物的种植面积。

2.1.4 发展井渠结合灌溉技术。推广和应用地表水、地下水联合调控技术；提倡井渠双灌、渠水补源、井水保丰；重视地下水采补平衡技术研究。

2.1.5 发展土壤墒情、旱情监测预测技术。加强大尺度土壤水分时空变异规律研究和土壤墒情与旱情指标体系研究；积极研究和开发土壤墒情、旱情监测仪器设备。

2.2 高效输配水技术

农业用水输配水过程中的水量损失所占比重很大，提高输水效率是农业节水的主要内容。

2.2.1 因地制宜应用渠道防渗技术。

对输水损失大、输水效率低的支渠及其以上渠道优先防渗；提倡井灌区无回灌补源任务的固定渠道全部防渗；提水灌区推广渠道防渗。

2.2.2 发展管道输水技术。改造较小流量渠道时优先采用低压管道输配水技术；在高扬程提水灌区和有发展自压管道输水条件的灌区，优先发展自压式管道输水系统。

2.2.3 推广采用经济适用的防渗材料。提倡使用灰土、水泥土、砌石等当地材料；推广使用混凝土和沥青混凝土、塑料薄膜等成熟的渠道防渗工程常用材料；鼓励在试验研究的基础上，使用复合土工膜、改性沥青防水卷材等土工膜料以及聚合物纤维混凝土、土壤固化剂和土工合成材料膨润土垫等防渗材料；加强不同气候和土质条件下渠道防渗新材料、新工艺、新施工设备的研究；加强渠道防渗防冻胀技术的研究和产品开发。

2.2.4 发展防渗渠道断面尺寸和结构优化设计技术。大、中型防渗渠道宜采用坡脚或底面为弧形的非标准形断面，小型渠道宜采用U形断面；中小型渠道采用混凝土防渗衬砌石，提倡采用标准化设计、工厂化预制、现场装配技术。

2.2.5 积极发展渠系动态配水技术。

发展和应用实时灌溉预报技术；加强灌区用水管理技术的研究与应用，提倡动态计划用水管理。

2.2.6 加快发展灌区量测水技术。

鼓励研究、开发与推广精度高、造价低、适用性强、操作简便、便于管理和维护的小型量水设备。

2.2.7 发展输水建筑物老化防治技术。积极研究输水建筑物老化防治技术、病害诊断技术和防腐蚀、修复、堵漏技术；加快发展输水建筑物加固技术和产品的开发。

2.3 田间灌水技术

田间灌水既是提高灌溉水利用率的最后环节，又是引水、输水和配水的基础，改进田间灌水技术是农业节水的重点。

2.3.1 改进地面灌水技术。推广小畦灌溉、细流沟灌、波涌灌溉；合理确定沟畦规格和地面自然坡降，缩小地块；推广高精度平整土地技术，鼓励使用激光平整土地；科学控制入畦(沟)流量、水头、灌水定额、改水成数等灌水要素。淘汰无畦漫灌。

2.3.2 大力推广以稻田干湿交替灌溉技术为主的水管理技术。提倡水稻灌区格田化和采用水稻浅湿控制灌溉技术；推广水稻泡田与耕作结合技术；发展水稻“三旱”耕作与旱育稀植抛秧技术；淘汰水稻长期淹灌技术；杜绝稻田串灌串排技术；积极研究稻田适宜水层标准、土壤水分控制指标、晒田技术及相应的灌溉制度。

2.3.3 因地制宜发展和应用喷灌技术。积极鼓励在经济作物种植区、城郊农业区、集中连片规模经营的地区应用喷灌技术；优先推广轻小型成套喷灌技术与设备；在山丘区或有自压条件的地区，鼓励发展自压喷灌技术；积极研究和开发低成本、低能耗、使用方便的喷灌设备。

2.3.4 鼓励发展微灌技术。在果树种植、设施农业、高效农业、创汇农业中大力推广微喷灌与滴灌技术；提倡微灌技术与地膜覆盖、水肥同步供给等农艺技术有机结合；鼓励在山丘区利用地面自然坡降发展自压微喷灌、滴灌、小管出流等微灌技术；鼓励结合雨水集蓄利用工程，发展和应用低水头重力式微灌技术；积极研究和开发低成本、低能耗、多用途的微灌设备。

2.3.5 在春旱严重、后期天然降水基本可满足作物生长需要的地区，大力推广坐水种技术。鼓励研究和开发造价低、性能好、效率高的复式联合补水种植机具。

2.3.6 鼓励应用精准控制灌溉技术。

提倡适时适量灌溉；加强农作物水分生理特性和需水规律研究；积极研究作物生长与土壤水分、土壤养分、空气湿度、大气温度等环境因素的关系。

2.3.7 缺水地区大力发展各种非充分灌溉技术。提倡在作物需水临界期及重要生长发育时期灌“关键水”技术；鼓励试验研究作物水分生产函数；研究作物的经济灌溉定额和最优灌溉制度；加强非充分灌溉和调亏灌溉节水增产机理研究；研究和运用控制性分根交替灌溉技术。

2.4 生物节水与农艺节水技术

生物措施和农艺措施可提高水分利用率和水分生产率，节约灌溉用水量，是农业主要节水措施。

2.4.1 鼓励研究和应用水肥耦合技术。提倡灌溉与施肥在时间、数量和使用方式上合理配合，以水调肥、水肥共济，提高水分和肥料利用率。

2.4.2 提倡深耕、深松等蓄水保墒技术和生物养地技术。改善土壤结构，提高土壤的蓄水、保水、供水能力，增加自然降水的利用率，降低灌溉用水量。重视深耕机具的研究、开发和产业化。

2.4.3 在土质较轻、地面坡度较大或降水量较少的地区，积极推广保护性耕作技术。加强保护性耕作技术中秸秆残茬覆盖处理、机械化生物耕作、化学除草剂施用三个关键技术的研究；加强适用于不同地区的保护性耕作机具的研制与产业化。

2.4.4 推广田间增水技术。发展覆膜和沟播技术；加强低成本、完全可降解地膜研究；加强土壤表面保墒增温剂的研究与开发。

2.4.5 发展和应用蒸腾蒸发抑制技术。提倡在作物需水高峰期对作物叶面喷施抗旱剂；鼓励具有代谢、成膜和反射作用的抗旱节水技术产品的研究和产业化。

2.4.6 推广抗(耐)旱、高产、优质农作物品种。加快发展抗(耐)旱节水农作物品种选育的分子生物学技术，选育抗旱、耐旱、水分高效利用型新品种。

2.4.7 鼓励使用种衣剂和保水剂进行拌种。加强低成本、多功能保水拌种剂、经济作物和草场专用保水剂产品和设备的研究与开发。

2.5 降水和回归水利用技术

提高降水利用率和回归水重复利用率可直接减少灌溉用水量，是农业节水的最基本内容。

2.5.1 推广降水滞蓄利用技术。积极发展不同作物、不同降水条件下田间水管理技术，推广协调作物耗水和天然降水的灌溉制度与灌水技术；在旱作农业区，推广以滞蓄天然降水为主要目的的土地平整技术和改进耕作技术；在水稻种植区，积极推广水稻浅灌深蓄技术；在干旱半干旱地区以及保水能力差的山丘区，推广鱼鳞坑、水平沟等集雨保水技术。

2.5.2 推广灌溉回归水利用技术。

积极发展灌排统一管理技术；在无盐碱威胁地区，杜绝无效退泄和低效排水的灌溉水管理技术；在灌溉回归水水质不符合灌溉水质要求的地区，积极发展“咸淡混浇”等简单易行的灌溉回归水安全利用技术。

2.5.3 大力发展雨水集蓄利用技术。

推广设施农业和庭院集雨技术；推广工程设施标准化；研究和应用雨水集蓄利用中水质保护技术；积极开发环保型、高效低价雨水汇集、保存、防渗新材料。

2.6 非常规水利用技术

在研究试验的基础上，安全使用部分再生水、微咸水和淡化后的海水等非常规水以及通过人工增雨技术等非常规手段增加农业水资源。

2.6.1 发展非常规水资源化技术。发展一水多用和分质用水技术；发展非常规水与淡水混合使用或交替使用技术；建立污水灌溉量化指标体系和咸水灌溉控制指标体系；发展非常规水利用时地下水质、地表水质、农作物产量与品质、土壤理化性状等影响监测与评价技术；加强生活污水、微咸水等排泄与处理技术的研究；积极研究与开发经济有效的非常规水处理设备与水质监测仪器。

2.6.2 重视发展人工增雨技术。人工增雨应坚持政府领导，统筹规划，合理分配。在层状冷云及对流云人工增雨潜力区，采用人工增雨催化作业技术；建立人工增雨综合决策技术系统。

2.6.3 适度发展海水利用技术。鼓励在养殖业或其他农副业中合理利用海水资源；加强天然淡水稀释海水浇灌耐盐作物的技术研究。

2.7 养殖业节水技术

发展养殖业节水技术，提高牧草灌溉、畜禽饮水、畜禽养殖场舍冲洗、畜禽降温、水产养殖等养殖业用水效率，是农业节水的一个重要方面。

2.7.1 加快发展抗(耐)旱节水优良牧草品种选育技术。选育适合当地自然条件的野生牧草或驯化栽培的人工牧草优良品种；选育深根系、直立小面积叶片、对干旱缺水的环境具有较强适应性和抵抗能力的优质耐旱牧草。

2.7.2 发展和推广适合天然草地和旱作人工草地的节水抗旱型优良牧草栽培技术。建立与光照资源、水资源特别是降水资源相适应的种植结构和种植制度；合理搭配豆科、禾本科等不同牧草种类，发展和推广禾本科—豆科、牧草—饲料立体种植或草田轮作技术。

2.7.3 大力推广人工草场的节水灌溉技术。推广草地节水灌溉制度；因地制宜发展草地灌溉渠道防渗衬砌和管道输水灌溉技术；鼓励在适宜条件下发展草地喷灌技术；改进草地地面灌水技术；发展草地灌溉用水管理技术；加强牧草需水规律、灌溉制度和灌水方法与技术试验研究。淘汰草地无畦漫灌技术。

2.7.4 发展草原节水耕作技术。提倡应用草原免耕直播技术；发展人工补播和人工种植技术；重视增强草地土壤蓄水保肥能力；大力发展牧区灌溉饲草料基地。

2.7.5 发展集约化节水型养殖技术。

提倡家畜集中供水与综合利用；推广"新型"环保畜禽舍、节水型降温技术和饮水设备；科学设置牲畜饮水点，有效保护水源地或给水点；对水源缺乏、饮水极度困难的草原区，可通过铺设供水管道供水；推广具有防渗和净化效果的混凝土结构、砖石结构等集雨技术设施；鼓励研制节水型、多种动力、构造简单、使用方便、供水保证率高的自动给水设备；促进节水、高效的工厂化水产养殖设施的研究和推广使用。逐步淘汰水槽长流供水技术。

2.7.6 推广养殖废水处理及重复利用技术。推广养殖废水厌氧处理后的再利用技术及深度处理和消毒后用于圈舍冲洗的循环利用技术；提倡分质供水和多级利用；改变传统水冲清粪和水泡粪为干清粪方式；研究和开发低耗、高效的养殖废水处理设施。

2.7.7 发展畜产品、水产品加工节水技术。鼓励研究和开发多功能、低成本、节水、环保型加工工艺和技术装备。

2.8 村镇节水技术

针对村镇居民用水分散、农产品加工工艺简单、村镇用水效率低、村镇供水设施简陋、安全饮用水源不足等特点，发展村镇节水技术。

2.8.1 发展和推广村镇集中供水技术。积极推行计划用水，发展饮用水源开发利用与保护技术。开采地下水应封闭不良含水层，防控苦咸水、污废水等劣质水侵入水源；鼓励水源保护林草地建设。推行集中供水，积极发展村镇供水管网优化设计技术。

2.8.2 鼓励研究开发并推广村镇家用水表和节水型用水设施，缺水地区要逐步开展村镇家庭用水分户计量。

2.8.3 发展村镇饮用水处理与水质监测技术。水质不达标地区提倡饮用水源集中处理；建立水质检测制度；鼓励开发并推广适宜村镇管理条件的简易监测设备和便携式监测设备。

3.工业节水

工业用水主要包括冷却用水、热力和工艺用水、洗涤用水。其中工业冷却水用量占工业用水总量的80%左右，取水量占工业取水总量的30%～40%。火力发电、钢铁、石油、石化、化工、造纸、纺织、有色金属、食品与发酵八个行业取水量约占全国工业总取水量的60%(含火力发电直流冷却用水)。

3.1 工业用水重复利用技术

大力发展和推广工业用水重复利用技术，提高水的重复利用率是工业节水的首要途径。

3.1.1 大力发展循环用水系统、串联用水系统和回用水系统。推进企业用水网络集成技术的开发与应用，优化企业用水网络系统。鼓励在新建、扩建和改建项目中采用用水网络集成技术。

3.1.2 发展和推广蒸汽冷凝水回收再利用技术。优化企业蒸汽冷凝水回收网络，发展闭式回收系统。推广使用蒸汽冷凝水的回收设备和装置。推广漏汽率小、背压度大的节水型疏水器。优化蒸汽冷凝水除铁、除油技术。

3.1.3 发展外排废水回用和“零排放”技术。鼓励和支持企业外排废(污)水处理后回用，大力推广外排废(污)水处理后回用于循环冷却水系统的技术。在缺水以及生态环境要求高的地区，鼓励企业应用废水“零排放”技术。

3.2 冷却节水技术

发展高效冷却节水技术是工业节水的重点。

3.2.1 发展高效换热技术和设备。推广物料换热节水技术，优化换热流程和换热器组合，发展新型高效换热器。

3.2.2 鼓励发展高效环保节水型冷却塔和其他冷却构筑物。优化循环冷却水系统，加快淘汰冷却效率低、用水量大的冷却池、喷水池等冷却构筑物。推广高效新型旁滤器，淘汰低效反冲洗水量大的旁滤设施。

3.2.3 发展高效循环冷却水处理技术。在敞开式循环间接冷却水系统，推广浓缩倍数大于4的水处理运行技术；逐步淘汰浓缩倍数小于3的水处理运行技术；限制使用高磷锌水处理技术；开发应用环保型水处理药剂和配方。

3.2.4 发展空气冷却技术。在缺水以及气候条件适宜的地区推广空气冷却技术。鼓励研究开发运行高效、经济合理的空气冷却技术和设备。

3.2.5 在加热炉等高温设备推广应用汽化冷却技术。应充分利用汽、水分离后的汽。

3.3 热力和工艺系统节水技术

工业生产的热力和工艺系统用水分为锅炉给水、蒸汽、热水、纯水、软化水、脱盐水、去离子水等，其用水量居工业用水量的第二位，仅次于冷却用水。节约热力和工艺系统用水是工业节水的重要组成部分。

3.3.1 推广生产工艺(装置内、装置间、工序内、工序间)的热联合技术。

3.3.2 推广中压产汽设备的给水使用除盐水、低压产汽设备的给水使用软化水。

推广使用闭式循环水汽取样装置。研究开发能够实现“零排放”的热水锅炉和蒸汽锅炉水处理技术、锅炉气力排灰渣技术和“零排放”无堵塞湿法脱硫技术。

3.3.3 发展干式蒸馏、干式汽提、无蒸汽除氧等少用或不用蒸汽的技术。优化蒸汽自动调节系统。

3.3.4 优化锅炉给水、工艺用水的制备工艺。鼓励采用逆流再生、双层床、清洗水回收等技术降低自用水量。研究开发锅炉给水、工艺用水制备新技术、新设备，逐步推广电去离子净水技术。

3.4 洗涤节水技术

在工业生产过程中洗涤用水分为产品洗涤、装备清洗和环境洗涤用水。

3.4.1 推广逆流漂洗、喷淋洗涤、汽水冲洗、气雾喷洗、高压水洗、振荡水洗、高效转盘等节水技术和设备。

3.4.2 发展装备节水清洗技术。推广可再循环再利用的清洗剂或多步合一的清洗剂及清洗技术；推广干冰清洗、微生物清洗、喷淋清洗、水汽脉冲清洗、不停车在线清洗等技术。

3.4.3 发展环境节水洗涤技术。推广使用再生水和具有光催化或空气催化的自清洁涂膜技术。

3.4.4 推广可以减少用水的各类水洗助剂和相关化学品。开发各类高效环保型清洗剂、微生物清洗剂和高效水洗机。开发研究环保型溶剂、干洗机、离子体清洗等无水洗涤技术和设备。

3.5 工业给水和废水处理节水技术

3.5.1 推广使用新型滤料高精度过滤技术、汽水反冲洗技术等降低反洗用水量技术。推广回收利用反洗排水和沉淀池排泥水的技术。

3.5.2 鼓励在废水处理中应用臭氧、紫外线等无二次污染的消毒技术。开发和推广超临界水处理、光化学处理、新型生物法、活性炭吸附法、膜法等技术在工业废水处理中的应用。

3.6 非常规水资源利用技术

3.6.1 发展海水直接利用技术。在沿海地区的工业企业大力推广海水直流冷却和海水循环冷却技术。

3.6.2 积极发展海水和苦咸水淡化处理技术。实施以海水淡化为主，兼顾卤水制盐以及提取其他有用成分相结合的产业链技术，提高海水淡化综合效益。通过扩大海水淡化装置规模、实施能量回收等技术降低海水淡化成本。发展海水淡化设备的成套化、系列化、标准化制造技术。

3.6.3 发展采煤、采油、采矿等矿井水的资源化利用技术。推广矿井水作为矿区工业用水和生活用水、农田用水等替代水源应用技术。

3.7 工业输用水管网、设备防漏和快速堵漏修复技术

降低输水管网、用水管网、用水设备(器具)的漏损率，是工业节水的一个重要途径。

3.7.1 发展新型输用水管材。限制并逐步淘汰传统的铸铁管和镀锌管，加速发展机械强度高、刚性好、安装方便的水管。发展不泄漏、便于操作和监控、寿命长的阀门和管件。

3.7.2 优化工业供水压力、液面、水量控制技术。发展便捷、实用的工业水管网和设备(器具)的检漏设备、仪器和技术。

3.7.3 研究开发管网和设备(器具)的快速堵漏修复技术。

3.8 工业用水计量管理技术

工业用水的计量、控制是用水统计、管理和节水技术进步的基础工作。

3.8.1 重点用水系统和设备应配置计量水表和控制仪表。完善和修订有关的各类设计规范，明确水计量和监控仪表的设计安装及精度要求。重点用水系统和设备应逐步完善计算机和自动监控系统。

3.8.2 鼓励和推广企业建立用水和节水计算机管理系统和数据库。

3.8.3 鼓励开发生产新型工业水量计量仪表、限量水表和限时控制、水压控制、水位控制、水位传感控制等控制仪表。

3.9 重点节水工艺

节水工艺是指通过改变生产原料、工艺和设备或用水方式，实现少用水或不用水。它是更高层次(节水、节能、提高产品质量等)的源头节水技术。

3.9.1 大力发展和推广火力发电、钢铁、电石等工业干式除灰与干式输灰(渣)、高浓度灰渣输送、冲灰水回收利用等节水技术和设备以

及冶炼厂干法收尘净化技术。

3.9.2 推广燃气——蒸汽联合循环发电、洁净煤燃烧发电技术。研究开发使用天然气等石化燃料发电等少用水的发电工艺和技术。

3.9.3 推广钢铁工业融熔还原等非高炉炼铁工艺，开发薄带连铸工艺。推广炼焦生产中的干熄焦或低水分熄焦工艺。

3.9.4 鼓励加氢精制工艺，淘汰油品精制中的酸碱洗涤工艺。

3.9.5 发展合成氨生产节水工艺。

采用低能耗的脱碳工艺替代水洗脱除二氧化碳、低热耗苯菲尔工艺和MDEA脱碳工艺；推广全低变工艺、NHD脱硫、脱碳的气体净化工艺；发展以天然气为原料制氨；推广醇烃化精制及低压低能耗氨合成系统；以重油为原料生产合成氨，采用干法回收炭黑。

3.9.6 发展尿素生产节水工艺。在新建装置推广采用 CO_2 和 NH_3 汽提工艺。推广水溶液全循环尿素节能节水增产工艺。中、小型尿素装置推广尿素废液深度水解解吸工艺。

3.9.7 推广甲醇生产低压合成工艺。

3.9.8 发展烧碱生产节水工艺。推广离子膜法烧碱，采用三效逆流蒸发改造传统的顺流蒸发。推广万吨级三效逆流蒸发装置和高效自然强制循环蒸发器。

3.9.9 发展纯碱生产节水工艺。氨碱法工厂推广真空蒸馏、干法加灰技术。

3.9.10 发展硫酸生产酸洗净化节水工艺和新型换热设备，逐步淘汰水洗净化工艺和传统的铸铁冷却排管。

3.9.11 发展纺织生产节水工艺。推广使用高效节水型助剂；推广使用生物酶处理技术、高效短流程前处理工艺、冷轧堆一步法前处理工艺、染色一浴法新工艺、低水位逆流漂洗工艺和高温高压小浴比液流染色工艺及设备；研究开发高温高压气流染色、微悬浮体染整、低温等离子体加工工艺及设备。

鼓励纺织印染加工企业采用天然彩棉等节水型生产原料，推广天然彩棉新型制造技术。

3.9.12 发展造纸工业化学制浆节水工艺。推广纤维原料洗涤水循环使用工艺系统；推广低卡伯值蒸煮、漂前氧脱木素处理、封闭式洗筛系统；发展无元素氯或全无氯漂白，研究开发适合草浆特点的低氯漂白和全无氯漂白，合理组织漂白洗浆滤液的逆流使用；推广中浓技术和过程智能化控制技术；发展提高碱回收黑液多效蒸发站二次蒸汽冷凝水回用率的工艺。发展机械浆、二次纤维浆的制浆水循环使用工艺系统；

推广高效沉淀过滤设备白水回收技术，加强白水封闭循环工艺研究；开发白水回收和中段废水二级生化处理后回用技术和装备。

3.9.13 发展食品与发酵工业节水工艺。根据不同产品和不同生产工艺，开发干法、半湿法和湿法制备淀粉取水闭环流程工艺。推广脱胚玉米粉生产酒精、淀粉生产味精和柠檬酸等发酵产品的取水闭环流程工艺。推广高浓糖化醪发酵(酒精、啤酒、味精、酵母、柠檬酸等)和高浓母液(味精等)提取工艺。推广采用双效以上蒸发器的浓缩工艺。淘汰淀粉质原料高温蒸煮糊化、低浓度糖液发酵、低浓度母液提取等工艺。研究开发啤酒麦汁一段冷却、酒精差压蒸馏装置等。

3.9.14 发展油田节水工艺。推广优化注水技术，减少无效注水量。对特高含水期油田，采取细分层注水，细分层堵水、调剖等技术措施，控制注入水量。推广先进适用的油田产出水处理回注工艺。对特低渗透油田的采出水，推广精细处理工艺。注蒸汽开采的稠油油田，推广稠油污水深度处理回用注汽锅炉技术。研发三次采油采出水处理回用工艺技术。推广油气田施工和井下作业节水工艺。

3.9.15 发展煤炭生产节水工艺。推广煤炭采掘过程的有效保水措施，防止矿坑漏水或突水。开发和应用对围岩破坏小、水流失少的先进采掘工艺和设备。开发和应用动筛跳汰机等节水选煤设备。开发和应用干法选煤工艺和设备。研究开发大型先进的脱水和煤泥水处理设备。

3.9.16 推广水泥窑外分解新型干法生产新工艺，逐步淘汰湿法生产工艺。

4.城市生活节水

城市生活用水包括：城市居民、商贸、机关、院校、旅游、社会服务、园林景观等用水。目前城市生活用水已占城市用水量的55%左右，随着城市的发展还将进一步增加；城市生活用水与人民群众日常生活密切相关，目前人均生活用水量为212升／日(其中设市城市为228升／日)。城市生活节水对于促进节水型城市的建设具有重要意义。

4.1 节水型器具

节水型用水器具的推广应用，是生活节水的重要技术保障。

4.1.1 推广节水型水龙头。推广非接触自动控制式、延时自闭、停水自闭、脚踏式、陶瓷磨片密封式等节水型水龙头。淘汰建筑内铸铁螺旋升降式水龙头、铸铁螺旋升降式截止阀。

4.1.2 推广节水型便器系统。推广使用两档式便器，新建住宅便器小于6升。公共建筑和公共场所使用6升的两档式便器，小便器推广非接触式控制开关装置。淘汰进水口低于水面的卫生洁具水箱配件、上导向直落式便器水箱配件和冲洗水量大于9升的便器及水箱。

4.1.3 推广节水型淋浴设施。集中浴室普及使用冷热水混合淋浴装置，推广使用卡式智能、非接触自动控制、延时自闭、脚踏式等淋浴装置；宾馆、饭店、医院等用水量较大的公共建筑推广采用淋浴器的限流装置。

4.1.4 研究生产新型节水器具。研究开发高智能化的用水器具、具有最佳用水量的用水器具和按家庭使用功能分类的水龙头。

4.2 城市再生水利用技术

城市再生水利用技术包括城市污水处理再生利用技术、建筑中水处理再生利用技术和居住小区生活污水处理再生利用技术。

4.2.1 建立和完善城市再生水利用技术体系。城市污水再生利用，宜根据城市污水来源与规模，尽可能按照就地处理就地回用的原则合理采用相应的再生水处理技术和输配技术；鼓励研究和制订城市水系统规划、再生水利用规划和技术标准，逐步优化城市供水系统与配水管网，建立与城市水系统相协调的城市再生水利用的管网系统和集中处理厂出水、单体建筑中水、居民小区中水相结合的再生水利用体系；制定和完善污水再生利用标准。

4.2.2 发展污水集中处理再生利用技术。鼓励缺水城市污水集中处理厂采用再生水利用技术，再生水用于农业、工业、城市绿化、河湖景观、城市杂用、洗车、地下水补给以及城市污水集中处理回用管网覆盖范围内的公共建筑生活杂用水。

4.2.3 推广应用城市居住小区再生水利用技术。缺水地区城市建设居住小区，达到一定建筑规模、居住人口或用水量的，应积极采用居住小区再生水利用技术，再生水用于冲厕、保洁、洗车、绿化、环境和生态用水等。

4.2.4 推广应用建筑中水处理回用技术。缺水地区城市污水集中处理回用管网覆盖范围外，具有一定规模或用水量的建筑，应积极采用建筑中水处理回用技术，中水用于建筑的生活杂用水。

4.2.5 积极研究开发高效低耗的污水处理和再生利用技术。鼓励研究开发占地面积小、自动化程度高、操作维护方便、能耗低的新处理技术和再生利用技术。

4.3 城区雨水、海水、苦咸水利用技术

4.3.1 推广城区雨水的直接利用技术。在城市绿地系统和生活小区，推广城市绿地草坪滞蓄直接利用技术，雨水直接用于绿地草坪浇灌；缺水地区推广道路集雨直接利用技术，道路集雨系统收集的雨水主要用于城市杂用水；鼓励干旱地区城市因地制宜采用微型水利工程技术，对强度小但面积广泛分布的雨水资源加以开发利用，如房屋屋顶雨水收集技术等。

4.3.2 推广城区雨水的环境生态利用技术。把雨水利用与天然洼地、公园的河湖等湿地保护和湿地恢复相结合。

4.3.3 推广城区雨水集蓄回灌技术。在缺水地区优先推广城市雨洪水地下回灌系统技术。通过城市绿地、城市水系、交通道路网的透水路面、道路两侧专门用于集雨的透水排水沟、生活小区雨水集蓄利用系统、公共建筑集水入渗回补利用系统等充分利用雨洪水和上游水库的汛期弃水进行地下水回灌。完善城市排水体系，建立雨水径流收集系统和水质监测系统。鼓励缺水地区在建设雨污分流排水体制的基础上采用城区雨水处理回灌技术。研究开发城区雨水水质监测技术。

4.3.4 推广海水利用技术。东北、华北、华东地区沿海缺水城市，积极发展海水淡化和输配技术；加快发展低成本海水淡化技术。鼓励沿海城市发展海水直接利用技术；积极开发含盐生活污水的处理技术，发展含盐生活污水排海(洋)处置技术。

4.3.5 推广苦咸水利用技术。在华北、西北和沿海地区缺水城市，推广苦咸水的电渗析处理技术和反渗透处理技术，主要用于城市杂用水、生活杂用水和部分饮用水。

4.4 城市供水管网的检漏和防渗技术

目前城市供水管网水漏损比较严重，已成为当前城市供水中的突出问题。积极采用城市供水管网的检漏和防渗技术，不仅是节约城市水资源的重要技术措施，而且对于提高城市供水服务水平、保障供水水质安全等也具有重要意义。

4.4.1 推广预定位检漏技术和精确定点检漏技术。推广应用预定位检漏技术和精确定点检漏技术，并根据供水管网的不同铺设条件，优化检漏方法。埋在泥土中的供水管网，应当以被动检漏法为主，主动检漏法为辅；上覆城市道路的供水管网，应以主动检漏法为主，被动检漏法为辅。鼓励在建立供水管网GIS、GPS系统基础上，采用区域泄漏普查系统技术和智能精定点检漏技术。

4.4.2 推广应用新型管材。大口径管材($DN>1200$毫米)优先考虑预应力钢筒混凝土管；中等口径管材($DN=300\sim1200$毫米)优先采用塑料管和球墨铸铁管，逐步淘汰灰口铸铁管；小口径管材($DN<300$毫米)优先采用塑料管，逐步淘汰镀锌铁管。

4.4.3 推广应用供水管道连接、防腐等方面的先进施工技术。一般情况下，承插接口应采用橡胶圈密封的柔性接口技术，金属管内壁采用涂水泥砂浆或树脂的防腐技术；焊接、粘接的管道应考虑胀缩性问题，采用相应的施工技术，如适当距离安装柔性接口、伸缩器或U形弯管。

4.4.4 鼓励开发和应用管网查漏检修决策支持信息化技术。鼓励在建设管网GIS系统的基础上，配套建设具有关阀搜索、状态仿真、事故分析、决策调度等功能的决策支持系统，为管网查漏检修提供决策支持。

4.5 公共供水企业自用水节水技术

城市公共供水企业节水主要是反冲洗水回用，反冲洗水回用兼具城市节水和水环境保护的双重效能。

4.5.1 以地表水为原水的新建和扩建供水工程项目，应推广反冲洗水回用技术，选择截污能力强的新型滤池技术，配套建设反冲洗水回用沉淀水池，采用反冲洗效果好、反冲水量低的气水反冲洗技术。

4.5.2 改建供水工程项目，应积极采用先进的反冲洗技术，通过改造和加强反冲洗系统的结构组织，采用适宜的反冲洗方式，改进滤池反冲洗再生机能。2008年前淘汰高强度水定时反冲洗的工艺技术。

4.6 公共建筑节水技术

随着城镇化和服务业的快速发展，公共建筑用水需求将呈增长趋势，空调系统应作为公共建筑节水的重点之一。

4.6.1 普及公共建筑空调的循环冷却技术。公共建筑空调应采用循环冷却水系统，冷却水循环率应达到98%以上，敞开式系统冷却水浓缩倍数不低于3；循环冷却水系统可以根据具体情况使用敞开式或密闭式循环冷却水系统。

4.6.2 推广应用空调循环冷却水系统的防腐、阻垢、防微生物处理技术。

4.6.3 鼓励采用空气冷却技术。

4.6.4 推广应用锅炉蒸汽冷凝水回用技术。推广采用密闭式凝结水回收系统、热泵式凝结水回收系统、压缩机回收废蒸汽系统、恒温压力回水器等；间接利用蒸汽的蒸汽冷凝水的回收率不得低于85%；发展回收设备防腐处理和水质监测技术。

4.7 市政环境节水技术

市政环境用水在城市用水中所占比例有逐步增大的趋势。鼓励工程节水技术与生物节水技术、节水管理相结合的综合技术，促进市政环境节水。

4.7.1 发展绿化节水技术。发展生物节水技术，提倡种植耐旱性植物，并应采用非充分灌溉方式进行灌溉作业；绿化用水应优先使用再生水；使用非再生水的，应采用喷灌、微喷、滴灌等节水灌溉技术，灌溉设备可选用地埋升降式喷灌设备、滴灌管、微喷头、滴灌带等。

4.7.2 发展景观用水循环利用技术。

4.7.3 推广游泳池用水循环利用技术。

4.7.4 发展机动车洗车节水技术。

推广洗车用水循环利用技术；推广采用高压喷枪冲车、电脑控制洗车和微水洗车等节水作业技术。研究开发环保型无水洗车技术。

4.7.5 大力发展免冲洗环保公厕设施和其他节水型公厕技术。

4.8 城市节水信息技术

节水信息技术，可以实现节水信息资源共享、提高节水决策科学化，对于加强节水管理具有重要意义。

4.8.1 发展地理信息系统应用技术。鼓励研究以GIS技术为平台的节水信息系统建设，为实现城市节水的信息化管理提供基础保障。

4.8.2 发展节水信息采集传输及专业数据库技术。开发节水信息网络基础平台、节水信息管理系统和专业数据库技术，用以加强和规范节水管理和指导城市节水技术发展工作。

5.发展节水技术的保障措施

完善法律法规，建立激励和约束机制，健全技术服务体系，推动节水技术发展与应用。

5.1 加强节水法制建设和行政管理

5.1.1 依据《中华人民共和国水法》和《中华人民共和国清洁生产法》等法律，研究制定有关促进节水技术发展的法规和标准。

5.1.2 国家和地方在编制“十一五”发展规划和专项规划中，把节水技术进步放在重要位置。

5.1.3 重点节水技术的研究和开发，应列入国家中长期科学和技术发展规划纲要及相关国家科技开发计划。

5.1.4 国家定期发布“淘汰落后的高耗水工艺和设备(产品)目录”和“鼓励使用的节水工艺和设备(产品)目录”。

5.2 建立发展节水技术的激励机制和约束机制

5.2.1 国家和地方政府要重视节水关键技术开发、示范和推广工作，并给予必要的资金支持。

5.2.2 对于以废水(液)为原料生产的产品，符合《资源综合利用目录(2003年修订)》的，按国家有关规定享受减免所得税的政策。

5.2.3 鼓励发展污水再生利用、海水与微咸水利用等非常规水资源利用产业。再生水生产企业和利用海水生产淡水的企业，享受国家有关优惠政策。

5.2.4 对列入国家鼓励发展的节水技术、设备目录的设备，按国家有关规定给予税收优惠。

5.2.5 国家、地方政府、企业组织实施的节水工程，应优先选择《大纲》推荐的节水工艺、技术和设备。对一些重大项目，国家和地方政府应给予资金补助支持。

5.2.6 引导社会投资节水项目，特别是引导金融机构对重点节水项目给予贷款支持。鼓励多渠道融资，加大对节水技术创新和节水工程的投入。

5.2.7 建立充分体现我国水资源紧缺状况，以节水和合理配置水资源、提高用水效率、促进水资源可持续利用为核心的水价机制。扩大水资源费征收范围并适当提高征收标准。逐步提高水利工程供水价格，优先提高城市污水处理费征收标准，合理确定再生水价格。大力推行阶梯式水价、超计划超定额取水加价等科学合理的水价制度。

5.2.8 新建、扩建和改建项目在实行"三同时、四到位"制度(即节水设施必须与主体工程同时设计、同时施工、同时投入运行。用水单位要做到用水计划到位、节水目标到位、节水措施到位、管水制度到位)过程中，应积极采用《大纲》推荐的节水技术。

5.2.9 建立和完善用水总量控制和定额管理制度。结合行业、地区特点，建立以取水定额为核心的考核、评价、管理体系。

5.2.10 加强对重点用水单位取水定额执行情况、节水新技术、新产品推广使用情况和国家明令淘汰的高耗水的落后工艺、技术和设备的淘汰情况的监督检查。新建用水工程(项目)，不得采用本《大纲》和国家明令淘汰的落后工艺、技术和设备。

5.2.11 建立节水产品认证制度，规范节水产品市场。

5.3 建立健全节水技术的研究开发和推广服务体系

5.3.1 加强节水技术创新体系建设。

建立节水重点实验室和工程技术中心，加快节水技术的研究开发。

5.3.2 加强节水技术推广服务体系建设。组织开展技术交流、技术推广、技术咨询、信息发布、宣传培训等活动。

5.3.3 加强节水标准体系建设。建立和完善取水定额标准体系，完善节水基础标准、节水考核标准、节水设施和产品标准、节水技术规范。

5.3.4 积极推动节水技术国际交流与合作，引进和消化吸收国外先进的节水技术，加快发展具有自主知识产权的节水技术和产品。

5.3.5 开展节水宣传教育活动。采取各种有效形式，开展节水技术科普宣传，加快节水技术的推广。

中国节能产品认证管理办法

第一章　总则

第一条　为节约能源、保护环境，有效开展节能产品的认证工作，保障节能产品的健康发展和市场公平竞争，促进节能产品的国际贸易，根据《中华人民共和国产品质量法》、《中华人民共和国产品质量认证管理条例》和《中华人民共和国节约能源法》，制定本办法。

第二条　本办法中所称的节能产品，是指符合与该种产品有关的质量、安全等方面的标准要求，在社会使用中与同类产品或完成相同功能的产品相比，它的效率或能耗指标相当于国际先进水平或达到接近国际水平的国内先进水平。

第三条　节能产品认证(以下简称认证)是依据相关的标准和技术要求，经节能产品认证机构确认并通过颁布节能产品认证证书和节能标志，证明某一产品为节能产品的活动。节能产品认证采用自愿的原则。

第四条　中华人民共和国境内企业和境外企业及其代理商(以下简称企业)均可向中国节能产品认证管理委员会(以下简称“管理委员会”)及中国节能产品认证中心(以下简称“中心”)自愿申请节能产品认证。

第五条　节能产品认证工作受国家经贸委的领导，接受国家质量技术监督局的管理以及全社会的监督。

第二章　认证条件

第六条　申请认证的条件：

(一) 中华人民共和国境内企业应持有工商行政主管部门颁发的《企业法人营业执照》，境外企业应持有有关机构的登记注册证明；

(二) 生产企业的质量体系符合国家质量管理和质量保证标准及补充要求，或者外国申请人所在国等同采用ISO9000系列标准及补充要求；

(三) 产品属国家颁布的可开展节能产品认证的产品目录；

(四) 产品符合国家颁布的节能产品认证用标准或技术要求；

(五) 产品应注册，质量稳定，能正常批量生产，有足够的供货能力，具备售前、售后的优良服务和备品备件的供应保证，并能提供相应的证明材料。

第三章　认证程序

第七条　申请认证的国内企业，应按管理委员会确定的认证范围和产品目录提出书面申请，按规定格式填写认证申请书，并按程序将申请书和需要的有关资料提交给中心；境外企业或代理商均可向管理委员会或中心申请，其申请书及材料应有中英文对照。

第八条　中心经审查决定受理认证申请后，向企业发出《受理节能产品认证申请通知书》。企业应按照《节能产品认证收费管理办法》的有关规定，向中心交纳有关认证费用。

第九条　中心组织检查组，按程序对申请企业的质量体系进行现场检查。检查组应在规定时间内向中心提交《企业质量体系审核报告》。

第十条　对需要进行检验的产品，由中心指定的人员(或委托的检验机构)负责对申请认证的产品进行随机抽样和封样，由企业将封存的产品送指定的认证检验机构进行检验。必须在现场检验时，由检验机构派人到现场检验。

第十一条　检验机构应依据管理委员会确认的节能产品认证用标准或技术要求对样品进行检验，并在规定时间内向中心提交《产品检验报告》。

第十二条　中心将企业申请材料、质量体系审核报告、产品检验报告等进行汇总整理，然后提交给由中心成员、相关专家工作组的专家和管理委员会部分委员组成的认证评定组，评定组撰写综合评审意见，报中心主任审批。

第十三条　中心主任批准认证合格的产品，颁发认证证书，并准许使用节能标志。

中心负责将通过认证的产品及其生产企业名单报送国家经贸委和国家质量技术监督局备案，并向社会发布公告、进行宣传。

第十四条　对未通过认证的产品，由中心向企业发出认证不合格通知书，说明不合格原因。

第四章　认证证书和节能标志的使用

第十五条　通过认证的企业，在公告发布后两个月内，到中心签订认证证书和节能标志使用协议书，领取认证证书和节能标志。认证证书由中心印制并统一编号。

第十六条　认证证书和节能标志使用有效期为四年。有效期满，愿继续认证的企业应在有效期满前三个月重新提出认证申请，由中心按照认证程序进行评审，并可区别情况简化部分评审内容。不重新认证的企业不得继续使用认证证书和节能标志，或向中心申请注销认证证书。

第十七条　通过认证的企业，允许在认证的产品、包装、说明书、合格证及广告宣传中使用节能标志(节能标志管理办法另行规定)。

未参与认证或没有通过认证的企业的分厂、联营厂和附属厂均不得使用认证证书和节能标志。

第十八条　在认证证书有效期内，出现下列情况之一的，应当按照有关规定重新换证：

(一) 使用新的商标名称；

(二) 认证证书持有者变更；

(三) 产品型号、规格变更，经确认仍能满足有关标准和技术要求。

第十九条　认证证书持有者必须建立节能标志使用制度，每年向中心报告节能标志的使用情况。

第五章　认证后的监督检查

第二十条　在认证证书有效期内，中心应定期或不定期地组织对通过认证的产品及其企业进行监督性检验或抽查，两次监督性检验或抽查之间的间隔最长不得超过十二个月。

第二十一条　在认证证书有效期内，凡有下列情况之一者，暂停企业使用认证证书和节能标志。

(一) 监督检查时，发现通过认证的产品及生产现状不符合认证要求；

(二) 通过认证的产品在销售和使用中达不到认证时的各项技术经济指标；

(三) 用户和消费者对通过认证的产品提出严重质量问题，并经查实的；

(四) 认证证书或节能标志的使用不符合规定要求。

第二十二条　当认证证书持有者违反第二十一条时，中心向认证证书持有者发出《暂停使用认证证书和节能标志的通知书》，并令其限期整改，整改期限最长不超过半年。整改结束后，企业向中心提交整改报告和申请恢复使用认证证书。中心经复查合格后，向认证证书持有者发出《恢复使用认证证书和节能标志通知书》。增加的检查费用按实际支出由企业负担。

第二十三条　在认证证书有效期内，有下列情况之一者，由中心主任批准撤消认证证书，禁止使用节能标志，并向社会公告。

(一) 经监督检查和检验判定通过认证的产品为不合格产品；

（二）整改期满不能达到整改目标；

（三）通过认证的产品质量严重下降，或出现重大质量问题，且造成严重后果；

（四）转让认证证书、节能标志或违反有关规定、损害节能标志的信誉；

（五）拒绝按规定缴纳年金；

（六）没有正当理由而拒绝监督检查。

被撤消认证证书的企业，自发出通知之日起一年内不得再次向中心提出认证申请。

第六章　罚则

第二十四条　使用伪造的节能标志或冒用节能标志、转让节能标志的企业，按《中华人民共和国产品质量认证管理条例》第十九条和《中华人民共和国节约能源法》第四十八条的规定处罚。

第二十五条　通过认证的产品出厂销售时，其产品达不到认证时的各项技术经济指标的，生产企业应当负责包修、包换、包退，给用户或消费者造成经济损失或造成危害的，生产企业应当依法承担赔偿责任。

第七章　申诉与处理

第二十六条　有下列情况之一时，企业和用户可向中心、管理委员会提出申诉：

（一）符合认证条件要求，但认证机构不予受理申请；

（二）对检查、检验或暂停、撤消认证证书有异议；

（三）认证机构、检验机构或其工作人员有违纪行为；

（四）认证工作违章收费；

（五）用户对获证产品有异议。

第二十七条　申诉调查和处理工作一般由中心的申诉监理部组织进行。对处理结果有异议者可向管理委员会或国家质量技术监督局提出申诉。

第八章　附则

第二十八条　认证收费遵循不营利原则，从申请认证的企业收取，具体收费办法及标准按照国家有关规定另行制定。

第二十九条　本办法经管理委员会全体会议讨论通过后，报国家质量技术监督局批准。

第三十条　本办法由管理委员会负责解释。

第三十一条　本办法自批准之日起生效。

能源效率标识管理办法

第一章 总 则

第一条 为加强节能管理，推动节能技术进步，提高能源效率，依据《中华人民共和国节约能源法》、《中华人民共和国产品质量法》、《中华人民共和国认证认可条例》，制定本办法。

第二条 本办法所称能源效率标识，是指表示用能产品能源效率等级等性能指标的一种信息标识，属于产品符合性标志的范畴。

第三条 国家对节能潜力大、使用面广的用能产品实行统一的能源效率标识制度。国家制定并公布《中华人民共和国实行能源效率标识的产品目录》（以下简称《目录》），确定统一适用的产品能效标准、实施规则、能源效率标识样式和规格。

第四条 凡列入《目录》的产品，应当在产品或者产品最小包装的明显部位标注统一的能源效率标识，并在产品说明书中说明。

第五条 列入《目录》的产品的生产者或进口商应当在使用能源效率标识后，向国家质量监督检验检疫总局（以下简称国家质检总局）和国家发展和改革委员会（以下简称国家发展改革委）授权的机构(以下简称授权机构)备案能源效率标识及相关信息。

第六条 国家发展改革委、国家质检总局和国家认证认可监督管理委员会（以下简称国家认监委）负责能源效率标识制度的建立并组织实施。

地方各级人民政府节能管理部门（以下简称地方节能管理部门）、地方质量技术监督部门和各级出入境检验检疫机构(以下简称地方质检部门)，在各自的职责范围内对所辖区域内能源效率标识的使用实施监督检查。

第二章 能源效率标识的实施

第七条 国家发展改革委、国家质检总局和国家认监委制定《目录》和实施规则。国家发展改革委和国家认监委制定和公布适用产品的统一的能源效率标识样式和规格。

第八条 能源效率标识的名称为“中国能效标识”（英文名称为China Energy Label），能源效率标识应当包括以下基本内容：

（一）生产者名称或者简称；

（二）产品规格型号；

（三）能源效率等级；

（四）能源消耗量；

（五）执行的能源效率国家标准编号。

第九条　列入《目录》的产品的生产者或进口商，可以利用自身的检测能力，也可以委托国家确定的认可机构认可的检测机构进行检测，并依据能源效率国家标准，确定产品能源效率等级。

利用自身检测能力确定能源效率等级的生产者或进口商，其检测资源应当具备按照能源效率国家标准进行检测的基本能力，国家鼓励其实验室取得认可机构的国家认可。

第十条　生产者或进口商应当根据国家统一规定的能源效率标识样式、规格以及标注规定，印制和使用能源效率标识。

在产品包装物、说明书以及广告宣传中使用的能源效率标识，可按比例放大或者缩小，并清晰可辨。

第十一条　生产者或进口商应当自使用能源效率标识之日起30日内，向授权机构备案，可以通过信函、电报、电传、传真、电子邮件等方式提交以下材料：

（一）生产者营业执照或者登记注册证明复印件；进口商与境外生产者订立的相关合同副本；

（二）产品能源效率检测报告；

（三）能源效率标识样本；

（四）初始使用日期等其他有关材料；

（五）由代理人提交备案材料时，应有生产者或进口商的委托代理文件等。

上述材料应当真实、准确、完整。

外文材料应当附有中文译本，并以中文文本为准。

第十二条　能源效率标识内容发生变化，应当重新备案。

第十三条　对产品的能源效率指标发生争议时，企业应当委托经依法认定或者认可机构认可的第三方检测机构重新进行检测，并以其检测结果为准。

第十四条　授权机构应当定期公告备案信息，并对生产者和进口商使用的能源效率标识进行核验。

能源效率标识备案不收取费用。

第三章 监督管理

第十五条 生产者和进口商应当对其使用的能源效率标识信息准确性负责，不得伪造或冒用能源效率标识。

第十六条 销售者不得销售应当标注但未标注能源效率标识的产品，不得伪造或冒用能源效率标识。

第十七条 认可机构认可的检测机构接受生产者或进口商的委托进行检测，应当客观、公正，保证检测结果的准确，承担相应的法律责任，并保守受检产品的商业秘密。

第十八条 任何单位和个人不得利用能源效率标识对其用能产品进行虚假宣传，误导消费者。

第十九条 国家质检总局和国家发展改革委依据各自职责，对列入《目录》的产品进行检查，核实能源效率标识信息。

第二十条 列入《目录》的产品的生产者、销售者和进口商应当接受监督检查。

第二十一条 任何单位和个人对违反本办法的行为，可以向地方节能管理部门、地方质检部门举报。地方节能管理部门、地方质检部门应当及时调查处理，并为举报人保密。

第四章 罚 则

第二十二条 地方节能管理部门、地方质检部门依据《中华人民共和国节约能源法》的有关规定，在各自的职责范围内负责对违反本办法规定的行为进行处罚。

第二十三条 违反本办法规定，生产者或进口商应当标注统一的能源效率标识而未标注的，由地方节能管理部门或者地方质检部门责令限期改正，逾期未改正的予以通报。

第二十四条 违反本办法规定，有下列情形之一的，由地方节能管理部门或者地方质检部门责令限期改正和停止使用能源效率标识；情节严重的，由地方质检部门处1万元以下罚款：

（一）未办理能源效率标识备案的，或者应当办理变更手续而未办理的；

（二）使用的能源效率标识的样式和规格不符合规定要求的。

第二十五条 伪造、冒用、隐匿能源效率标识以及利用能源效率标识做虚假宣传、误导消费者的，由地方质检部门依照《中华人民共和国节约能源法》和《中华人民共和国产品质量法》以及其他法律法规的规定予以处罚。

第五章 附 则

第二十六条　本办法由国家发展改革委和国家质检总局负责解释。

第二十七条　本办法自 2005 年 3 月 1 日起施行。

民用建筑节能管理规定

第一条　为了加强民用建筑节能管理，提高能源利用效率，改善室内热环境质量，根据《中华人民共和国节约能源法》、《中华人民共和国建筑法》、《建设工程质量管理条例》，制定本规定。

第二条　本规定所称民用建筑，是指居住建筑和公共建筑。

本规定所称民用建筑节能，是指民用建筑在规划、设计、建造和使用过程中，通过采用新型墙体材料，执行建筑节能标准，加强建筑物用能设备的运行管理，合理设计建筑围护结构的热工性能，提高采暖、制冷、照明、通风、给排水和通道系统的运行效率，以及利用可再生能源，在保证建筑物使用功能和室内热环境质量的前提下，降低建筑能源消耗，合理、有效地利用能源的活动。

第三条　国务院建设行政主管部门负责全国民用建筑节能的监督管理工作。

县级以上地方人民政府建设行政主管部门负责本行政区域内民用建筑节能的监督管理工作。

第四条　国务院建设行政主管部门根据国家节能规划，制定国家建筑节能专项规划；省、自治区、直辖市以及设区城市人民政府建设行政主管部门应当根据本地节能规划，制定本地建筑节能专项规划，并组织实施。

第五条　编制城乡规划应当充分考虑能源、资源的综合利用和节约，对城镇布局、功能区设置、建筑特征、基础设施配置的影响进行研究论证。

第六条　国务院建设行政主管部门根据建筑节能发展状况和技术先进、经济合理的原则，组织制定建筑节能相关标准，建立和完善建筑节能标准体系；省、自治区、直辖市人民政府建设行政主管部门应当严格执行国家民用建筑节能有关规定，可以制定严于国家民用建筑节能标准的地方标准或者实施细则。

第七条　鼓励民用建筑节能的科学研究和技术开发，推广应用节能型的建筑、结构、材料、用能设备和附属设施及相应的施工工艺、应用技术和管理技术，促进可再生能源的开发利用。

第八条　鼓励发展下列建筑节能技术和产品：

（一）新型节能墙体和屋面的保温、隔热技术与材料；

（二）节能门窗的保温隔热和密闭技术；

（三）集中供热和热、电、冷联产联供技术；

（四）供热采暖系统温度调控和分户热量计量技术与装置；

（五）太阳能、地热等可再生能源应用技术及设备；

（六）建筑照明节能技术与产品；

（七）空调制冷节能技术与产品；

（八）其他技术成熟、效果显著的节能技术和节能管理技术。

鼓励推广应用和淘汰的建筑节能部品及技术的目录，由国务院建设行政主管部门制定；省、自治区、直辖市建设行政主管部门可以结合该目录，制定适合本区域的鼓励推广应用和淘汰的建筑节能部品及技术的目录。

第九条　国家鼓励多元化、多渠道投资既有建筑的节能改造，投资人可以按照协议分享节能改造的收益；鼓励研究制定本地区既有建筑节能改造资金筹措办法和相关激励政策。

第十条　建筑工程施工过程中，县级以上地方人民政府建设行政主管部门应当加强对建筑物的围护结构（含墙体、屋面、门窗、玻璃幕墙等）、供热采暖和制冷系统、照明和通风等电器设备是否符合节能要求的监督检查。

第十一条　新建民用建筑应当严格执行建筑节能标准要求，民用建筑工程扩建和改建时，应当对原建筑进行节能改造。

既有建筑节能改造应当考虑建筑物的寿命周期，对改造的必要性、可行性以及投入收益比进行科学论证。节能改造要符合建筑节能标准要求，确保结构安全，优化建筑物使用功能。

寒冷地区和严寒地区既有建筑节能改造应当与供热系统节能改造同步进行。

第十二条　采用集中采暖制冷方式的新建民用建筑应当安设建筑物室内温度控制和用能计量设施，逐步实行基本冷热价和计量冷热价共同构成的两部制用能价格制度。

第十三条　供热单位、公共建筑所有权人或者其委托的物业管理单位应当制定相应的节能建筑运行管理制度，明确节能建筑运行状态各项性能指标、节能工作诸环节的岗位目标责任等事项。

第十四条　公共建筑的所有权人或者委托的物业管理单位应当建立用能档案，在供热或者制冷间歇期委托相关检测机构对用能设备和系统的性能进行综合检测评价，定期进行维护、维修、保养及更新置换，保证设备和系统的正常运行。

第十五条　供热单位、房屋产权单位或者其委托的物业管理等有关单位，应当记录并按有关规定上报能源消耗资料。

鼓励新建民用建筑和既有建筑实施建筑能效测评。

第十六条　从事建筑节能及相关管理活动的单位,应当对其从业人员进行建筑节能标准与技术等专业知识的培训。

建筑节能标准和节能技术应当作为注册城市规划师、注册建筑师、勘察设计注册工程师、注册监理工程师、注册建造师等继续教育的必修内容。

第十七条　建设单位应当按照建筑节能政策要求和建筑节能标准委托工程项目的设计。

建设单位不得以任何理由要求设计单位、施工单位擅自修改经审查合格的节能设计文件，降低建筑节能标准。

第十八条　房地产开发企业应当将所售商品住房的节能措施、围护结构保温隔热性能指标等基本信息在销售现场显著位置予以公示,并在《住宅使用说明书》中予以载明。

第十九条　设计单位应当依据建筑节能标准的要求进行设计,保证建筑节能设计质量。

施工图设计文件审查机构在进行审查时，应当审查节能设计的内容，在审查报告中单列节能审查章节；不符合建筑节能强制性标准的，施工图设计文件审查结论应当定为不合格。

第二十条　施工单位应当按照审查合格的设计文件和建筑节能施工标准的要求进行施工，保证工程施工质量。

第二十一条　监理单位应当依照法律、法规以及建筑节能标准、节能设计文件、建设工程承包合同及监理合同对节能工程建设实施监理。

第二十二条　对超过能源消耗指标的供热单位、公共建筑的所有权人或者其委托的物业管理单位，责令限期达标。

第二十三条　对擅自改变建筑围护结构节能措施,并影响公共利益和他人合法权益的，责令责任人及时予以修复，并承担相应的费用。

第二十四条　建设单位在竣工验收过程中,有违反建筑节能强制性标准行为的，按照《建设工程质量管理条例》的有关规定，重新组织竣工验收。

第二十五条　建设单位未按照建筑节能强制性标准委托设计,擅自修改节能设计文件,明示或暗示设计单位、施工单位违反建筑节能设计强制性标准,降低工程建设质量的,处20万元以上50万元以下的罚款。

第二十六条　设计单位未按照建筑节能强制性标准进行设计的,应当修改设计。未进行修改的，给予警告，处10万元以上30万元以下罚款；造成损失的，依法承担赔偿责任；两年内，累计三项工程未按照建筑节能强制性标准设计的，责令停业整顿，降低资质等级或者吊销资质证书。

第二十七条　对未按照节能设计进行施工的施工单位，责令改正；整改所发生的工程费用，由施工单位负责；可以给予警告，情节严重的，处工程合同价款2%以上4%以下的罚款；两年内，累计三项工程未按照符合节能标准要求的设计进行施工的，责令停业整顿，降低资质等级或者吊销资质证书。

第二十八条　本规定的责令停业整顿、降低资质等级和吊销资质证书的行政处罚，由颁发资质证书的机关决定；其他行政处罚，由建设行政主管部门依照法定职权决定。

第二十九条　农民自建低层住宅不适用本规定。

第三十条　本规定自2006年1月1日起施行。原《民用建筑节能管理规定》（建设部令第76号）同时废止。

节约用电管理办法

第一章 总 则

第一条 为了加强节能管理，提高能效，促进电能的合理利用，改善能源结构，保障经济持续发展，根据《中华人民共和国节约能源法》、《中华人民共和国电力法》，制定本办法。

第二条 本办法所称电力，是指国家和地方电网以及企业自备电厂等所提供的各类电能。

第三条 本办法所称节约用电，是指加强用电管理，采取技术上可行、经济上合理的节电措施，减少电能的直接和间接损耗，提高能源效率和保护环境。

第四条 国家经济贸易委员会、国家发展计划委员会按照职责分工主管全国的节约用电工作，负责制定节约用电政策、规划，发布节约用电信息，定期公布淘汰低效高耗电的生产工艺、技术和设备目录，监督、指导全国的节约用电工作。

地方各级人民政府节约用电主管部门和行业节约用电管理部门负责制定本地区和本行业的节约用电规划，实行高耗电产品电耗限额管理和电力需求侧管理，监督、指导各自职责范围内的节约用电工作。

第五条 国家经济贸易委员会、国家发展计划委员会和地方各级人民政府节约用电主管部门鼓励、支持节约用电科学技术的研究和推广，加强节约用电宣传和教育，普及节约用电科学知识，提高全民的节约用电意识。

第六条 任何单位和个人都应当履行节约用电义务。国家经济贸易委员会、地方各级人民政府节约用电主管部门和行业节约用电管理部门依法建立节约用电奖惩制度。

第二章 节约用电管理

第七条 根据《中华人民共和国节约能源法》第十五条、第十六条之规定，国家经济贸易委员会、国家发展计划委员会和地方各级人民政府节约用电主管部门，应当会同有关部门，加强对高耗电行业的监督和指导，督促其采取有效的节约用电措施，推进节约用电技术进步，降低单位产品的电力消耗。

第八条 国家经济贸易委员会对高耗电的主要产品实行单位产品

电耗最高限额管理，定期公布主要高耗电产品的国内先进电耗指标。

地方各级人民政府节约用电主管部门和行业节约用电管理部门可根据本地区和本行业实际情况制定不高于国家公布的单位产品电耗最高限额指标。

第九条　用电负荷在500千瓦及以上或年用电量在300万千瓦时及以上的用户应当按照《企业设备电能平衡通则》(GB/T 3484)规定，委托具有检验测试技术条件的单位每二至四年进行一次电平衡测试，并据此制定切实可行的节约用电措施。

第十条　用电负荷在1000千瓦及以上的用户，应当遵守《评价企业合理用电技术导则》(GB/T 3485)和《产品电耗定额和管理导则》(GB/T 5623)的规定。不符合节约用电标准、规程的，应当及时改正。

第十一条　电力用户应当根据本办法的有关条款，积极采取经济合理、技术可行、环境允许的节约用电措施，制定节约用电规划和降耗目标，做好节约用电工作。

第十二条　固定资产投资项目的可行性研究报告中应当包括用电设施的节约用电评价等合理用能的专题论证。其中，高耗电的工程项目，应当经有资格的咨询机构评估。

高耗电的指标由省级及省级以上人民政府节约用电主管部门制定。

第十三条　禁止生产、销售国家明令淘汰的低效高耗电的设备、产品。国家明令淘汰的低效高耗电的工艺、技术和设备，禁止在新建或改建工程项目中采用；正在使用的应限期停止使用，不得转移他人使用。

第十四条　用电产品说明书和产品标识上应当注明耗电指标。鼓励推广经过国家节能认证的节约用电产品，鼓励建立能源服务公司，促进高耗电工艺、技术和设备的淘汰和改造，传播节约用电信息。

第三章　电力需求侧管理

第十五条　电力需求侧管理，是指通过提高终端用电效率和优化用电方式，在完成同样用电功能的同时减少电量消耗和电力需求，达到节约能源和保护环境，实现低成本电力服务所进行的用电管理活动。

第十六条　各级经济贸易委员会要积极推动需求侧管理。对终端用户进行负荷管理，推行可中断负荷方式和直接负荷控制，以充分利用电力系统的低谷电能。

第十七条　鼓励下列节约用电措施：

(一) 推广绿色照明技术、产品和节能型家用电器；

(二) 降低发电厂用电和线损率，杜绝不明损耗；

（三）鼓励余热、余压和新能源发电，支持清洁、高效的热电联产、热电冷联产和综合利用电厂；

（四）推广用电设备经济运行方式；

（五）加快低效风机、水泵、电动机、变压器的更新改造，提高系统运行效率；

（六）推广高频可控硅调压装置、节能型变压器；

（七）推广交流电动机调速节电技术；

（八）推行热处理、电镀、铸锻、制氧等工艺的专业化生产；

（九）推广热泵、燃气—蒸汽联合循环发电技术；

（十）推广远红外、微波加热技术；

（十一）推广应用蓄冷、蓄热技术。

第十八条　电力规划或综合资源规划中应当包括电力需求侧管理的内容。

第十九条　扩大两部制电价的使用范围，逐步提高基本电价，降低电度电价；加速推广峰谷分时电价和丰水电价，逐步拉大峰谷、丰枯电价差距；研究制定并推行可停电负荷电价。

第二十条　对应用国家重点推广或经过国家节能认证的节约用电产品的电力用户，可向省级价格主管部门和电力行政管理部门申请减免新增电力容量供电工程贴费，价格主管部门在征求电力企业意见的基础上予以协调处理；对列入《国家高新技术产品目录》的节约用电技术和产品，享受国家规定的税收优惠政策。

第二十一条　电力企业应当加强电力需求侧管理的宣传和推动工作，其所发生的有关费用可在管理费用中据实列支。

第四章　节约用电技术进步

第二十二条　国家鼓励、支持先进节约用电技术的创新，公布先进节约用电技术的开发重点和方向，建立和完善节约用电技术服务体系，培育和规范节约用电技术市场。

第二十三条　国家组织实施重大节约用电科研项目、节约用电示范工程，组织提出节约用电产品的节能认证和推广目录。

国家制定优惠政策，支持节约用电示范工程和节约用电推广目录中的技术、产品，并鼓励引进国外先进的节约用电技术和产品。

第二十四条　地方财政安排的科学研究经费应当支持先进节约用电技术的研究和应用。

第五章 奖 惩

第二十五条　国家经济贸易委员会、国家发展计划委员会和地方各级人民政府节约用电主管部门和行业节约用电管理部门对在节电降耗中成绩显著的集体和个人应当给予表彰和奖励。

第二十六条　企业应当制定奖惩办法，对在单位产品电力消耗管理中取得成绩的集体和个人给予奖励,对单位产品电力消耗超过最高限额的集体和个人给予惩罚。

第二十七条　违反本办法第八条规定，单位产品电力消耗超过最高限额指标的，限期治理；未达到要求的或逾期不治理的，由县级以上人民政府节约用电主管部门提出处理建议,报请同级人民政府按照国务院规定的权限责令停业整顿或者关闭。

新建或改建超过单位产品电耗最高限额的产品生产能力的工程项目,由县级以上人民政府节约用电主管部门会同项目审批单位责令停止建设。

第二十八条　违反本办法第十三条规定，新建或改建工程项目采用国家明令淘汰的低效高耗电的工艺、技术和设备的,由县级以上人民政府节约用电主管部门会同项目审批单位责令停止建设,并依法追究项目责任人和设计负责人的责任。

违反本办法第十三条规定,生产、销售国家明令淘汰的低效高耗电的设备、产品的；或使用国家明令淘汰的低效高耗电的工艺、技术和设备的；或将国家明令淘汰的低效高耗电的设备、产品转让他人使用的，按照《中华人民共和国节约能源法》的有关规定予以处罚。

第六章 附 则

第二十九条　本办法自发布之日起施行。

关于发展热电联产的规定

热电联产具有节约能源、改善环境、提高供热质量、增加电力供应等综合效益。热电厂的建设是城市治理大气污染和提高能源利用率的重要措施，是集中供热的重要组成部分，是提高人民生活质量的公益性基础设施。改革开放以来，我国热电联产事业得到了迅速发展，对促进国民经济和社会发展起了重要作用。为实施可持续发展战略，实现两个根本性转变，推动热电联产事业的发展，特作如下规定：

第一条　各地区在指定实施《中华人民共和国节约能源法》、《中华人民共和国环境保护法》、《中华人民共和国电力法》、《中华人民共和国煤炭法》、《中华人民共和国大气污染防治法》和《中华人民共和国城市规划法》等法律细则和相关地方法规时，应结合当地的实际情况，因地制宜地制定发展和推广热电联产、集中供热的措施。

第二条　各地区在制定发展规划时，应坚持环境保护基本国策，认真贯彻执行“能源节约与能源开发并举，把能源节约放在首位”的方针，按照建设部、国家计委《关于加强城市供热规划管理工作的通知》的规定（建城[1995]126号），认真编制和审查城市供热规划。依据本地区《城市供热规划》、《环境治理规划》和《电力规划》编制本地区的《热电联产规划》。

在进行热电联产项目规划时，应积极发展城市热水供应和集中制冷，扩大夏季制冷负荷，提高全年运行效率。

第三条　热电联产规划必须按照“统一规划、分布实施、以热定电和适度规模”的原则进行，以供热为主要任务，并符合改善环境、节约能源和提高供热质量的要求。

第四条　各级计委负责热电联产的规划和基本建设项目的审批，各级经贸委负责热电联产的生产管理、热电联产技术改造规划的制定和项目的审批，各级建设部门是城市供热行业管理部门，各级环保部门要依照相关的环保法规对热电联产进行监督。

第五条　根据国家能源和环保政策，各地区应根据能源供应条件和优化能源结构的要求，从改善环境质量、节约能源和提高供热质量出发，优化热电联产的燃料供应方案。

第六条　在国务院新的固定资产投资管理办法出台前，热电联产项目审批暂按以下规定执行：

1．单机容量25兆瓦及以上热电联产基本建设项目及总发电容量

25兆瓦以上燃气——蒸汽联合循环热电联产机组，报国家计委审批。

2．单机容量25兆瓦以下热电联产基本建设项目及总发电容量25兆瓦以下的燃气——蒸汽联合循环热电联产机组，由各省、自治区、直辖市及计划单列市计委组织审批，报国家计委备案。

3．现有凝汽发电机组改造为热电联产工程、热电联产技术改造工程和燃料结构变更与综合利用的热电联产技术改造工程，总投资大于5000万元的项目报国家经贸委审批；总投资小于5000万元的项目，由各省、自治区、直辖市经贸委组织审批，报国家经贸委备案。

4．外商投资热电厂工程总造价3000万美金及以上项目，基本建设项目报国家计委审批，技术改造工程由国家经贸委审批。

5．热电厂、热力网、粉煤灰综合利用项目应同时审批，同步建设、同步验收投入使用。热力网建设资金和粉煤灰综合利用项目不落实的，热电厂项目不予审批。

第七条　各类热电联产机组应符合下列指标

一、供热式汽轮发电机组的蒸汽流既发电又供热的常规热电联产，应符合下列指标：

1．总热效率年平均大于45%

总热效率＝（供热量＋供电量×3600千焦／千瓦时）／（燃料总消耗量×燃料单位低位热值）×100%。

2．热电联产的热电比：

(1) 单机容量在50兆瓦以下的热电机组，其热电比年平均应大于100%；

(2) 单机容量在50兆瓦至200兆瓦以下的热电机组，其热电比年平均应大于50%；

(3) 单机容量200兆瓦及以上抽汽凝汽两用供热机组，采暖期热电比应大于50%；

热电比＝供热量／（供电量×3600千焦／千瓦时）×100%。

二、燃气—蒸汽联合循环热电联产系统包括：燃气轮机＋供热余热锅炉、燃气轮机＋余热锅炉＋供热式汽轮机。燃气—蒸汽联合循环热电联产系统应符合指标：

1．总热效率年平均大于55%；

2．各容量等级燃气—蒸汽联合循环热电联产的热电比年平均应大于30%。

第八条　符合上述指标的新建热电厂或扩建热电厂的增容部分免交上网配套费，电网管理部门应允许并网。投产第一年按批准可行性研究报告确定的全年平均热电比和总热效率签定上网电量合同。在保证供热和机组安全运行的前提下供热机组可参加调峰（背压机组不参加调峰）。国家和省、自治区、直辖市批准的开发区建设的热电厂投产三年后；以及现有热电厂经技术改造投产后，达不到第七条规定指标的，经报请省级综合经济部门核准，按实际热负荷核减结算电量，对超发部分实行无偿调度。

第九条　热电联产能有效节约能源，改善环境质量，各地区、各部门应给予大力支持。热电厂应根据热负荷的需要，确定最佳运行方案，并以满足热负荷的需要为主要目标。地区电力管理部门在指定热电厂电力调度曲线时，必须充分考虑供热负荷曲线变化和节能因素，不得以电量指标限制热电厂对外供热，更不得迫使热电厂减压减温供汽，否则将依据《中华人民共和国节约能源法》和《中华人民共和国反不正当竞争法》第二十三条追究有关部门领导和当事人的责任，并赔偿相应的经济损失。

第十条　城市热力网是城市基础设施的一部分，各有关部门均应大力支持其建设，使城市热力网与热电厂配套建设，同时投入使用，充分发挥效益。

第十一条　凡利用余热、余气、城市垃圾、煤矸石、煤泥和煤层气等作为燃料的热电厂，按《国务院批转国家经贸委等部门关于进一步开展综合利用意见的通知》文件执行（国发[1996]36号）。

第十二条　在有稳定热负荷的地区，进行中小凝汽机组改造时，应选择预期寿命内的机组安排改造为供热机组，并必须符合本规定第七条的要求。

第十三条　鼓励使用清洁能源，鼓励发展热、电、冷联产技术和热、电、煤气联供，以提高热能综合利用效率。

第十四条　积极支持发展燃气—蒸汽联合循环热电联产。

1．燃气—蒸汽联合循环热电联产污染小、效率高及靠近热、电负荷中心。国家鼓励以天然气、煤层气等气体为燃料的燃气—蒸汽联合循环热电联产。

2．发展燃气—蒸汽联循环热电联产应坚持规模适度。根据当地热力市场和电力市场的实际情况，以供热为主要目的，尽力提高资源综合利用效率和季节适应性，可采用余热锅炉补燃措施，不宜片面扩大燃机容量和发电容量。

3．根据燃气—蒸汽联合循环热电厂具有大量稳定用气和天然气管网提供调峰支持的特点，合理指定天然气价格。

4．以小型燃气发电机组和余热锅炉等设备组成的小型热电联产系统，适用于厂矿企业、写字楼、宾馆、商场、医院、银行、学校等较分散的公用建筑。它具有效率高、占地小、保护环境、减少供电线损和应急突发事件等综合功能，在有条件的地区应逐步推广。

第十五条　供热锅炉单台容量20吨／时及以上者，热负荷年利用大于4000小时，经技术经济论证具有明显经济效益的，应该改造为热电联产。

第十六条　在已建成的热电联产集中供热和规划建设热电联产集中供热项目的供热范围内，不得再建燃煤自备热电厂或永久性燃煤锅炉房，当地环保与技术监督部门不得再审批其扩建小锅炉。在热电联产集中供热工程投产后，在供热范围内经批准保留部分容量较大、设备状态较好的锅炉作为供热系统的调峰和备用外，其余小锅炉应由当地政府在三个月内明令拆除。在现有热电厂的供热范围内，不应有分散燃煤小锅炉运行。已有的分散燃煤小锅炉应限期停运。在城市热力网供热范围内，居民住宅小区应使用集中供热，不应再采用小锅炉等分散供热方式。

第十七条　各级政府应积极推动环境保护和节约能源，实施可持续发展战略，在每年市政建设中安排一定比例的资金用于发展热电联产、集中供热。

第十八条　住宅采暖供热应积极推进用户单位按用热量计价收费的新体制。从2000年10月1日起，新建居民住宅室内采暖供热系统要按分户安装计量仪表设计和建设，推行按热量收费；原有居民住宅要在开展试点的基础上，逐步进行改造，到2010年基本实现供热计量收费。

第十九条　热电联产项目接入电力系统方案，电力管理部门必须及时提出审查意见。热力管网走向和敷设方式必须由当地城市建设管理部门及时提出审查意见。

第二十条　热电联产项目的建设、安装、调试、验收、投产必须遵照固定资产投资项目的管理程序和有关规定执行。在热电厂和城市热网的建设过程中应分别接受电力及城市建设管理等部门的监督。

第二十一条　热电厂热价、电价应按《中华人民共和国价格法》和《中华人民共和国电力法》的规定制定。热电联产热价、电价的制定应充分考虑热电厂节约能源、保护环境的社会效益，在兼顾用户承受能力的前提下，本着热、电共享的原则合理分摊，由各级价格行政管理部门按价格管理权限指定公平、合理的价格。

第二十二条　本规定自发布之日起施行。本文发布单位的其他文件中有关热电联产的规定，凡与本文不符的应以本文为准。

第二十三条　本规定由国家发展计划委员会商国家经济贸易委员会、建设部、国家环保总局进行解释。

北京市建筑节能管理规定

第一条　为加强建筑节能管理，提高能源利用效率，促进经济和社会可持续发展，根据本市实际情况，制定本规定。

第二条　在本市行政区域内从事建筑活动，必须遵守本规定。

本规定所称建筑活动，是指各类房屋建筑及其附属设施的设计、建造和与其配套的线路、管道、设备的设计安装活动。

本规定所称建筑节能，是指在建筑活动中，依照国家和本市建筑节能的有关规定，采用节能型的建筑结构、材料、器具和产品，提高建筑物保温隔热性能和采暖供热系统效率，减少采暖、制冷、照明的能耗，合理有效地利用能源。

第三条　市建设委员会主管本市建筑节能工作，负责组织实施本规定。区、县建设行政主管部门负责本辖区内建筑节能的管理和监督工作。

规划、发展计划、经济、市政管理、国土资源和房屋管理、科学技术、质量技术监督、工商等行政主管部门按照各自职责，依法对建筑节能工作实施监督和管理。

第四条　建筑工程的设计和建造应当严格执行国家和本市建筑节能设计标准、施工规范和验评标准。

适用北京地区的建筑工程通用设计标准图集、施工规程和验评标准，由市规划委员会和市建设委员会负责编制。

第五条　本市鼓励开展建筑节能科学研究和技术开发，在建筑活动中推广使用先进的用能技术、材料和设备，重点发展以下建筑节能技术或者产品：

（一）新型节能墙体和屋面的保温、隔热技术与材料；

（二）节能门窗的保温隔热和密闭技术；

（三）采暖供热系统温度调控和分户热量计量技术与装置；

（四）利用太阳能、风能等可再生能源以及利用热泵提高热效率的采暖技术；

（五）建筑照明节能技术与产品；

（六）其他技术成熟、效果显著的节能技术和节能管理技术。

第六条　本市积极开发和采用新型建筑结构体系，推广使用各类节能环保型墙体材料，发展墙体与屋面的高性能保温技术。

城近郊区、远郊区（县）的建制镇、新建住宅小区、经济技术开发区、新技术产业开发区的新建房屋及围墙工程禁止使用黏土实心砖。自2002年5月1日起，除农民在宅基地上自建低层住宅外，所有建筑工程(包括基础部分)禁止使用黏土实心砖。农民在宅基地上自建低层住宅，推广使用节能建筑材料。

本市根据新型建筑材料的发展情况，逐步限制使用或者淘汰其他以黏土为原料的建筑材料和保温性能差的墙体屋面保温材料。

自2003年5月1日起，本市禁止生产黏土实心砖。

第七条 本市按照建筑节能有关政策和标准要求，推广使用各类节能环保型门窗，逐步淘汰或者限制使用保温密封性能差的建筑外用门窗。

第八条 新建建筑工程必须选择先进合理的采暖供热方式，采用高效的管道保温与热调控计量技术和节能型材料、设备、器具，逐步推行采暖按户计量收费制度。

现有建筑物未达到建筑节能标准的，应当逐步对其围护结构和采暖供热系统进行技术改造；其中对建筑物实施改建、扩建或者大型修缮的，必须进行节能技术改造。

第九条 建筑物照明工程应当合理选择照度标准、照明方式、控制方式并充分利用自然光，选用节能型产品，降低照明电耗，提高照明质量。

居住建筑的公共走廊、楼梯内等部位，必须安装使用节能灯具。

第十条 规划行政主管部门应当加强对建筑节能设计的监督和管理。

发展计划、建设等行政主管部门应当依据国家和本市有关规定，在基本建设项目管理中加强对建设项目执行建筑节能标准和政策的监督管理。对不符合建筑节能标准和政策的，不予批准建设。竣工工程不符合建筑节能标准和政策要求的，不得允许使用。

第十一条 建设单位必须按照建筑节能标准和经批准的项目可行性研究报告或者设计任务书中的节能要求委托设计，组织竣工验收。

设计单位必须依据建筑节能标准和规范进行设计，保证建筑节能设计质量。

施工单位必须按照符合建筑节能要求的设计文件和施工规程施工，并对施工质量负责。

监理单位对不符合标准和建筑节能设计要求的建筑材料、建筑构配件和设备，不得同意在建筑工程中安装和使用。

第十二条 任何单位和个人不得擅自拆改已建成的节能建筑围护结构和采暖供热系统。

第十三条 对达不到国家或者本市建筑节能标准要求、影响建筑结构安全和使用功能、能耗高或者严重污染环境的落后技术、材料、设备，由市建设委员会会同市规划委员会、市质量技术监督局等部门发布限制使用和淘汰目录，限制或者禁止在本市建筑工程中使用。

前款规定的限制使用和淘汰的技术、材料、设备目录，应当至少在实施前6个月公布。

第十四条　下列项目可以按照国家和本市有关规定享受贷款贴息、资金补助等政策支持：

（一）新型建筑结构体系和供暖技术的科研与试点示范工程；

（二）利用工业废渣、城市废渣和农作物秸杆生产新型墙体材料；

（三）其他与推动建筑节能发展有关的材料、设备的生产应用技术开发与技术改造项目。

第十五条　违反本规定第六条第二款规定使用黏土实心砖的，责令改正，并处3万元以下罚款。

第十六条　建设单位、设计单位、施工单位或者工程监理单位违反本规定，未按照建筑节能标准进行工程发包、设计、施工、监理和竣工验收，以及使用国家和本市明令淘汰和不符合标准要求的建筑材料、配件和设备的，由建设或者规划行政主管部门依照国务院《建设工程质量管理条例》的规定予以处罚。

第十七条　对生产、销售国家或者本市明令淘汰和不符合标准的建筑材料、建筑构配件和设备的，由质量技术监督、工商等行政主管部门依法处罚。

第十八条　本规定自2001年9月1日起施行。

附录二

中国建筑设计研究院机电院

Mechanical Electrical Plumbing Design & Research Institute

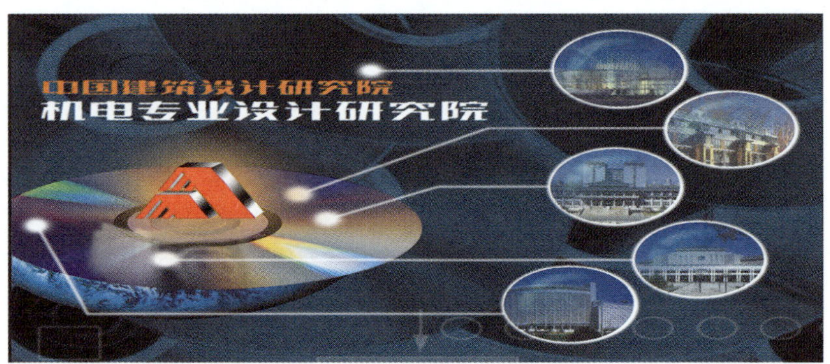

中国建筑设计研究院机电院为国资委的下属企业，拥有一支由22名教授级高工，47名高级工程师，总计118名专业精英组成的团队。机电院下设给排水专业所、暖通专业所、电气专业所和节能咨询部。主要业务范围：机电设计、节能咨询和编制技术标书等。

高效的工作效率需要有高效的工作流程。“三审两校”是机电院严格遵守也是最行之有效保证工作效率和质量的法宝。“二校、三审、一会审”是保证设计质量行之有效的办法：二校：设计人自校，校对人校对；三审：工种负责人审查，审核人审核，审定人审定；一会审：各专业在审定前进行专业会审，以防图纸出现错、漏、碰、缺现象。

在科学的管理机制和强大的技术力量支持下，机电院从1986年至今获得的设计奖励289项，其中国际级奖项5项，国家级奖项44项，省部级奖项195项。获得的科研奖励241项，其中国家级奖项11项，省部级奖项93项。机电院在2000年通过了ISO9001国际质量体系的认证；并有建筑工程设计责任保险证书。现有国家一级注册公用设备工程师和电气工程师65人，现已取得全国消防设施专项设计人员消防专业考试合格证的工程师36人。

机电院以“从质量中求精品，从管理中求效益，从服务中求市场，从创新中求发展”为宗旨，遵循“节约能源、节水节电、精心设计、确保质量、系统合理”的方针，发扬与时俱进精神，不断创作出更好的设计精品，为建筑设计行业的发展做出更大的贡献。

节能设计与咨询

机电院技术咨询部为众多业主开展节能设计技术咨询，近有国家大剧院、首都机场、中国农业银行总行办公楼，远有呼和浩特首府广场、合肥市政府新区天鹅湖畔小区等项目。

智能化专项设计

以“量身订做”为手段、“系统合理、节约投资”为目标，又为不少业主进行了如山东广电中心（14万m^2）、北沙滩住宅小区（14万m^2）、北京银行总行办公楼（10万m^2）、中石化办公楼（17万m^2）、国家新闻出版署办公楼（4万m^2）等工程智能化专项设计。

编制机电技术标书

以一批资深专家为主体，现已为众多业主进行了如“北京轻汽西厂区改造项目（42万m^2）、北京国典大厦（7万m^2）等项目的机电技术标书的编制。

工程节能诊断

机电院被北京市发改委指定为节能诊断单位之一，擅长节能、节水、节电、节材、节资的建筑设计、咨询，承接了如北京市市政管理委员会、北京市旅游局及北京市公安交通管理局建筑物节能诊断等多项任务。历经多年实践，总结出机电院完整的节能诊断工作思路，即从现场调查、抽样检测、复核设计图纸、模拟计算分析、提出存在的问题、分析解决问题的方法到提出解决问题的关键技术措施。

院长：欧阳东（教授级高工）
副院长兼给排水所所长：赵　锂（教授级高工）
副院长兼暖通所所长：关文吉（教授级高工）
电气所所长：李陆峰（教授级高工）
电　话：010-68313684
传　真：010-68339620
地　址：北京市西城区车公庄大街19号 100044

全国智能建筑技术情报网

China Intelligent Building Technology Information Association

全国智能建筑技术情报网（英文名称为 China Intelligent Building Technology Information Association 缩写(CIBTIA)（以下简称全国智能网）是适应21世纪经济社会发展的需要，于1998年经建设部科技司批准正式成立的一个全国性的技术协作与交流的学术组织，由全国各地区知名设计研究院（按东北、西北、华北、华南、华东、西南、中南七个区域划分）、大专院校、系统集成商及房地产开发商等单位组成，现拥有全国的网员单位一百多家，挂靠单位为中国建筑设计研究院。

工作方针、宗旨如下：

■ 方针：致力卓越服务、传播业界信息、促进技术进步、推动行业发展。

■ 宗旨：从质量中求精品、从管理中求效率、从服务中求市场、从创新中求发展。

主要工作任务是：

■ 积极搜集整理国内外智能建筑技术的科研、工程设计、设备开发与制造、经营管理等方面的情报信息，采取各种方式进行技术情报交流（包括与国内外智能学术团体及协会的交流)。

■ 根据社会需求，积极开展智能建筑技术及标准与规范的宣传推广工作，组织有关最新技术，产品信息及专题研讨会。

■ 组织编写智能建筑技术工程设计的图书资料，正式出版信息性、专题性、动态性的网刊《智能建筑电气技术》(季刊)。

■ 按照国家基本建设的发展目标及重点攻关项目的需要，组织网内有关专家在生产、 科研、设计、施工等方面参与技术攻关、技术培训及设备的评定工作，切实做好智能建筑技术有关的各项工作。

全国智能建筑技术情报网自成立以来，与国内智能建筑技术发展同呼吸共命运。通过创办“中国智能建筑信息网”(www.ib-china.com 网站)——全国性的信息交流平台和专业技术刊物的出版，积极开展各项代表国内最新智能建筑技术的学术交流、技术推广和咨询服务、智能建筑沙龙等活动，取得了较好的业绩，为推动智能建筑技术的发展做出了应有的贡献。全国网承蒙社会同仁的高度关注和鼎力支持，历经八年风雨，成为全国一级的学术组织。

全国网组织形式为理事会制，成员为理事单位，理事代表、联系人由各理事单位推荐，常务理事会由全网大会协商选举产生，每届任期四年。厂商应由两个理事单位推荐。

理事会设理事长一名，常务副理事长一名，副理事长七名，由正、副理事长协商聘任秘书长一名，副秘书长一名、常务理事若干名。

全国智能网挂靠单位为中国建筑设计研究院，秘书处设在亚太建设科技信息研究院（原建设部科技信息研究所），负责处理日常工作。

全国智能网常务理事会每年召开一次，全网大会原则上 1～2 年召开一次。

理　　事　　长：张　军
常务副理事长：欧阳东
秘书长兼联系人：吕　丽
电　话：010-68302896
传　真：010-68364074
地　址：北京市西城区车公庄大街 19 号　100044
E-mail：lvli@ib-china.com　znjz@cadg.cn

北京海捷电器设备有限公司

HJ-ND-250/400W 高压钠灯滤波节能匹配器

HJ-ND-250/400W high pressure sodium lamp filtered conserves energy

海捷牌高压钠灯滤波节能匹配器通过国家电光源质量监督检验中心检测

海捷牌高压钠灯滤波节能匹配器被评为《北京市节能产品》

海捷牌高压钠灯滤波节能匹配器为实用新型专利产品

北京市重点推广节能新产品

HJND-250/400W 型路灯滤波节能匹配器

一个城市夜间道路照明的水平直接代表着城市现代化的程度。随着城市的发展和扩大，夜间道路照明用电量也越来越大。不但加大了政府的财政支出，而且在晚高峰用电期间，路灯和生产、民用抢电，每到夏季不得不拉闸限电，严重影响了正常的生产和生活秩序。究其原因就是现在的路灯“高压钠灯”在驱动方式上存在问题。

1.高压钠灯在电感镇流器驱动下，功率因数很低，$\cos\phi$ 只有0.4左右，效率也就只有40%，其他60%的电力容量都被浪费了。

2.高压钠灯加功率因数补偿电容可以把功率因数提高到0.8左右，但同时电网中产生了40%左右的谐波电流，严重污染了网电，给其他用电设备的正常运行带来了严重的安全隐患，使整个电网的运行效率下降，得不偿失。且这种方法不可能把功率因数提得再高，因为实际的功率因数 $PF=\cos\phi / \sqrt{1+(THDI)^2(THDV)^2}$（$\cos\phi$ 是原始意义的功率因数，$THDI$ 是电流波形总畸变，$THDV$ 是电压波形总畸变）。当补偿电容不断加大时，$THDI$，$THDV$ 也在不断增大，到一定数值时，PF 值不升反降，最终还是有20%的电力容量被浪费掉了。

公司研制的“高压钠灯滤波节能匹配器”利用双重滤波的原理和谐波再利用的技术，不但把钠灯回路的功率因数提高到了0.95以上，而且把有害的谐波电流控制在6%以下，使钠灯回路的效率可以几乎可以达到100%，且净化了网电。同时钠灯回路加装了该产品后，线路电流只有原始状态的二分之一，线路损耗 I^2R 只有原来的十六分之一，大大降低了线损。

经国家电光源质量监督检测中心检测，在220V标准电压下，钠灯回路加装该产品后功率下降了14%，但光通量还能满足国家标准，符合道路照明要求。“高压钠灯滤波节能匹配器”能够自动调节抑制电压的波动，当夜间电压升高后，加在钠灯端的电压并没有升高，对光源起到了保护作用，使钠灯的使用寿命成倍的延长。

经测算和实测，每只250瓦的高压钠灯加装“高压钠灯滤波节能匹配器”后，每天可以节约0.8度电。一个城市每年可以节约上亿元的电费。另外还可以节省出60%的电力容量，把这部分容量给其他新增的设备供电，全国就可以少建N个发电厂，既不耗用资源又达到到了环保的目的。因此“高压钠灯滤波节能匹配器”不仅是一个节电产品，而且还是一个环保产品，具有良好的经济效益和社会效益。

安装“高压钠灯滤波节能匹配器”：

1.可以节约电费开支20%以上；

2.钠灯的使用寿命可以延长一倍以上；

3.降低了谐波含量，净化了网电，消除了用电设备安全隐患；

4.节省出大量的电力容量为其他用户供电。

“高压钠灯滤波节能匹配器”已通过国家电光源质量监督检验中心检测，获得“北京市节能产品”认证。

北京自由科技有限责任公司

北京自由科技有限责任公司位于中关村健翔科技园内，是致力于高科技环保、智能化节能产品研发生产的高新技术企业，公司在居室环境节能控制领域具有国内领先技术，尤其在暖通空调设备的智能控制产品研发，以及城市集中供暖的用户端智能化温度控制和能耗管理方面具备较强的技术优势，其研发的产品已在科委正式立项并被评为科技进步奖，得到相关政府部门的大力支持。

智能供暖控制系统组成如下：

- 智能电动调节阀
- 触摸控制面板
- M-BUS-TCP/IP 转换网关
- 标准接口（用于集中管理）

智能电动调节阀是控制系统的关键设备，用于实现智能化的单室温控。针对国内采暖大量使用的暖气设备，通过控制热水流量精确调整室内温度，采用单片机控制可实现各种调节曲线。内置控制算法配合温度传感器即可实现温度控制。这种智能阀门具备以下特点可大幅度减低能耗，改善室内环境：

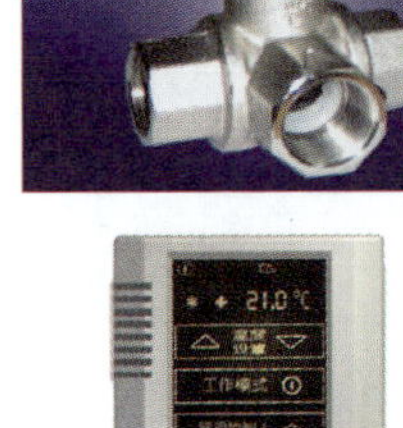

- 等百分比调节特性，精确控制室内温度，避免能源浪费或分配不均等问题；
- 根据需要供暖，如房间无人使用时可自动转为值班模式，减低室内温度，节省能耗；
- 采用钢制球阀，大扭矩执行器，适应国内恶劣的供暖水质，能可靠长期工作；
- 智能执行器，具备通信功能，便于供暖管理，为解决供暖收费难题提供一种方法；
- 均衡分配采暖热量，解决供暖系统困扰多年冷热不均问题。

触摸控制面板用于对供暖控制系统进行操作：

- 通信模式 M-BUS
- 与智能阀配合，测量室内温度，进行温度设定
- 触摸屏操作，可根据需求定制面板形式
- 时间控制程序设定
- 辅助接点 2 个（用于连接布防开关、双鉴探测器等）
- 可互动背景光，颜色可选（白、蓝、橙黄等）
- 标准 86 盒安装

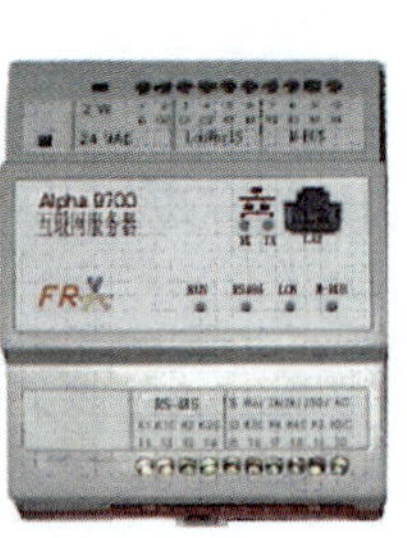

M-BUS-TCP/IP转换网关和标准的网络浏览器配合用于实现现场控制网络的远程显示系统接口，操作人员可轻松地通

过互联网或局域网浏览、控制现场设备。该服务器支持多种控制总线，方便用户根据需要选择。

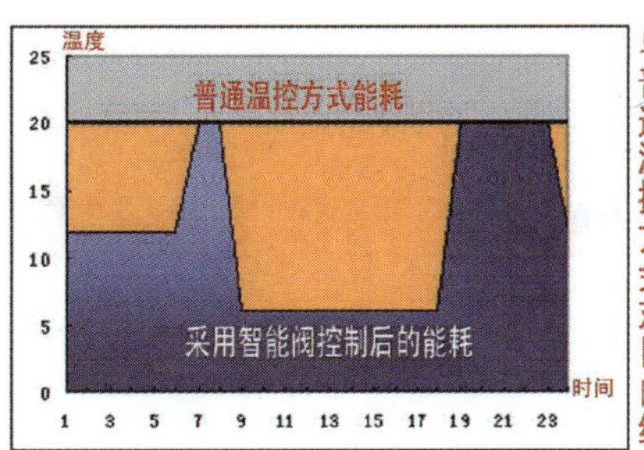

与普通温控方式对比曲线

智能阀门能够安装在多数供暖设备上，对供暖系统的末端设备进行自动化的控制，采用这种方式采暖设备能耗可减低50%以上。

智能电动调节阀在阀体设计上根据国内供暖水质特点，采用316铸钢材料，双O型圈密封，确保阀门寿命和可靠性。两通阀可用于目前建筑采用的并联式供暖，三通阀适宜对老式的串联供暖系统进行改造。由于智能电动阀具备通信功能，可联网集中管理，供暖部门可通过计算机对其监控，因此可以根据用户交纳取暖费的情况控制阀门，这一特点为解决困扰已久的采暖收费难问题提供了有效手段。

此外，智能电动调节阀可完全取代目前中央空调大量使用的风机盘管温控器和电动二通阀，使风机盘管实现智能控制，提高舒适性并节省能耗。

该产品的节能技术在综合设计调配的基础上，能够大大提升大型楼宇和活动场所的整体节能效率，在技术上实现了关键性突破，具有广阔的市场应用前景，为提高区域的资源利用效率以及实现相关规划目标提供了有利的技术条件和保证。

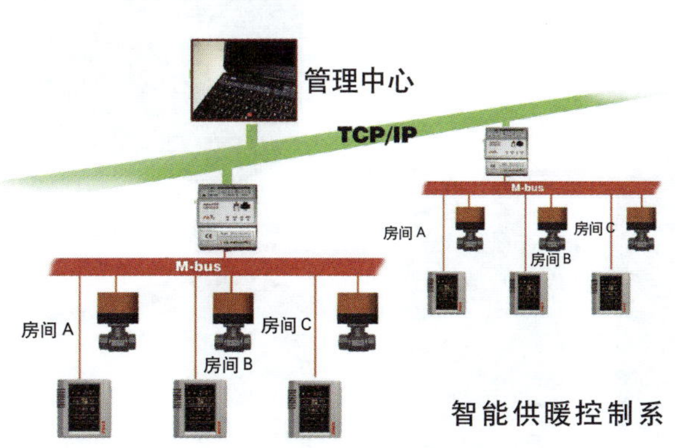

智能供暖控制系

地　址：北京市朝阳区大屯路风林西奥中心B座22层D室
邮　编：100101
联系人：魏铁军
电　话：8610-65485934　64841041
传　真：8610-64841041
http://www.freedom-tec.com
E-mail:telewtj@sohu.com

珠海南方华力通特种变压器有限公司

珠海南方华力通特种变压器有限公司是一家专门从事生产、销售卷铁芯S11系列干式变压器、油浸式变压器的民营高科技企业，主要产品包括SG(B)11−R全新概念高效节能环保的卷铁芯真空浸渍干式变压器、S11−M · R系列配电变压器、D11−M · R系列配电变压器、ZGS11系列组合式变压器和YBM1系列预装式变电站等，已通过ISO9000国际质量体系认证、节能认证、环保认证。产品主要特点：低噪声、低损耗、抗短路能力强、绝缘耐热等级高等。以上系列产品被原国家经贸委、原国家电力公司、广东电网公司确定为城乡电网建设与改造的优先推广产品。SG(B)11−R系列产品被中国环境保护产业协会授予“绿色之星”产品称号、被中国节能协会作为“新型节能产品”予以行业重点推广。

油浸式变压器

预装式变电站（欧式箱变）

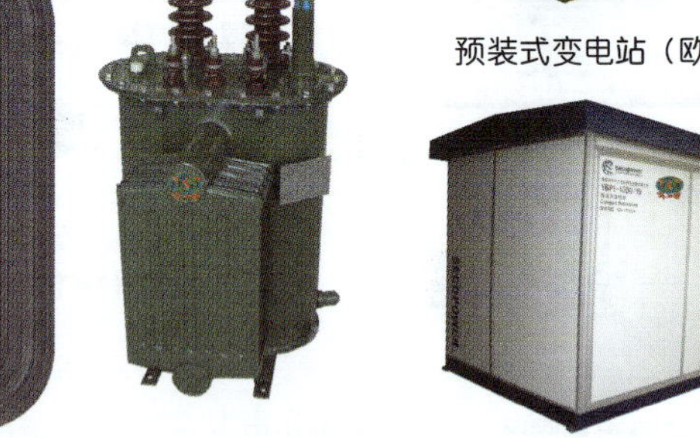

铁芯

单相油浸式变压器

组合式变压器（美式箱变）